MULHER, SOLTEIRA E FELIZ

Gunda Windmüller

MULHER, SOLTEIRA E FELIZ

PRIMAVERA
EDITORIAL

"Chega um momento em que precisamos decidir se vamos mudar para nos encaixarmos na história ou se vamos mudar a história."
Laurie Penny, Unspeakable Things

sumário

Introdução 9

Do amor
O relacionamento clássico 21
Você e eu, nós dois. Uma pequena história 21
Como o amor se transformou no que ele é................ 41

Sobre as Mulheres
Me compre! 69
O que o mercado do amor faz conosco (e como
não recebemos o que queremos) 69
De conselheiros e banhos de espuma: o nascimento
da autodúvida.. 87
Mulheres, seu ego e a realidade sobre o desejo
dos homens 100
"Você ainda vai encontrar alguém" – como o
single shaming funciona............................... 119
E os filhos?... 144
Envelhecer sozinha.. 174

Rumo à Liberdade
Qualquer coisa é melhor que ficar sozinha?!? 197
Que bom que temos umas às outras - as amizades.... 216
O que também é importante: sexo 230
O único amor verdadeiro 247
Bater em retirada!!!... 259

INTRODUÇÃO

Melhor eu já confessar. Estou com trinta e poucos anos. Não sou casada. Não tenho filhos. Sou mulher, solteira e feliz.

Suspeito que neste momento muitos começam a duvidar, pensam que a última palavra não está correta. Mulher, solteira *e* feliz? À sua frente está a imagem de uma mulher reivindicando de um jeito desafiador algo que talvez ela possa sentir agora, mas não o tempo todo. Pelo menos não na minha idade. Essa dúvida não é só sua. Todo mundo duvida. Algumas pessoas duvidam de mim, outros de si mesmos e quase todos de nós – mulheres solteiras.

Trinta e poucos anos e solteira. Com essas características, a autocompaixão é permitida, segundo uma famosa revista.[1] Pois, à primeira vista, esses fatos básicos de uma existência significam, acima de tudo, uma coisa: encontrar um parceiro compatível nessa idade é difícil. Em geral é difícil encontrar um parceiro. Aos olhos de muitas pessoas, portanto, sou um caso bastante trágico.

Trinta e poucos anos, solteira, sem filhos. São os fatos básicos da minha história. Mas não são só meus, também são os fatos básicos muitos outros – mulheres e homens. O número de solteiros na

Alemanha é de cerca de 25%, tendo aumentado significativamente nas últimas décadas. Nas grandes cidades esse número é ainda mais alto.[2] Das mulheres entre 40 e 44 anos, pouco mais de 20% não têm filhos, quase o dobro se comparado a 1990.[3] Uma em cada cinco famílias tem uma mãe solo ou um pai solo. Nove em cada dez casos, porém, são de mães solos.[4]

Esses dados estatísticos são como estacas no terreno de uma história de vida. Elas ajudam a contar essa história, estendê-la, organizá-la, dar-lhe um sentido com o qual é possível se preparar. Idade, sexo, *status* de relacionamento. No entanto, é possível colocar todo tipo de configuração entre essas estacas, os espaços entre elas podem ser muito diferentes. Mulheres muito diferentes com vidas muito diferentes. Mulheres que se dão bem sozinhas, mulheres que gostariam de voltar a ter um parceiro, mulheres que deixam as coisas acontecerem, mulheres que estão cansadas da imagem clássica de relacionamento, mulheres que precisam de um homem de qualquer maneira. E assim por diante. Muitas histórias, muitas delas bem felizes. E, ainda assim, esses simples dados básicos são vistos como se fossem a história toda. Parecem falar por si. E o que dizem é sempre potencialmente trágico. Esses dados logo se tornam histórias de noites solitárias e encontros decepcionantes. De noites só de mulheres com muito Prosecco. De relógios biológicos tiquetaqueando e amigas preocupadas. De mulheres aflitas com a pergunta: *por que ninguém me quer?* Muitos clichês. Mas que são tão persistentes que muitos acreditam neles. Até nós mesmas, em algum momento.

"Aparentemente, uma mulher solteira, para muitos, é a pior das coisas, uma condição completamente inaceitável", comentou a política Ilse Aigner, do partido da CSU (União Social-Cristã) em uma entrevista: "É possível divorciar-se, casar-se pela quarta vez, ser gay, lésbica, qualquer coisa. Mas ser solteira não dá".[5] As solteiras na política são aceitas no máximo até os trinta anos sem que duvidem de sua competência. Se você não tem filhos, não tem empatia; se não tem um parceiro, precisa aguentar a seguinte manchete: "Ilse Aigner – Falta um marido para ela chegar ao poder?".[6] Dá para acreditar nessa manchete? No entanto, ser solteira não está se tornando uma "condição inaceitável" apenas para as mulheres na política.

A história da mulher solteira é basicamente uma história de transgressões. As mulheres solteiras são egoístas e caprichosas, mas também, em certa medida, culpadas por seus infortúnios. Mulheres solteiras! Ninguém sabe se é preciso ter compaixão por elas ou se talvez fosse melhor repreendê-las.

Em resumo, essas experiências mostram que as mulheres solteiras não podem contar suas histórias. Uma história de "mulher, solteira, feliz" parece inverossímil demais. Essas histórias podem ser contadas com muita verdade. Só é preciso contá-las de um jeito diferente. A maioria das pessoas decide ignorá-las. Mas e se as contarmos assim mesmo? E se uma história diferente for contada?

Minha história, por exemplo, é diferente. Estou com trinta e poucos anos. Tenho amigos muito bons e próximos. Tenho um emprego de que gosto de verdade. Sou economicamente independente. Marco encontro com homens. Fico feliz quando vejo os filhos dos meus amigos. Gosto de beber Prosecco e provavelmente tenho mais sapatos do que preciso. Mas nunca considerei isso uma prova do meu fracasso. Estou realmente muito feliz. Essa é a vida que existe além de meus fatos básicos. Não sinto falta de um parceiro. Essa é a minha história. Ela é diferente. Parece fácil de contar, certo? Mas não é. Pois tem uma falta significativa. Claro que, apesar de tudo, ainda sinto falta de algo. Sinto falta de uma sociedade que acredite na minha história.

Existem inúmeras análises que devem deixar claro para mulheres como eu que a autocompaixão é totalmente oportuna. Estatisticamente falando, mulheres na casa dos trinta que procuram um parceiro só têm chance se diminuírem suas demandas ou procurarem homens muito mais velhos. Aqueles que não apenas estão na pista, mas voltaram para ela. De segunda mão, por assim dizer.

E então parece que ainda há alguns diabinhos escondidos nos fatos básicos. Quem é instruída e ambiciosa, que até gostaria de fazer carreira, não se dá muito bem com os homens. Isso é comprovado por muitos estudos. E quando se trata do desejo de ter filhos ou até mesmo dos filhos de um relacionamento antigo, isso é visto com frequência como um obstáculo quase intransponível. Em suma, nossas chances no mercado amoroso realmente parecem muito sombrias. Conclusão: a vida que temos nos rouba a vida que deveríamos ter. Pelo menos aos olhos dos outros.

Poderíamos realmente esperar um veredito diferente. Outra história que as pessoas atribuem aos fatos básicos de nossa vida. Será que não somos liberais demais para essa rigorosidade? Avançadas demais? Afinal, a sociedade em que vivemos agora aceita formas de convivência, de amor e desejo que seriam impensáveis poucos anos atrás. A sociedade em que vivemos também oferece às mulheres tantas oportunidades de independência econômica como nunca. As mulheres não precisam de provedores. Nem de protetores. Ninguém para abrir uma conta ou para manter a porta aberta. Os homens não precisam de mulher alguma. As mulheres não precisam de homem algum. E, ainda assim, uma mulher sem marido vale sempre menos que um homem sem esposa. Uma mulher sem marido é uma mulher solitária. *Só pode ser,* pensam.

Em *Quatro casamentos e um funeral,* perguntam a Fiona se ela é casada? "Não." "Você é lésbica?" "Como assim? Por que acha isso?"

"Bem, algumas mulheres solteiras fazem isso hoje em dia, e é um pouco mais interessante do que simplesmente dizer que não encontrou o cara certo, não é?"

Se ainda não estiver casada, que seja ao menos interessante, por favor. Na maioria das mentes, a narrativa dominante é a de homem e mulher. O fato de uma relação de mulher com mulher ser plena é percebido como um tapa-buraco divertido. O homem e a mulher são considerados a norma. Portanto, tratarei exclusivamente dessa narrativa neste livro. Com a narrativa entre homem e mulher. Não porque eu ache que é mais correto, mas porque é a narrativa dominante. E isso só pode ser combatido e enfrentado expondo esse jeito de narrar e contando novas histórias. Outras histórias.

Por que eu sempre falo sobre narrativas, sobre histórias? E o que isso tem a ver com a minha vida? Afinal, o que se narra não é o que se vive. Bem, é. Pois, por meio das narrativas, recebemos acesso a essa vida, àquilo que consideramos o mundo. Sem narrativas não podemos imaginar o mundo. "Mulher, solteira" é um exemplo. A maioria não consegue imaginar uma vida que possa ser narrada de um jeito feliz com esses fatos básicos. As narrativas são parapeitos da vida. Dão sentido a nossas vivências, organizam nossas experiências. Trazem conforto, nos animam, nos fortalecem. Mas também desaparecem, pois sempre existem coisas sobre as quais não falamos. Não contamos. Os avanços e rupturas na nossa história, a das mulheres, mostram que alcançamos muito, mas o poder da narrativa abre caminho para nos limitarmos a um repertório restrito de histórias. Todos conhecemos essas histórias. Nós as conhecemos das séries televisivas, de Hollywood, da publicidade, das músicas pop e dos artigos. O fio condutor dessas histórias é: sem um homem, uma mulher fica incompleta, sua vida não será completa. Mulheres solteiras, vocês são, no mínimo, solitárias. Pois, ao que parece, ninguém as desejou. Mas o que há de errado com elas?

Novamente estatísticas. Do ponto de vista estatístico, há mais homens solteiros do que mulheres solteiras na faixa etária dos trinta anos. Mas os homens não têm problema com isso. Não se tornarão um problema por isso, pois eles têm uma história diferente. Porque outras histórias são atribuídas a eles. São histórias de beleza madura na velhice, de sucesso profissional que conta mais que a sorte na esfera privada. Histórias de fertilidade infinita e a diversão que apenas solteiros sexualmente ativos podem ter. Ora, ora. Os homens conseguem mulheres mais jovens e, portanto, podem aproveitar do mercado a qualquer momento. As mulheres conseguem homens mais velhos, e seu mercado está ficando cada vez menor, e também não há "autoatendimento" aqui. Se os homens são felizes quando solteiros não é a questão. O principal é que você, mulher, pode ser feliz.

Mulheres aqui, homens lá. Vênus e Marte. Bon-vivant e libertária. Solteirão liberado e solteirona dos gatos. Sempre. Devemos estar no mesmo patamar, devemos ser iguais, queremos ser iguais, mas o desequilíbrio está ancorado com firmeza. Uma razão é que não ouvimos outras histórias. Todos nós assistimos a *Sex and the City*, ou seja, conhecemos realmente essas mulheres independentes, engraçadas e sensuais. Ficamos felizes com os modelos, para quem a amizade parecia ser tudo. Que erguiam o dedo médio de unha feita para ideias de supostas faltas [ou: falhas]. Mas aí veio a virada. A reviravolta implacável de todas essas histórias. O homem dos sonhos. O Mister Big. O Senhor Certinho. Sr. Então-agora-nos-demos-bem.

Não podemos vencer sozinhas. Sozinhas não podemos contar um final feliz. Nada que alguém nos tire. Sem amor, sem final. Essa ideia sempre nos reencontra. Temos amigas que estão em relacionamentos e, em algum momento, chegam à pergunta sempre preocupada sobre nossa vida amorosa. E sempre a mesma tentativa de conforto em muitas variações: "Vai rolar ainda". "Você vai encontrá-lo". "Você é tão legal". "E todos os outros simplesmente não mereciam você". Eu não conseguia mais ouvir esse tipo de coisa!

Mas quem está em nosso entorno não desiste. Porque a nossa história não pode, não, ela não *deve* parar antes. Não antes que "o cara" seja encontrado. Do contrário, ela não será completa. Também não será muito feliz, porque nos falta mesmo algo decisivo para ser feliz. Só precisamos nos esforçar mais. Nossos amigos dizem que precisamos conhecer outras pessoas. Dizem para experimentarmos o Tinder.

Então, sim, mulheres solteiras, temos um problema. É um problema pessoal e social. É um problema pessoal, porque é preciso dizer às pessoas por um bom tempo como estão insatisfeitas até que, em algum momento, elas acreditem. Mas também é um problema social, porque mostra como mulheres e homens são tratados de forma desigual. E a verdade, que de fato não era, escapa. "Estou na casa dos trinta. Sou solteira." Essa afirmação realmente clama por justificativa, e apenas por haver a exigência constante por justificativa, até que nos justifiquemos voluntariamente – e passemos a buscar novos motivos. Surge uma dicotomia. A vida boa e escolhida por nós permanece de um lado, a vida que outros percebem como nosso ideal, de outro. Ficamos divididas por alguma coisa que começa a pesar com o tempo. E, claro, assim ficamos realmente infelizes.

Supostamente, as mulheres podem ter tudo agora, mas se não *quisermos* ter tudo – carreira, marido e filhos –, então ficaremos ressentidas da felicidade da vida.

Entre esse "poder ter tudo" e a opinião "não ser feliz" está a busca por um parceiro. Se ela fracassar, o sinal negativo inevitavelmente surge. Um final sem amor é um final imperfeito, segundo a moral. Mas essa moral não é verdadeira. E não é a história toda. Por isso precisamos contar novas histórias e, acima de tudo, precisamos contá-la em voz alta. Porque, como mulheres, não podemos apenas trabalhar por melhores salários e participação política, ao mesmo tempo temos que libertar nossa vida privada dos antigos modelos. De velhos modelos e histórias sem imaginação.

A vida pode ser feliz sem um parceiro permanente. Essa é a tese deste livro. Mas, para tanto, precisamos de um novo modelo. Chame de autonomia. Chame de nossa própria história. Ela deveria se transformar em nosso imperativo!

Mas para chegar lá, primeiro precisamos entender por que parece tão inacreditável quando uma mulher diz que é feliz sozinha. Por que parece que alguém está embelezando a própria vida bagunçada? Para entender, é preciso compreender em que se transformou o amor em nossa época. Por que ele assume uma posição tão central e por que o relacionamento do casal romântico é um indicador para uma vida feliz. Precisamos entender por que esse ideal de casal romântico é tão estável. O que esperamos do amor e o que pensamos que nos falta se vivemos o amor romântico?

Para tanto, precisamos primeiro entender como esse ideal funciona. Como é contado. Amor a dois, amor no tempo em que vivemos. E temos que entender o que fazemos do amor quando esperamos muito dele. Abordarei essas questões na primeira parte deste livro, descrevendo o que os sociólogos têm a dizer sobre o papel da sociedade industrial, da literatura e como tudo isso afeta nossos sentimentos.

Mas não se trata apenas de entender o amor. Precisamos entender também como o mercado do amor funciona, como o amor se tornou uma mercadoria e qual papel as mulheres desempenham nele. Como o *single shaming* (vergonha e julgamento por estar solteira) funciona e por que estar solteira ainda é diferente para mulheres e homens. E isso também se deve ao papel da mãe, que para as mulheres deve ser algo especial. Portanto, também escreverei sobre mães solo, sobre mulheres solteiras que desejam ter filhos e sobre mulheres que não desempenham mais papel algum para os próprios filhos por causa de sua idade. Até as mulheres solteiras mais velhas querem ser felizes. Elas têm esse direito.

Para que não haja mal-entendidos: nenhuma vida funciona sem relacionamentos e sem amor. Sem compaixão e sem compromisso. Mas como solteira, também é possível experimentar tudo isso. Quero mostrar isso. Claro que ainda se pode desejar um relacionamento, não é essa a questão. A questão é que o *status* do relacionamento não nos determina. Vou apresentar argumentos contra a visão de que mulheres solteiras são seres deficientes. Também mostrarei como podemos contar uma nova narrativa sobre nós mesmas.

O livro trata de relacionamentos infelizes e das maneiras de se libertar deles. Também trata de nós mesmas, daquilo que queremos. E como conseguimos. O que precisamos é de amizades, proximidade e de sexo também. Também vou escrever sobre isso. Mulheres solteiras não precisam de nada, mas podem fazer tudo. É disso que trata a terceira parte.

O livro não será sobre como encontrar um homem. Neste livro não há um manual sobre como uma mulher fisga um homem e, se parecer, me avise... Vamos esclarecer isso.

Este livro trata de histórias. Da minha, da sua, da nossa história. Conversei com mulheres que me contaram suas histórias. Mulheres na casa dos trinta, quarenta, cinquenta e mais. Histórias sem homens, histórias com homens. Conversei com psicólogos e especialistas em sociologia. E estive em um setor que utiliza o modelo descrito como modelo de negócios.

Com tudo isso, não quero enterrar o amor e declarar os homens como seres inúteis. De jeito nenhum! Prefiro libertar o amor. Quem liberta o amor não sabe aonde a história vai levar. Não sei como a minha história continua. Ainda assim, como outras histórias que relato, ela continua. Não sei se não estarei casada daqui a um ano. E mãe… Ou mãe. De qualquer forma, não importa. Não muda o fato de que minha história não precisa de um príncipe para ter um final feliz. Não acredito na moral desses contos de fadas. Acredito na vida e no poder das narrativas. E por isso nenhum príncipe surgirá por um motivo muito simples: porque ele não precisa surgir.

do amor

"Mas o que o mundo diz e o que está nos livros não podem mais me influenciar. Tenho que pensar por mim mesma para esclarecer as coisas."
Henrik Ibsen, *Nora, Casa de bonecas*

"O amor não está morto."
Grafite na parede de uma casa em Colônia-Ehrenfeld, Alemanha

O relacionamento clássico
Você e eu, nós dois. Uma pequena história

Markus era loiro e usava shorts azul-claro. O sol estava forte, apostávamos uma corrida em uma campina. Lâminas de grama passavam entre os dedos dos pés descalços, e, em algum momento, estávamos completamente sem fôlego. Por fim, ele parou, minha chance havia chegado: "Quer casar comigo?", perguntei.

Ele e seus amigos olharam para mim por um momento, perplexos: "Quêêêêêêê!", eles gritaram e fugiram. Fiquei para trás, sozinha.

Markus e eu estávamos juntos no Jardim de Infância. Ele tinha um irmão um ano mais velho que nós, e brincávamos de pega-pega e de esconde-esconde e, através de um buraco na cerca do vizinho, era possível rastejar até o parquinho. Ainda tenho essas imagens na cabeça. À época, cheguei a perguntar mais uma vez se ele queria se casar comigo. Do jeito que as crianças fazem. Ele nunca quis. Em algum momento, fiquei com vergonha da pergunta e feliz por não termos ido para a mesma escola no Ensino Fundamental.

Lembro-me dessa história porque hoje parece uma espécie de experiência de iniciação para mim. É a primeira de muitas lembranças de algo que pensei que fosse amor. O sonho infantil de união. Imitação dos adultos. Brincar de casamento. Como fazíamos na época: com uma cortina velha na cabeça, minha amiga Nina e eu éramos noivos na sala de estar dos meus pais. E eu gostava muito da Nina porque ela era a única que não se importava de ser o homem em nossa brincadeira. Ser homem era chato. Botar a cortina na cabeça era legal.

Brincávamos de casamento, brincávamos de cuidar de bebês, mas também brincávamos de polícia e ladrão e de Indiana Jones. Eu queria ser estrela de rock ou professora. Ganhei uma caixa de experimentos de física e passava muito tempo diante de qualquer loja de vestidos de noiva, olhando ansiosamente a vitrine. Eu queria um vestido com cauda e tinha nome para meus futuros filhos.

Na época, ainda faltava muito para casar e ter filhos. E continua longe. Porque mais de trinta anos se passaram, e eu não me casei ainda. Também não tive filhos. Mas sei que agora isso é um problema.

É um problema porque, com essa história, passo raspando pelo que se espera de uma mulher da minha idade. Principalmente das mulheres. Encontrar um marido, ter filhos. Muito simples, é possível pensar, e talvez algo que possamos simplesmente ignorar – sorria e continue. Infelizmente, essas expectativas não podem ser ignoradas com um sorrisinho tão facilmente. São exigências fortes demais. Também exigem muito de nós: uma vida diferente, no fim das contas. Exigem um relacionamento clássico, um relacionamento com um homem com muito amor e descendentes em algum momento, na melhor das hipóteses. Essa expectativa até parece bastante normal para nós, claro.

Mas não é. Hoje, quando falamos de relacionamentos, de amor, casamento e parceria, estamos falando de um modelo que só existe há algumas centenas de anos. Esse modelo desenvolveu-se historicamente e se tornou tão poderoso que hoje nos parece natural. O relacionamento romântico não é uma questão óbvia. É um modelo, não uma garantia de satisfação ou perfeição. E, ainda assim, muitas vezes parece ser óbvio. Não se deve à verdade subjacente, porque ela não existe, mas ao poder de sua narrativa. Portanto, quem quiser entender por que essa narrativa se tornou tão poderosa precisa olhar para o início da história. Deve-se observar como o romantismo é narrado, como o amor é narrado e por que as mulheres solteiras se saem tão mal nessas histórias. Não apenas nas histórias, mas também nas leis, nos pactos pré-nupciais e com filósofos mortos.

Neste capítulo, relato a história do relacionamento romântico a dois, no capítulo seguinte, a história do amor. Porque, sim, o amor nem sempre foi o mesmo. Mas, antes de tudo, voltemos à vida cotidiana de hoje. De volta ao problema: 30+, não casada, sem filhos.

Esses termos sempre são apresentados a mim como um problema. Como há alguns anos, no barzinho que eu frequentava… Era um horário em que a gente olha para o relógio assustada e pergunta em nossa roda de amigos se já é realmente tão tarde. Estávamos em nossa turma habitual, três homens, duas mulheres, todos na faixa dos vinte e poucos aos quarenta anos. E Anton. Um senhor mais velho, bem-humorado, mas em geral absorto em sua cerveja. Fui ao banheiro e, quando voltei, Thomas abriu um sorrisinho para mim: "Sabe de uma coisa? Anton vai me dar um carro!". "Que legal. Simples assim?" "Não, só se eu me casar com você. Ele diz que já está chegando sua hora." Tivemos que rir. Thomas e eu não estávamos juntos, nunca estivemos. Ele é dez anos mais velho que eu. Também não é casado. Mas eu era quem precisava sair do mercado.

O que obviamente era meio que um problema, ser solteira. Uma *mulher* solteira.

Uma historinha, eu sei. Mas uma história entre muitas. Eu poderia contar histórias sobre consultas ginecológicas, reuniões familiares e casamentos, sobre colegas e a observação da Sra. Wieland do quarto andar. De histórias de filmes e séries. Também de amigos: "Você não está sozinha, está?", "Não entendo por que você não tem namorado", "E os filhos? Depois de taaanto tempo, vai ficar difícil para você ter!".

Como solteira, você, mulher, é um ser deficiente. Algo está faltando, algo está sempre faltando. De qualquer forma, falta um homem, um relacionamento romântico e, em algum momento, há a suspeita de que haja um motivo para isso. "Ela tem algum problema".

Muitas dessas insinuações chegam disfarçadas, portanto, quase não se sente. Somente quando ficam exageradas – repetidamente o "E aí??!" com uma piscadela das amigas –, começam a ganhar um poder desagradável. Muitas dessas insinuações não são silenciosas, porém muito escandalosas, do tamanho de *outdoors*: *O diário de Bridget Jones,* "Jennifer Aniston, abandonada novamente", "Mulher solteira viveu anos com o cadáver de sua mãe". A solteira deve saber "que deixou alguma coisa passar".[1] É isso que até mulheres escrevem sobre mulheres. Porque todos querem saber: tem algo de errado conosco.

Quem quiser entender de onde vêm essas insinuações, esse mantra eterno de "Você precisa encontrar alguém", deve fazer uma breve viagem no tempo. Precisa investigar de onde vem esse sonho com casamento de branco e príncipe encantado. De onde vem essa vontade de sermos atingidas por um raio, de querer buscar o "cara certo", não o encontrar e, ainda assim, não parar de sonhar com ele.

Por que acreditamos que a felicidade completa só pode ser alcançada na combinação "homem, mulher, você e eu, nós dois"?

E isso também indica que é preciso enxergar o que significa ser mulher. Qual papel é pensado para nós. E, pouco a pouco, separar camada por camada desse papel, expondo-o para ver o que está por trás dele. Nesse processo, perceberemos como esse papel nos enche, nos enterra vivas. Como aquilo que cheira a liberdade, mas, às vezes, é apenas uma pressão para nos conformarmos. Uma pressão pela felicidade que penetra em nossa consciência à noite, quando estamos sozinhas na cama. E que primeiro chega com suavidade, então nos causa uma apreensão cada vez mais urgente. Nós sofremos. Mas talvez só soframos porque aprendemos dessa forma.

Como nós, meninas, aprendemos e o que isso tem a ver com amor

Aprendemos como se reconhece uma menina. Aprendemos a ser reconhecidas como meninas. Aprendemos a ser meninas.

Aprendemos que sorrir deixa a gente bonita, e ser bonita é importante. Aprendemos que Matemática é difícil, e realmente espertos são, principalmente, os meninos. Os garotos às vezes são maus. Voz baixa é melhor que voz alta. E, em caso de dúvida, a mudez é a melhor coisa.

Todas nós aprendemos assim. Não só isso e não de forma tão explícita, claro que não. Mas de um jeito muito impressionante. Apresentado dessa forma – "Aprender a ser menina" –, parece-nos um exagero. Simples demais, já superado há muito. Mas aí entramos em uma loja de brinquedos querendo comprar um presente para uma criança pequena. E vemos pijamas azuis com astronautas e roupões de banho rosa com pequenas coroas. E notamos como ensinamos as meninas... Não nos resta escolha.

Azul e rosa. Aprendemos os clichês fortes. E aprendemos ainda mais. Tanta coisa que nem sequer percebemos. Ouvimos isso de nossos pais, de professores e parentes. Vemos isso neles. Vemos quando pisamos na rua, imagens, pessoas e mais imagens. Também vemos na TV, lemos nos livros. Vemos em nossas fantasias quando lemos. E isso é quase invisível; são os pequenos gestos, os olhares. É a ânsia com que fazemos algo. Ou não nos sentimos responsáveis. Como as pessoas reagem a nós, o que atribuem a nós, o que escondem de nós e o que acreditam que podem fazer conosco. E quando fica visível, quando fica perceptível e dói, muitas vezes não conseguimos nos defender adequadamente. As meninas não fazem isso, não se defendem. Não aprenderam a se defender e, de fato, isso também não é de bom-tom.

Podemos achar essas declarações exageradas, podemos acreditar que nunca vivenciamos isso de forma tão ruim porque fomos criadas de um jeito diferente. E, sim, não somos apenas meninas. Não somos apenas mulheres.[2] Também somos outras coisas, nossa identidade não é apenas sexo, não é apenas gênero.

É possível que tenhamos nos tornado algo bem diferente de uma garota típica, nos desenvolvemos ao contrário dos estereótipos listados acima – e, no entanto, conversamos repetidamente com as amigas sobre por que temos dificuldade para negociar um salário melhor. Por que sempre esvaziamos a máquina de lavar louça do escritório. Por que engordamos tanto. Por que ele faz tão poucos trabalhos domésticos. Por que não ousamos dizer "não". Por que é mais importante que ele goze no sexo? Por que nosso relógio biológico tiquetaqueia tão alto. Por que, com frequência, nos sentimos tão infantilizadas. Por que às vezes sentimos uma raiva e não sabemos de quê.³ E quando estamos solteiras: por que isso nos deixa tão exaustas?

Não é trivial e sem importância aprender a ser menina, ter aprendido a ser menina. Isso permeia muito a nossa vida. Não para nas histórias infantis e na questão de quem sempre gostou de subir em árvores. Começa exatamente aí, na verdade. E muitas vezes permanece pendurada em nós como se tivesse farpas, essa menina.

Também há provas concretas. Alguns exemplos: um estudo do Instituto Alemão de Pesquisa Econômica (DIW) mostrou que meninos são muito mais talentosos em Matemática do que meninas.⁴ E já a partir do quinto ano escolar. Essa autoavaliação persistiu até o terceiro ano do Ensino Médio – embora as notas escolares correspondentes não justificassem a avaliação.

Um estudo realizado por três universidades norte-americanas analisa como crianças pequenas avaliam a inteligência em termos do próprio gênero.⁵ Acontece que as meninas pensam que são menos inteligentes que os meninos já aos seis anos. Consequentemente, elas não se atreviam a executar tarefas mais desafiadoras. E isso tem um impacto no futuro. Menos mulheres nas disciplinas STEM (sigla em inglês para Ciências, Tecnologia, Engenharia e Matemática) e menos mulheres em carreiras que exigem a ideia popular de brilho intelectual, como as Ciências. Essa conexão foi demonstrada por psicólogos dos EUA.⁶ "Embora o estereótipo que iguala brilhantismo aos homens não tenha nada a ver com a realidade, pode afetar negativamente as aspirações e os planos de carreira das meninas", explica Andrei Cimpian, um dos autores do estudo.⁷

Meninos são mais espertos, meninas são mais bonitas. Outra pesquisa nos EUA descobriu que os pais norte-americanos têm duas vezes mais chances de pesquisar na Internet a pergunta "Meu filho é um gênio?" do que "Minha filha é um gênio?".⁸ Por outro lado, a pergunta "Minha filha está acima do peso?" foi pesquisada com 70% de frequência do que sua contraparte. Em média, os meninos nos EUA têm mais probabilidade de estar acima do peso do que as meninas. Esses são apenas alguns exemplos. Eu poderia realmente continuar falando deles por muito tempo.

Meninos são mais espertos, meninas são mais bonitas. Portanto, não é necessário concordarmos para que acreditemos nisso. É uma narrativa. No entanto, enquanto acreditarmos nela, agiremos de acordo com ela.

Nós aprendemos a ser meninas. E isso também significa que aprendemos o que é esperado de nós quando somos mulheres. E aqui o amor volta à cena.

"Quando você for adulta..." – quantas vezes ouvimos essa frase quando crianças? A frase aborrecia e enervava, mas também era promissora. Porque nessa terra futura no horizonte não haveria apenas doces sem fim e poder decidir a hora de dormir, mas também havia príncipes. Castelos para os quais nos mudávamos. Filhos que segurávamos nos braços. Havia aquelas promessas de contos de fadas para nosso futuro como mulher. Quando crianças, talvez não tenhamos levado tanto a sério essas imagens, mas elas permanecem conosco, pois simplesmente eram muito sedutoras. Com seus sapatos dourados, as carruagens e o amor que dura até o fim dos dias.

São contos de fadas, claro. Lembranças de infância e sonhos. Mas os contos de fadas não são as únicas histórias que moldam nossa percepção e, portanto, nossa vida. Também não são apenas histórias que moldam nossa vida. Mas essas histórias são poderosas. É o que percebemos quando a lente de aumento do tempo se volta contra nós e enxergamos que já estamos tão velhas quanto a bruxa malvada e nenhum príncipe apareceu ainda. Se ele viesse, provavelmente teríamos que trancá-lo em uma gaiola como na história de

João e Maria para mantê-lo. E o sapatinho simplesmente não nos serve. E nossa história não nos serve. Não há final feliz, não há final sem amor.

Esse, pelo menos, é o nosso medo. É o medo que é infundido em nós.

Os contos de fadas não perdem a importância para nós apenas porque estamos mais velhas. Mais velhas e adultas. Os modelos são persistentes. Eles mudam, condensam-se. Somos mulheres independentes, ganhamos nosso dinheiro. Andamos pelas casas com amigas e olhamos os homens como se estivéssemos no supermercado: "Aquele ali?! Fala sério!". Mas não entramos em contato primeiro.

Os papéis de gênero sempre existiram antes de nós. Eles sentam-se conosco à mesa do bar, vasculham o ambiente conosco em busca de um cara que, de alguma forma, pareça que vá dar em alguma coisa. Não podemos enganar esses papéis de gênero, mesmo quando pedimos o telefone de um cara. Ser mulher está entranhado em nós. Ser mulher não é algo que vestimos apenas na presença de outras pessoas. Não é nada, nada de que nós, nada de que você possa se livrar, como um sutiã que queimamos ou um vestido que a gente joga no cesto de roupa suja. Simplesmente não podemos nos livrar deles.[9] Porque a feminilidade não é uma decisão de compra.[10] É, antes, um hábito. Existe.

Pertence ao ser mulher também precisarmos de um homem. Querer um relacionamento. Um relacionamento com um homem. Quando crianças, aprendemos a quem deveríamos desejar. Como deveríamos desejar. Menina e menino são feitos um para o outro. E, em algum momento, seremos um casal. Achamos que deve ser assim. "Caso contrário, você não poderá ter filhos!" Essas frases transformam algumas condições biológicas em uma verdade social. Contudo, essas verdades sociais não são percebidas como sociais, mas, sim, como biológicas. Como se a diversidade não fosse natural, ainda que a natureza nos tenha diversificado. O poder dessas verdades é muito forte.

Aprendemos que precisamos de um homem. Faz parte do ser mulher. Somente por meio de um homem podemos nos encontrar completamente. Fazer pleno uso desse ser mulher: ser amante e mãe. Parece-nos que precisamos disso tudo. Porque é isso que consta no manual de instruções invisível do ser mulher.

Já no conto de fadas, apenas as malvadas ficaram solteiras. E acabaram no forno porque queriam cozinhar crianças, mas depois foram enganadas por elas. Porque as bruxas são realmente idiotas. Pode ser exagerado ver uma conexão disso com ser solteira. Mas talvez não muito.

Levamos essas histórias penduradas nas costas pela vida sem saber, como a historinha de João Felizardo, com a firme confiança de que vamos rumar para um final feliz. Quando crianças, felizmente, não conseguimos imaginar que a vida não seja igual para todos como uma autoestrada. Pois ainda pensamos que encontrar um homem faz tanto parte da vida adulta quanto uma carteira de motorista, a graduação e a saída da casa dos pais. Em algum momento vai acontecer. Em algum momento *precisa* acontecer. Mas, então, nada acontece. Ou acontece exatamente do jeito que *não* havíamos pensado.

Mas como somos mulheres independentes, em algum momento começamos a nos libertar um pouco de toda essa bagunça de relacionamento. Terminamos um relacionamento infeliz e decidimos voltar a nos cuidar. Compramos uma blusinha nova e saímos para o mundo de queixo erguido, driblamos a decepção de ontem com um passo de salto alto e nos sentimos livres. Tão livres! Decidimos que, a partir desse momento, o amor vai ser encarado com sobriedade. Não existe mesmo príncipe dos sonhos. Então, pensamos que havíamos enterrado esse sonho de uma vez por todas. Pensamos que estaríamos livres. Mas, secretamente, também pensamos: *Em busca do homem certo!*

E, então, estamos livres novamente em um bar e vasculhamos o ambiente em busca de alguém que possa ser "ele". Quem é "ele"? Em caso de dúvida, simplesmente qualquer homem. Só para não ficar em casa sozinha. Só para não ficar em pé no banheiro perdendo tempo. Só para as amigas não ficarem falando que aquele lá havia olhado o tempo todo, só era preciso ir até ele. Só para não haver aquela troca de telefone para ninguém ligar para ninguém. Já reduzimos nossas exigências. Ninguém precisa de castelo e coroa, mas pelo menos de alguém que retorne a ligação. Ao menos alguém que pergunte como estamos. Ao menos alguém. É assim quando se vence o conto de fadas.

Mulheres solteiras e seu destino

Embora tenhamos saído das histórias de nossa infância, as atualizações ficam à espreita na idade adulta. Não escolhemos como vamos nos sentir, mas podemos observar quase em todos os lugares como nos comportamos nesse sentido. Bridget Jones, a heroína solteira do novo milênio, apresentou uma espécie de modelo. Ela senta-se de pijama infantil com pipoca e uma caneca cheia de vinho Chardonnay no tapete da sala e canta alto *All by my se-e-elf* sozinha no apartamento.

Lá está ela. A mulher solteira em seu habitat natural. Tudo o que falta é Jacques-Yves Cousteau, que explica a vida dela na narração em *off*: "O que vemos aqui é uma fêmea solteira. Quando um macho se aproxima dela, ela fica muito amigável. Voluntariamente entrega todos os seus suprimentos e se limpa toda vez que o macho desvia o olhar".

A mulher solteira ainda é criança, o que fica claro em seu pijama de pinguim. Mas ela também está cheia de anseios adultos causados pela busca do amor. É possível lê-los em seu diário, o diário para o qual ela confidencia o tamanho do amor que sente. Essa lacuna, ela preenche com álcool e cigarro e anota todos os dias como funcionou bem: "Álcool: 5 unidades (não tão boas), cigarros: 48 (não foram diferentes), pensamentos negativos: 942 (estimados, por minuto), minutos em que contei os pensamentos negativos: 127 (aproximadamente)". [11]

"Vou ficar sozinha. Em algum momento vão encontrar meu cadáver devorado pelo cachorro no apartamento." Bridget Jones tem humor. Mas também tem medo.

E com razão.

Em 21 de março de 2018, a manchete do jornal britânico *Daily Mail* foi:[12] "Filha solteira mais velha vivia com o corpo apodrecido de sua mãe acumuladora de 87 anos." Como é solteira, ela continua sendo filha, não se torna mulher, como se a vida adulta lhe fosse negada. E se não tomarmos cuidado, acontece como a mulher da matéria: ela acumulou tanto lixo que finalmente foi soterrada. A polícia precisou libertá-la.

É o destino se ficarmos solteiras.

Solteiras não têm boa reputação, ainda não. Os tempos mudam, mas mudam lentamente, muito lentamente. A psicóloga Astrid Schütz e seus colegas conduziram um estudo sobre atitudes em relação a solteiros. Os solteiros não estão em conformidade com a norma, desviam-se dela e não são vistos pelo que têm, mas pelo que não têm. Por aquilo que supostamente lhes falta. O estudo descobriu que os solteiros são percebidos de maneira diferente dos casais:

"Os solteiros são percebidos como mais tristes e solitários que as pessoas casadas, e menos afetuosos e compassivos".[13] Até os próprios solteiros percebem outros solteiros de forma mais negativa.

Quem pensa ser coincidência que os solteiros se sintam piores e tenham uma reputação pior, que sinta pena e compaixão por eles, não vai ver isso apenas em contos de fadas ou filmes, mas também em informações desses estudos sobre o mundo em que vivemos. Sobre um mundo em que a iniciativa deve partir principalmente do homem. Sobre um mundo em que as mulheres se sentem gratas quando um homem as escolhe. Um mundo em que um relacionamento a dois em si é considerado mais gratificante do que não ter relacionamento algum.

Por que o clássico relacionamento a dois nada tem a ver com o romantismo

Ser grato quando um homem escolhe alguém? Lily discordaria veementemente. Lily, de trinta e poucos anos, tem cabelos pretos cheios que constantemente descem à testa e uma risada da qual se gosta imediatamente. Lily acredita no amor. Se sofre, se espera ligações à noite, se não consegue comer durante dias, não faz nada disso pelo homem, mas pelo amor. Essa é a história dela. O amor agarra Lily, e aí ela não consegue evitar. Ela conta: lá estava aquele homem, agora seu namorado, e ele era diferente de todos antes dele. Ele era tão perfeito – "Ele não é lindo?!" – e contra essa paixão é impossível fazer alguma coisa. É como um tsunami. Talvez até mais violento. Ela conta isso exatamente assim, com olhos brilhantes.

Lily acredita nesse modelo de amor, ela acredita nele com toda sua força. Como mulher, é preciso querer um relacionamento.

E se não funcionar, Lily estará disponível. Por toda a noite e com toda a confiança. As amigas de Lily sabem disso. "Logo você vai encontrá-lo!" E Vera, a amiga solteira de Lily, ouve suas histórias de amor e fica feliz por ela, mas depois da conversa, ela se sente apenas um pouco melhor e por pouco tempo. Porque esse amor do qual Lily está sempre falando e que ela supõe que todos queremos talvez não seja assim tão sedutor. Ao mesmo tempo, os números e minha conversa com Lily provam o seguinte: não nos livramos dos contos de fadas. Então, vamos dar uma olhada mais de perto em nós mesmas. Uma coisa que torna essas histórias tão recorrentes é o fato de acreditarmos que elas não o são. Lily provavelmente pensa que sempre foi assim. Mas não foi. O amor não é eterno e não é natural. É uma coisa que historicamente se transformou. Esse amor do qual Lily fala e com que sofre é um ideal, um acordo tradicional. Esse ideal não ficou para trás, ele *ainda* nasce conosco.

Vamos primeiro pegar um mito: o do casamento e do amor. Cientistas sociais que estudam o desenvolvimento da sociedade moderna concordam: o modelo de relacionamento como o conhecemos é novo. Tudo o que associamos hoje ao casamento, à maneira como o compreendemos e a sua serventia não tem nem 300 anos. Duas pessoas se encontram, apaixonam-se, casam-se e têm filhos. O que parece uma sequência biográfica natural, como curso óbvio, mesmo um pensamento fantasioso, pode perder o encanto com conceitos e análises sociológicos de forma bastante banal. O casamento ligado ao romance entre um homem e uma mulher é menos uma questão de amor, essa explosão de emoções, e mais de desenvolvimento da sociedade industrial.

Amor e casamento não tinham nada a ver um com o outro antes. Os casamentos serviam para garantir propriedades, alianças políticas, relações sociais. Boa vizinhança. Meus terrenos + seus terrenos

= terreno maior. Na melhor das hipóteses, o amor aconteceu por acaso. A historiadora Stephanie Coontz escreveu em seu livro sobre a história do casamento: "Certamente as pessoas se apaixonam há milhares de anos, às vezes até pelo próprio parceiro. Mas o casamento nunca teve realmente a ver com amor".[14]

O que hoje nos parece um modelo de amor era bem explícito fora do casamento, ou seja, fora da parceria firme, de uma parceria qualquer. Francesco Petrarca, poeta italiano, que por sua devoção a uma "Laura" influenciou todo o rumo de uma literatura amorosa, nunca falou com essa Laura. Nunca a tocou. E, no entanto, falou de amor.

Com Dante e sua "Beatriz" aconteceu algo muito parecido: amor furioso, não realizado. E Abelardo e Heloísa, famoso par romântico da Alta Idade Média? "Além disso, Heloísa também comentou comigo [...] quanto ela prefere ser chamada de minha amante a ser chamada de minha esposa", diz o *Historia calamitatum*.[15] O final da canção: Abelardo engravidou Heloísa, a família dela se vinga, mandando castrá-lo, e Heloísa é enviada a um convento. Antes o amor era assim.[16]

Somente no final do século XVIII o casamento e o amor se aproximaram lentamente. O que acontecia pelo menos em uma camada muito fina da burguesia. Para camponeses, trabalhadores ou a nobreza, esses acontecimentos não eram relevantes. Mas a burguesia era "ruidosa". Expressou-se de forma muito intensa e profunda por meio da literatura, um estilo de vida, e assim conseguiu fazer com que o desenvolvimento da burguesia nos pareça, ainda hoje, a evolução da história humana. Essa relação entre o amor e o casamento que surgiu daí – realmente não estou inventando isso – não tem muito a ver com o romantismo.

No século XIX, a sociedade industrial prevaleceu. Trabalho e família separaram-se. Surge algo semelhante à esfera privada. E, ao fazer isso, atribuem-se à mulher qualidades muito específicas, pois as mulheres agora são exclusivamente responsáveis pelo lar e pela família, enquanto o homem trabalha fora de casa e ganha dinheiro. Tipicamente femininas e tipicamente masculinas – que ainda hoje conhecemos –, essas características emergem de uma necessidade ideológica.[17] "Todas as peculiaridades físicas e intelectuais pelas quais a mulher se distingue do homem têm a mais íntima relação com seu destino de se tornar mãe." É o que consta na enciclopédia *Brockhaus* de 1892.[18]

O significado de ser mulher torna-se sentimental, terno e limitado. Ser homem é estar fortalecido, ser homem significa estar no mundo. Sim, o século XIX foi ruim, mas se olharmos para esta história, infelizmente é possível dizer: já foi muito pior. Pois com essas características que são definidas, também o que realmente separa os gêneros fica cada vez mais forte. Ou, em termos sociológicos: a diferença social é consolidada. Mulheres em casa, no lar, homens lá fora, no mundo. Foi assim que o historiador cultural e fundador dos estudos etnográficos, Heinrich Riehl, descreveu em meados do século XIX: "A mulher atua na família, pela família; sacrifica completamente o seu melhor por ela; educa as crianças, vive a vida do marido".[19]

Parece cruel, eu sei. Para o relacionamento entre homens e mulheres, isso também significava que está estabelecido que homem e mulher pertencem um ao outro. Porque o homem pode ostensivamente melhorar certas coisas e a mulher, por sua vez, outras coisas. O homem geralmente é o único provedor, a esposa cuida da casa e dos filhos. Aliás, cuidar de crianças também era um evento relativamente novo e também ajudou a trazer uma relevância totalmente diferente para as mulheres "ter filhos",[20] o que vai ser discutido mais tarde. O que é importante aqui, em primeiro lugar: cuidar dos filhos não era uma prática comum para o pai e para a mãe. A nobreza tradicionalmente não se importava com os filhos, que, após o nascimento, os passavam mais ou menos imediatamente aos cuidados de amas e tutores. O estadista francês Talleyrand, um representante óbvio da nobreza europeia, viu os pais pela primeira vez aos quatro anos de idade. Nos contextos rurais, as crianças eram mão de obra, crescendo principalmente sem a pedagogia parental como a conhecemos hoje. A infância como uma fase independente da vida é reconhecida apenas no século XIX. Cuidar dos filhos, então, recai sobre a mulher. A mulher é responsável pelo núcleo da família, o casamento. E os filhos transformam-se no propósito do casamento.

A sociedade industrial depende dessa distribuição de papéis entre os sexos: "Sem separação dos papéis de homens e mulheres, não haveria família nuclear tradicional. Sem família pequena, não haveria sociedade industrial em seu esquema de trabalho e vida", escreve o sociólogo Ulrich Beck.[21] Consequentemente, a família nuclear não aconteceu simplesmente, foi ativamente incentivada. É possível imaginar algo mais antirromântico do que algo que tenha surgido em uma câmara legislativa prussiana? Bem, o poder legislativo do século XVIII declarava: "O principal objetivo do casamento é a geração e a educação dos filhos."[22] O homem é o "chefe da união conjugal; e sua decisão é final nos assuntos comuns".[23] É o caso do Código Civil da Prússia de 1794. Além disso, existem sistemas de pensões estaduais e particulares que deveriam compensar o que é perdido pela comunidade da grande família, como a aposentadoria para idosos, por exemplo. Em outras palavras, se as coisas são dessa forma é porque foram conduzidas dessa forma. A estrutura pai-mãe-filhos era desejada. Fazia sentido no âmbito econômico.

Mas não apenas o conceito de casamento em si foi reformulado naquele momento. Ao mesmo tempo, o amor romântico foi espanado, reembalado e reposicionado. Socialmente, a época nos séculos XVIII e XIX é vista como uma época caracterizada por processos de individualização. Classe, posição, religião, tudo o que tradicionalmente deixava claro quem era quem começou a vacilar nessa época. O que emerge são pessoas que se veem como indivíduos, únicos – aspectos tradicionais da identidade perdem seu significado. O amor toma seu lugar. Como isso avançou e qual papel a identidade desempenha nesse caso será demonstrado no próximo capítulo. Agora é importante ver que a sociedade industrial dependia da parceria entre homem e mulher. Pois a família nuclear garantiu um modelo econômico, assim ele se desenvolveu. O fato de a família nuclear, no decorrer do processo, ser vista como uma ligação romântica de amizade íntima sustentada pelo amor não era um pré-requisito. Quem reclama hoje do casamento como um ato burocrático desnecessário precisa saber que é exatamente o contrário: primeiro a burocracia, depois o romance.

O amor em si não é a base desse construto. O amor não existia antes. Só foi derramado mais tarde como uma cobertura de sobremesa sobre este modelo de parceria. O amor fica muito mais saboroso. Mas também abrange coisas que preferimos não ver e que nem devemos ver, como a desigualdade que se estabelece assim entre os gêneros.

Sonhamos com uma falsa felicidade

Enfatizo essa história exaustiva de casamento e amor, porque tudo está conectado. Porque "mulher, solteira, feliz" é tão estranho a esse desenvolvimento quanto possível. Quem é estranha é percebida como estranha, precisa compreender de onde tudo vem. De onde vem essa coisa de mulheres solteiras se sentirem tão incompletas. Quando se entende isso, também é possível começar a se afirmar. Afirmar-se contra todos aqueles que querem persuadir uma pessoa que, quando está solteira, ela simplesmente perde o sentido da vida.

Pois em poucas palavras: a parceria romântica, fixa, exclusiva e heterossexual não é ditada pela natureza. Desenvolveu-se historicamente e é culturalmente moldada. De uma forma construída nos últimos 200 anos. De uma forma que reconhecemos imediatamente que foi criada artificialmente, o que não enxergamos de imediato. Com lixamento e pó de polimento. Primeiro foi transformado em algo que todas queremos e com que nos sentimos desconfortáveis se não o conseguirmos. "A formação de casal não é natural, mas um fato sociocultural",[24] escreve Karl Lenz, pois nós, seres humanos, somos bastante cosmopolitas em comparação aos animais. A formação de casal é uma cultura social. Vivemos em um "espaço de possibilidade". Um espaço que nós mesmos projetamos, mas que ainda não foi projetado. Deveríamos ouvir os sociólogos com mais frequência.

"O casamento sempre se apresenta para homens e mulheres de uma maneira completamente diferente" – Simone de Beauvoir já descrevia em seu manifesto, *O segundo sexo*.[25] A relação romântica homem-mulher institucionalizou um desequilíbrio. Outras feministas reconheceram isso nos anos 1970. Por isso Shulamith Firestone, De Beauvoir e Susan Sontag queriam acabar com esse conceito já naquela época. "Mulheres e amor apoiam-se mutuamente. Se olhar mais de perto, põe-se em perigo a civilização inteira", escreveu Firestone.[26] Ela ainda tem razão, pois as mulheres também são economicamente desfavorecidas nesses relacionamentos amorosos institucionalizados. Como exatamente mostrarei na segunda parte.

Não é necessário considerar boas as ideias radicais de Sontag e companhia para reconhecer que esse ideal histórico das clássicas relações de casal cimentou hierarquias e fez com que as mulheres fossem menos socioeconomicamente ambiciosas que os homens, apesar de todos os homens liberais e de mente aberta. O que era bem ruim. O pior é que esse desequilíbrio que o amor criou aqui também surge de forma atraente. Realmente sexy. E especialmente para nós, mulheres.

Gostaria de escrever sobre o amor. Sobre a felicidade como solteira. E agora enchi um capítulo inteiro de material pesado: sociologia, gênero, estatística. Quando se queria ouvir apenas como funciona ser mulher, solteira, feliz. Mas é importante, pois, com tudo isso esclarecido, percebemos o seguinte: o relacionamento que supostamente falta às solteiras é uma construção social. O casamento, da forma como o conhecemos, é uma construção social. A conexão entre amor e casamento (ou a parceria romântica duradoura) é exatamente isso.

Ele é aprendido, treinado, jogado. Nossa sociedade, nossa cultura promove o casal heterossexual – não apenas mantém a indústria do casamento em funcionamento. Também garante que, em nossas mentes e corações, sejam alimentados sonhos muito especiais de felicidade.[27] Sonhos que não podemos realizar como mulheres solteiras. As mulheres tornam-se requerentes do amor, embora se saiam pior nesse processo.

Então, finalmente, precisamos saber: caramba, por que, apesar de tudo, queremos isso desesperadamente?

Como o amor se transformou no que ele é

"Amooooor! Mas o amooooor!", berrou Helena, pisou forte, sacudiu os cabelos pretos e correu atrás de Demétrio.

Ele fugiu. Tive que rir, sempre a mesma coisa. Meninos que fogem. Mas não estamos mais no Jardim de Infância, mas no teatro. Shakespeare, *Sonho de uma noite de verão*. Muitos anos depois.

A peça: quatro jovens na floresta. Dois homens, duas mulheres e um elfo com poderes mágicos. Hérmia ama Lisandro, Lisandro deseja Helena. Helena quer Demétrio, e Hérmia fica furiosa. Resumindo: no final, ainda existem dois casais de noivos. Fim.

Sou assistente de direção do teatro Schauspielhaus Köln e me sento ao lado da moça que dá o ponto na primeira fila – a cena será ensaiada mais uma vez. A atriz que interpreta Helena pisa forte de novo, vejo seu rosto vermelho, seu desespero, perdigotos que voam depois de "Amooor".[28] Às vezes, ela cospe a palavra, grita para o alto do palco, zomba com ela ou a joga atrás de Demétrio, que está fugindo. Ela tenta de tudo.

Amo essa cena. Mas, naquele momento, o próprio amor, da forma que é ensaiado, me interessa menos. Acabo de sair de um relacionamento miserável de idas e vindas em que a fórmula mágica "eu te amo" é jogada uma vez sobre a mesa, e volta a ser recolhida alguns dias depois: "Não deveríamos mais nos ver". "Mas você disse na semana passada que me ama." "Na semana passada eu amava mesmo." Ah! O que me interessa naquele momento: homens que não me tratem como um capacho. E o ator que interpreta Lisandro.

Agora, mais de dez anos depois, preciso pegar fotos da época para me ajudar a lembrar melhor. O capacho parece uma história nebulosa, e de Lisandro restava apenas uma muda de suculenta, que, em algum momento, transformou-se em uma arvorezinha de tamanho médio e fica na minha cozinha, no parapeito da janela. É o que resta.

Mas do que sempre me lembro claramente quando penso naquela época é de Helena, como ela berra "Amooor" com sua voz grave.

O amor. Eu o tenho no ouvido, porque, nesse meio-tempo, sempre corri atrás dele como louca. Porque pensava reconhecê-lo e, em retrospecto, não sabia nem onde eu estava. Porque abracei amigas chorosas que explicaram, entre lágrimas, o quanto odiavam o amor. Como canta Lana Del Rey: "While she starts to cry, mascara runnin' down her little Bambi eyes/Lana, how I hate those guys".*²⁹ Porque também tive amigos que não eram mais capazes de conversar por causa de seu "Amooor". Todos conhecemos essas cenas comoventes, esses sentimentos confusos e, nas festas, todas cantamos canções de amor juntas e a plenos pulmões. Mas quando o amor ressoa alto no ouvido de alguém e dá um passo para trás, consegue reconhecer: tem uma coisa que nos une.

Somos todas Helena.

Somos Helena. Queremos buscar o amor, queremos encontrá-lo e, em caso de dúvida, vamos caçá-lo. No meio da floresta, no meio

---

* "Enquanto ela começa a chorar, rímel correndo por seus olhinhos de Bambi/Lana, como eu odeio esses caras." [N.T.]

da noite, não importa. O amor é tudo e sem amor tudo é nada. O amor. Não qualquer amor. O que queremos dizer quando falamos sobre o "Amooor" é o amor dos casais. O amor romântico. O amor que se assemelha a um raio e cresce cada vez mais até pensarmos que vamos explodir de felicidade. Esse amor é incrivelmente importante para nós, e temos certeza de que, com o cara certo, nós o conheceremos. Sem o amor, sem o cara certo, a vida é viável, mas um tanto vazia.

Quando se trata de amor, temos imagens fortes em nossas cabeças. Imagens de amor. Imagens de casamentos em que os casais olham longa e fixamente nos olhos um do outro porque pensam que podem olhar até o fundo de suas almas. Imagens de pessoas que correm para se abraçar na chuva torrencial, porque percebemos que ele é o cara. Sempre foi. Vemos Richard Gere pendurado em uma escada de incêndio, porque percebe o quanto ele ama sua "Linda Mulher". Romeu e Julieta, como jogam fora a vida porque nada resta se um não tiver o outro. Orfeu, que chega a descer ao reino dos mortos por amor. Conhecemos as imagens desse amor, conhecemos a linguagem desse amor e constantemente sonhamos com ele. Também queremos ser atingidas por esse raio. Desejamos exatamente esse sentimento. As solteiras têm certeza: o amor deve ser algo ótimo.

Por isso que, na caça pelo amor, abrimos parcialmente mão de nossa autoestima, como Helena: "Sou vosso cãozinho e, se me baterdes, ainda assim vos bajularei. Tratai-me como seu cãozinho, me enxotai, me bateis, me diminuís, zombai de mim!", ela implora a Demétrio.[30] Tudo é melhor que ficar sozinha. Embora não queiramos nos desesperar pelo amor, na dúvida, o desespero também é melhor que não ter esse amor. Sem amor, sem vida. Por que não?

O que mantém a vida

Por que acreditamos não poder viver sem amor? Porque acreditamos que somente o amor nos torna pessoas inteiras. Ele não é apenas uma experiência que vem e vai. Ele nos afeta, e isso significa: nos afeta, em nossa plenitude, em nosso eu.

Para explicar isso, precisamos voltar à sociologia, viajar pelo tempo novamente. Pois, do contrário, é impossível entender como o amor se transformou em algo com que pode figurar no comercial de margarina e fazer com que as mulheres solteiras se sintam mal. O amor está em toda parte, tomou conta de tudo. Quem se sente excluído dele, sente-se completamente excluído. Não é fácil de entender de onde isso vem, porque o amor escondeu sua história com inteligência por trás de corações cor-de-rosa. Para chegar a essa história, precisamos arrancar alguns desses coração cor-de-rosa. É possível que você fique arrasada com isso, mas, para ser sincera, eu não sinto muito, não. Pois é por uma boa causa: para entendermos melhor o que nos magoa quando sentimos falta do amor. E, ao mesmo tempo, veremos que às vezes devemos nos comportar com amor como se comporta com um ex-namorado. Sentimos muito a falta dele, daríamos tudo para reavê-lo, o consideramos a melhor coisa que já aconteceu conosco, até que um dia percebemos: bem, não foi assim tãããão incrível. E esse sentimento, todas sabemos, pode fazer muito bem. Pois, ao nos libertar, esse tratamento resolve um bloqueio na cabeça do qual não ousamos nos livrar antes. A sensação satisfatória de descascar gesso na parede. Aprendemos a nos valorizar novamente. A nós e a nossa liberdade.

Então, vamos lá.

Deus está morto, amor vive: a viagem no tempo à história do amor romântico

Esta viagem no tempo voltará bastante, voltará um bocado. Para um tempo anterior aos *smartphones*, mesmo antes do telefone e da ferrovia. Antes da divisão do trabalho e antes do surgimento da família nuclear burguesa. Um tempo que ainda está longe dos excessos do eu. Além disso, as estacas da vida social eram estáveis demais. Religião, estado civil, gênero, tradição. Quem era, se era ou poderia ser, não era uma questão do perfil do amor, mas exatamente uma questão dessas categorias. Quem era católico e camponês, era católico e camponês. E era assim porque assim nascera. E, por isso, todos os seus filhos e netos seriam exatamente iguais. Pessoas a quem a palavra "individualização" queria mais ou menos dizer o mesmo que "telefone sem fio".

Mas essas estacas, como gosto de chamá-las, foram arrancadas por descobertas, ciências emergentes, rebeliões, revoluções e, por fim, industrialização. Esse arrancar é o que chamamos hoje de modernidade. Essas estacas não foram arrancadas imediatamente, nem de uma vez só. Mas o que costumava ordenar nossas vidas – origem, estado civil, religião –, gradualmente se tornou menos importante, cada vez mais poroso.[31] Tanto é assim, que não nascemos mais simplesmente com um "eu" hoje em dia. Mas com o desafio de fazer algo de nós – palavras-chave: educação, mercado de trabalho e mobilidade. Nem todos temos as mesmas oportunidades, longe disso. Mas a pressão para ainda assim aproveitá-las pode ser a mesma para todos. Flexibilidade, comprometimento, espírito de equipe. Nesse contexto, Ulrich Beck fala do "potencial de autoformação" das pessoas.[32] Experimentamos uma responsabilidade pessoal por nossa vida – ela se torna mais aberta, mais flexível. Podemos fazer nossa própria curadoria, escolher apenas o melhor do melhor. E, mesmo quem contesta que tudo isso já leva a mais individualização, uma coisa não vai ser contestada: falamos mais sobre essa questão. Nós mesmos somos o tema. E não dá para deixar esse tema de lado.

No entanto, onde tais oportunidades acenam, os riscos já aparecem. Porque não significa que estamos nos tornando pessoas "mais egocêntricas". Não somos mais "eu" do que era o camponês católico no século XVII. Temos apenas uma consciência diferente, outras exigências. O esforço para nos tornarmos esse eu nos deixa mais autênticos. Então, nós acreditamos em algo que percebemos como "eu". E, enquanto estamos trabalhando, testando e experimentando esse eu para nos tornarmos inconfundíveis, outra coisa finalmente acontece: encenamos algo que, em última análise, não difere muito dos outros. Parece que as possibilidades do eu não são incontáveis. Ou, pelo menos, não queremos nos afastar demais dos caminhos conhecidos. Afinal, quase todos usamos o mesmo sortimento. Quem quiser saber o que isso quer dizer, precisa ir ao Instagram. Ou, claro, a qualquer loja de roupas, onde há jeans com rasgos feitos por máquinas. Pode-se facilmente tirar sarro desse conformismo. Mas também devemos tratar isso com seriedade, porque estamos falando de esperanças aqui. Da esperança de ser reconhecido como algo. Mas, como essa esperança faz, ao mesmo tempo, parte do esforço, torna-se uma pressão.[33] Para todos.

Essa missão de individualização, juntamente com todas as possibilidades que temos, nos deixa inquietas.[34] Em todos os lugares, oportunidades e o desejo de aproveitá-las. O problema de todas essas oportunidades é que não podemos lidar com o projeto do eu. É como um trabalho doméstico permanente, cujo prazo de término já está atrasado. Somos pessoas de verdade. "Na verdade, sou completamente diferente, mas raramente consigo ser assim." Um ditado do dramaturgo Ödön von Horváth. Aliás, isso também estava em uma parede da Schauspielhaus Köln. Bem ao lado da sala E, onde à noite, quando todos os espectadores já tinham ido embora, nos sentávamos nas escadas, bebendo cerveja e conversando sobre o que queríamos ser.

No meu primeiro dia no teatro, eu ainda tinha certeza de quem eu poderia me tornar no fim das contas. De como poderia estar certa. No dia anterior, eu havia recebido meu diploma de mestrado e pensei que as portas da individualização estavam abertas. Sempre quis trabalhar no teatro, e lá estava eu, no teatro. Então, podia simplesmente continuar assim. Foi o que pensei e me sentei totalmente sozinha no espaço de ensaio no chão e segurava uma cafeteira pela alça, pois do contrário ela poderia tombar. Fiz café, mas nunca me perguntaram o que achei da peça. Sequer se eu achei alguma coisa. Eu podia lindamente guardar para mim quem eu queria ser. A individualidade ao vivo e em cores. As dificuldades de autoafirmação foram a primeira lição no teatro. E, por assim dizer, não podia fazer nada com o fato de, na semana anterior, eu ter passado com nota máxima na prova final do curso. Para fazer café. Dessa forma, quem veria quem eu era?

E essas perguntas sempre surgem: quem sou eu? E como posso encontrar o melhor lugar possível para mim neste mundo? A liberdade de poder responder a essas perguntas pode pesar bastante. Porque também é uma demanda. Aparentemente inúmeras opções acompanham nossa vida. Fazer uma escolha significa não fazer outras, significa possivelmente arrepender-se. Também não precisamos fazer apenas uma escolha. Não basta ter um emprego, um trabalho, um local de residência. "Quem sou eu?" também se responde por meio da aparência, da alimentação, do movimento, das imagens, sempre as imagens e sempre a expectativa de poder responder a essa pergunta de um jeito bastante diferente. Quanto mais arrastamos conosco essas perguntas na direção do eu, mais fica claro o quanto a liberdade pesa. Ela traz insegurança. E pensamos: *Tornarmos um eu, que exaustivo, é demasiado!* E, então, o amor entra em cena.

Ulrich Beck cunhou a chamada tese da individualização na sociologia. Quanto mais fracas as identidades tradicionais se tornam, isto é, coisas como religião, comunidade ou classe, maior a pressão para afirmar a identidade de alguém por meio de outros aspectos. E tanto mais confiaremos no que acreditamos que podemos fazer com segurança em termos de autoafirmação: amar.[35]

"Muitos falam sobre amor e família como nos séculos anteriores se falava de Deus", escreve Beck.[36] O desejo pelo amor tem algo de fundamentalista, aposta todas as fichas em uma coisa só: a união. Na tentativa de nos tornarmos o mais individuais possível, de chegar até nós mesmas, nos apegamos firmemente ao amor, pois esse amor romântico nos promete exatamente isto: uma pessoa destinada apenas a nós. Para nós mesmas, como indivíduos, naquilo que nos distingue de todos, que nos justifica em tudo o que somos. Aquele que nos ama, com nossas idiossincrasias, mas também com nossas vantagens tão amáveis. No amor, podemos nos sentir incrivelmente egoístas, porque no amor existem coisas como "o cara certo", uma pessoa que nos oferece o ajuste perfeito para nossa singularidade. Ficamos inteiramente juntas com ele. E podemos nos vangloriar disso e nos deleitar: "Ele é o primeiro que realmente me entende". E, no melhor dos casos, entende sem palavras, a glorificação do amor: "Nós só nos olhamos, e tudo ficou claro". Que maravilha! Nada de um coar café superqualificado, nada do sentimento de não estar mais segura, nada de conversas hesitantes por horas, mas apenas um olhar em outro par de olhos, e a consagração do eu se completa. Como se o amor místico fosse o único ideal verdadeiro. A vitória final do eu.

Exageramos esse amor, e isso dá uma indicação de quanto precisamos dele. Mas não apenas como amor, como felicidade sem propósito, mas como certificação do "eu". Com o amor podemos, por assim dizer, encontrar caminhos para o eu. Beck comentou o seguinte: "Vivemos na era dos *hits* românticos existentes na realidade. O romantismo triunfou, e os terapeutas estão enchendo os bolsos".[37] Às vezes, nossa crença no poder libertador do amor fica quase histérica, especialmente quando percebemos que a decepção se esconde por trás de todo ideal.

No entanto, continuamos a sobrecarregar o amor. Carregamos amor com tudo o que podemos imaginar. A maior felicidade, a realização, quase sempre nada menos que o sentido da vida. Em um artigo para o jornal *Die Zeit*, a jornalista Nina Pauer descreveu os filhos como "receptáculos de sentido da modernidade".[38] O amor é a mesma coisa. Um receptáculo cheio de expectativas, transbordando de desejos secretos e muito ofensivos: diga que me ama, diga todos os dias e seja sincero comigo, apenas comigo. E ao nosso redor? Em todos os lugares, os *hits* românticos, quase em todas as latas de biscoitos uma jura de amor. Filmes de amor com ações improváveis,[39] casais que fazem até três casamentos. E, em todos os lugares, canções de amor: "When it comes to loving you / You're my only reason / You're my only truth".*[40] Então, já se pode revirar os olhos.

Ou, por outro lado, começamos a sentir pontadas no coração. Porque a saudade tortura, porque finalmente também queremos desistir. Pois a caça ao amor é exaustiva. Helena vaga à noite sozinha pela floresta, e, em *Sex and the City*, Charlotte, durante o *brunch*

---

* "Quando é para amar você/Você é minha única razão/Minha única verdade." [N.T.]

com as amigas, bate a testa na mesa: "Eu namoro desde os quinze anos de idade. Cadê ele?! Não aguento mais!". E quando Carrie pergunta se ela já pensou se nós, mulheres, não somos os cavaleiros brancos, aqueles que precisam se salvar, Charlotte ergue a cabeça e diz: "Isso é tão deprimente".[41]

O imperativo tácito é: toda panela tem uma tampa. Assim que deve ser. E isso não é transmitido apenas em séries e nas feiras de casamento, mas também é determinante sobre como os relacionamentos devem ser. Como devem ser conduzidos, o que podemos esperar deles. Porém, é o motivo por que tantos relacionamentos fracassam: imperativos demais não fazem bem ao amor. Uma olhada nas estatísticas do divórcio mostra grandes volumes de sonhos esvaziados.

Mas o amor romântico não é apenas parte da individualização, não é apenas caçada. O amor romântico também alivia o projeto do eu. Quem é amado nem precisa mais saber quem ele ou ela é, porque o outro praticamente assume isso. Tira a pressão de precisar reivindicar o eu – ao menos um na frente do outro. O amor romântico confirma, não questiona. E mesmo sabendo teoricamente que precisamos gostar de nós mesmos antes de podermos nos envolver com outra pessoa, nossa vontade é de pegar um atalho. Será que até agora tivemos apenas os parceiros errados?! Será que por isso não encontramos o amor?! Precisamos mais do que ouvir nossos sentimentos. Precisamos otimizá-los.

Como a socióloga Eva Illouz descreveu em seu livro *Warum Liebe weh tut* [Por que o amor dói], o amor hoje é moldado por duas das mais importantes revoluções culturais do século XX. Por um lado, a individualização e a ênfase no emocional. Por outro lado, a capitalização de quase tudo: nossos relacionamentos sociais, nosso eu, nossos sentimentos.[42] Um exemplo disso, segundo Illouz, é um dos temas centrais do romance como gênero, mas também dos filmes de Hollywood: mobilidade social, portanto, uma equivalência socioeconômica seria um pré-requisito para o amor. Um milionário pode ficar com uma faxineira? Uma mulher socialmente inferior pode ficar com um nobre? "A importância do amor pelo casamento coincidiu com a importância cada vez menor das alianças familiares para o casamento e marca o novo papel do amor para a mobilidade social. [...] O amor inclui e limita agora interesses estratégicos e une os interesses econômicos e emocionais dos atores em uma matriz cultural."[43] Em outras palavras, o capitalismo ama conosco.

O amor liberta. É possível percebê-lo pelo medo que provoca. Pelo pânico noturno que às vezes se apodera de nós. Como vivenciei há pouco: estou deitada na cama, está chovendo lá fora. A chuva bate no parapeito da janela como ervilhas secas tamborilam em uma tábua. Parece que está chovendo bem ao meu lado. É tarde, mas não sei exatamente que horas são. Estou muito cansada. Não consigo dormir. Faz muito barulho lá fora, dentro de mim está ainda mais barulhento. Estou sozinha. Sinto-me sozinha. Mentalmente atravesso os sedimentos de minha vida. Estudo. Trabalho. Relacionamentos. Pais. Amigos. Empilho todos e, no entanto, apenas criam um verniz fino. Um verniz que não contém nada. É o que me parece. Tudo isso não deveria ter sido diferente? Tem que ser diferente? Algo se aperta dentro de mim; sinto fisicamente como o tempo escorre. Meu tempo está escorrendo. E se eu não acordar, quem vai me encontrar? E quando?

Conto a uma amiga sobre a noite pesada. Ela diz: "Ah, eu sei. Essa é a hora azul. A hora da noite em que os hormônios da felicidade estão no nível mais baixo. A hora em que, de repente, tudo que se diz sobre os solteiros está certo. Em que acreditamos que não temos nada. Em que temos certeza de que apenas um parceiro tornaria tudo suportável. No qual estamos exaustos de qualquer coisa, de tudo, e a tensão sobre nós bate como uma tempestade. Quando o eu vacila, ele cai sobre você".

Em outras palavras, quando corremos atrás do amor, nem sempre é caça. Nem sempre é apenas a caça ao eu. Também pode ser o desejo de tranquilidade, de libertação, pois a individualização também pode sobrecarregar. Se corrermos atrás do amor, nem sempre é caça, mas também fuga.[44]

Esperamos demais dele. Pois, olha o spoiler: o amor não tem tanto poder

"Esperamos de uma pessoa o que costumava ser feito antes por uma vila inteira. Me dê pertencimento, identidade, permanência, mas também me dê transcendência e mistério, tudo de uma só vez. Me dê conforto, me dê suspense. Me dê algo novo, me dê o que é bem conhecido. Me dê previsibilidade, me surpreenda." Assim a psicoterapeuta Esther Perel descreveu, em uma entrevista, as expectativas de amor.[45] Em resumo: esperamos o impossível. O amor está em um pedestal muito alto. O amor de casal deve nos fornecer tudo isso, deve fornecer tudo isso ao nosso eu. E deve garantir que nosso eu também seja visto.

Para o sociólogo Niklas Luhmann, essa percepção é clara de qualquer forma. A individualidade sempre precisa de reconhecimento dos outros; portanto, no amor, também procuramos uma coisa acima de tudo: "validação da autorrepresentação".[46] Em outras palavras: o relacionamento amoroso é um selo de garantia de qualidade para o eu. E quanto mais alto o pedestal em que o amor está, mais parece faltar quando falta amor. Os solteiros são os serviçais trágicos do próprio vazio. Um vazio que eles mesmos causaram. Então, se estamos sozinhos na cama à noite, ao que parece, é nossa culpa.

"Siiim! Siim! Daniel Cleaver quer meu telefone. Sou maravilhosa. Sou uma irresistível deusa do sexo. Oba!"[47]

Bridget Jones é engraçada. Ela é engraçada e, potencialmente, *borderline*. Nós somos Bridget Jones. Se nenhum homem acha que somos ótimas, pensamos se não devemos mudar de emprego ou de penteado ou o que quer que esteja errado na gente. Se um homem nos acha ótimas, surtamos. Primeiro conversamos com amigas, perguntamos se elas acham que podemos ter certeza de que ele nos acha ótimas e depois surtamos. Se um homem nos acha ótimas significa que *somos* ótimas. Deusas do sexo. Somos lindas pra cacete e jovens pra cacete! Quando o amor passa, e se ele apenas roça em seu braço, acreditamos nisso. E isso é bom. É bom pra cacete. Porque é isso que somos. Quem queremos ser: [48] "Before the day I met you, life was so unkind / But you're the key to my peace of mind."* [49]

Quando duas pessoas se apaixonam, contam histórias mútuas. O pingue-pongue de Luhmann: primeiro você, depois eu. Autovalidação conjunta. Por isso também é verdade que somos únicas. E que nos encaixamos como casal. Encontramos uma pessoa e contamos algumas histórias iniciais para nos conhecermos. Para nós mesmas e para os outros. Com K. eu tive uma história inicial muito boa, ao menos ele achou assim. Levei-o para uma festa com os amigos, era tudo muito recente, cheio de amor e, como meus amigos sempre são ávidos por histórias, K. contou essa história. Como nos encontramos em um evento, como fizemos graça um para o outro e ele me beijou, e como ele pensou por um momento

---

* "Antes do dia que conheci você, a vida era tão cruel/Mas você é a chave para minha paz de espírito". A música é *A Natural Woman*, de Aretha Franklin. [N.T.]

que eu simplesmente tinha ido embora sem dizer tchau antes mesmo de ele me esperar na chapelaria.

Na verdade, eu tinha acabado de sair sem me despedir, mas não havia dito isso a ele.

Histórias iniciais não precisam ser verdadeiras para estarem certas. Então, ela me convinha, e a história continuou. Todos os meus amigos riram disso, também porque K. tem sotaque vienense e, nesse meio tempo, falava de si mesmo como "camponês" e de mim como "princesa". Também tive de rir muito e senti muito carinho. Mesmo depois de terminarmos, ele me contou a história novamente. Nós dois queríamos ter certeza de que não era esse amor.

"Conta-me. Conta-me o amor."

Lily, a fiel do amor, conta. Ela está apaixonada agora. Parece ter passado por várias semanas de bem-estar. Provavelmente não tem dormido muito nos últimos tempos. Ela se senta na cadeira com vontade e começa a falar imediatamente. "Estou tão apaixonada, não sei nem o que dizer. Não é ótimo? Estar tão apaixonado de novo?" Então, ouço Lily falando sobre seu novo namorado. Do amor, que teria dizimado todas as dúvidas. Do amor que nunca havia existido antes. Lily tem certeza disso. "Estou tão apaixonada, não é legal?" Lily está radiante.

Fico feliz por ela, no entanto, suas afirmações me parecem como se eu estivesse de volta a um ensaio de teatro. A peça: Lily e sua "paixonite". Todo mundo bate palmas, Lily faz uma grande reverência.

O escritor francês La Rochefoucauld disse certa vez: "Há pessoas que nunca se apaixonariam se não tivessem ouvido falar do amor".[50] O amor não afeta simplesmente uma pessoa assim. Amamos da maneira que amamos porque reconhecemos o amor. Afinal, não nascemos equipadas com o amor romântico. Esse amor é cuidadosamente treinado, como o idioma e as maneiras à mesa. O amor romântico não é uma verdade eterna, não é um sentimento profundamente marcado em nosso ser. O amor romântico é um padrão cultural, uma forma de comunicação. E, como tal, confere a Lily palco e peça ao mesmo tempo e, praticamente, o público. Pois precisamos ouvir. Ninguém interrompe o amor.

Os semânticos chamam esses padrões de codificação, os cientistas culturais da narração cultural. Também se pode dizer que o amor primeiro se torna visível por meio de sua programação. Pela maneira como ele é narrado e ilustrado. Palavra-chave "corações cor-de-rosa": eles não fazem parte do amor em si, mas são usados para ilustrá-lo. E assim são incorporados ao amor. Quem, como solteira, vê um coração cor-de-rosa no Dia dos Namorados, sabe, portanto, que não é para ela: Hahaha, coitada! Nossos sentimentos também são influenciados por esse estoque de imagens do amor, como La Rochefoucauld já havia percebido. Caso contrário, não poderíamos nos apaixonar, pois nossos sentimentos são criados a partir do reservatório de imagens e histórias de amor. Apenas esse reservatório não é tão individual e pessoal quanto Lily acredita. Pelo contrário. Quem quiser de modo mais ríspido: "Tudo acontece depois do espetáculo do único, travestido de pessoal e individual, mas, exatamente dessa forma, em uma estreia contínua e interminável, realizada de maneira independente, nas mais diversas línguas e cidades do mundo".[51] Jantares românticos únicos à luz de velas no Dia dos Namorados, corações totalmente individuais que são cortados nos lençóis dos casamentos. Cadeados do amor gravados pessoalmente. Em Colônia, 22 toneladas de cadeados pendem de uma ponte no rio Reno. Vinte e duas toneladas de amor totalmente pessoal e individual. A pergunta é: por que os casais fazem esse tipo de coisa? A resposta: porque não querem apenas comunicar seu amor, mas também porque ele surge apenas por meio de símbolos e narrativas: "O amor é representado e produzido simultaneamente".⁵²

Preencha as lacunas com amor

É possível pensar que Lily seja uma mestra na fabricação do amor. Lily está apaixonada, mas também é uma daquelas mulheres que não conseguem ficar sozinhas. Todo mundo conhece essas pessoas. Elas engatam relacionamentos uns nos outros. Ficam solteiras por um período máximo de dois meses e se envolvem novamente. Enquanto muitos passam meses em cima do muro, sem um relacionamento, perguntando-se se é possível dar ao outro um presente de aniversário sem ser percebido como algo muito meloso, quem vive de relacionamentos já vai morar junto. Lily também não entende como ser feliz fora de um relacionamento. Se alguém lhe diz que é possível, ela concorda com a cabeça, mas não acredita e imediatamente começa a pensar em um novo namoro: "Tenho um novo colega de trabalho ótimo…".

Aos olhos de Lily, o amor não é apenas uma parceria, é a coisa mais importante da vida. Ela precisa do amor. Ainda que não aja dessa forma. Ela é querida, bem-sucedida, engraçada, realmente engraçada. Lily é do tipo de pessoa encantadora nata que não pode faltar em nenhuma festa das boas. À primeira vista, Lily parece o epíteto da feminilidade autônoma. Porém, desde os dezesseis anos, Lily não fica solteira por mais de três dias. E quando alguém lhe diz que o novo paquera não é tão impressionante, ela irrompe em lágrimas.

Então, o que acontece? Helga Odendahl é terapeuta de casal e conhece bem o fenômeno das pessoas que não conseguem ficar sozinhas. Para ela, pessoas que pulam de um relacionamento para outro são muito carentes. Carentes de cuidados emocionais, como ela diz. "Para essas pessoas, a qualidade do relacionamento geralmente não vem em primeiro lugar, pois isso é intercambiável. O parceiro é usado para as próprias necessidades." Os namorados-em-série não conseguem se cuidar direito: "Quem sempre pensa que precisa de alguém ainda está em um estado infantil". Então, quem troca um relacionamento por outro se priva da experiência de estar sozinho. Em vez disso, tem o desejo de se apaixonar o tempo todo. Esse estado é desbragadamente belo, mas, como todo bom estado de embriaguez, não podemos estar nele o tempo todo. Quem engata um relacionamento no outro, segundo Odendahl, consequentemente não se apaixona por um ser humano, mas pela imagem de um ser humano. A imagem de como esse ser humano deve ser. "E quando essa imagem se desfaz, a decepção é enorme."

E, no entanto, isso se chama amor. O amor precisa pagar esse preço. Mesmo se, depois do fim do relacionamento, ficar forte a sensação de que foi um erro. Então, o próximo vira o grande amor. O amor certo. Qualquer mulher que fale na posição de solteira com mulheres como Lily terá a impressão de estar falando com uma parede em algum momento, pois mulheres como Lily sabem o que lhes falta. Têm certeza absoluta de que é esse amor. São muito cuidadosas para nos dizer isso com franqueza, mas dizem isso o tempo todo. Só que de um jeito diferente: "Certa noite, não faz muito tempo, eu estava sozinha e foi terrível." "Não desista, nunca pensei que me apaixonaria novamente." "Ah, é uma grande aventura essa fase em que você está!"

Elas nos transmitem o seguinte: tem algo de errado com mulheres solteiras, ainda que isso seja apenas um reflexo. É tocante como essas mulheres em relacionamentos cuidam de nós, mas também cáustico: "Você está *bem*?" E enfatizam o "bem" com uma força que significa: "Não se preocupe, você pode me dizer. Seja sincera". Querem ouvir que estamos solitárias. Não porque desejam isso para nós, mas porque se encaixa com a história delas. E elas agem como se estivessem certas em todas as suas preocupações, pois sempre têm alguém para equilibrar seu plano de vida. Alguém que dorme ao lado delas. Mesmo que já seja o quarto. Aliás, no passado, os números 1, 2 e 3 também foram os grandes amores da vida.

Como solteira, é preciso ter uma certa reserva de cinismo.

E eu já sei que isso não ajuda em nada. Mesmo o cinismo não ajuda, pois diz a lenda que quem zomba do amor é porque não o tem. Dizemos que o amor é superestimado, e nossas amigas em relacionamento suspeitam de outro problema: "Há quanto tempo você está solteira?". Mesmo se tentarmos olhar para o amor de um jeito um pouco mais sóbrio, temos que admitir que não há concorrência para o amor. Como me explicou o sociólogo Günter Burkart: "Há uma pressão de racionalização sobre o amor, mas não existe concorrência para amor em uma sociedade secularizada. Na sociedade ocidentalizada e individualista, o amor é uma das poucas possibilidades de encantamento que ainda temos".

Possibilidade de encantamento é uma expressão bonita. Estar encantado é uma experiência maravilhosa. Mas aqueles que acreditam no amor como "uma das poucas possibilidades de encantamento que ainda temos" talvez consigam ver apenas a floresta, e não as árvores. Voltarei a isso mais tarde, na terceira parte do livro. Antes de mais nada, quero dizer o seguinte: ver o amor de um jeito mais sóbrio, não como uma grande possibilidade de encantamento, também é difícil, pois ele é inflado, cheio de força, brilhante demais e coberto de açúcar. O amor é bombástico. Por isso, como solteiras, precisamos admitir que o desejamos de verdade ou o repelimos em silêncio. Mas, por favor, realmente em silêncio, pois os críticos do amor são vistos como pessoas amarguradas.

Afinal, o amor é democrático. Não é isento de instabilidades de força, mas ao menos existe para todos. O amor supera todas as barreiras. Todo mundo pode tê-lo. Quem os critica não é independente, só estraga-prazeres. Ninguém quer ser estraga-prazeres. Todos nós precisamos reverenciar o amor.

Reverenciamos esse tipo atual de amor. O amor romântico. O amor como grande promessa, para a eternidade. O amor que nos aprimora, nos torna mais firmes, mais autoconfiantes, que nos surpreende e nos embala, tudo de uma só vez. O ideal de amor por trás de todas essas esperanças é tão firme quanto flexível. Firme porque favorece um certo tipo de parceria, a saber, o relacionamento fixo entre homem e mulher, na melhor das hipóteses eterno, duradouro; e flexível porque pode se adaptar de qualquer maneira, mesmo ao segundo casamento e aos relacionamentos homossexuais. Com tudo isso, também promete o mesmo para todos, ou seja, promete nos tornar inteiros. Quando amamos, somos amados, nos sentimos unidos, elevados e reconhecidos. Alguém que elogia nossos dedos longos ou olhos castanhos nos parece alguém que olhou para dentro de nossas almas. Como se tivéssemos sido tocados por uma varinha de condão que transforma uma coisa sem vida em um ser em movimento.

Para sermos finalmente um eu completo, assim acreditamos, devemos ser capazes de contar uma história de amor. É a história da Cinderela, da Branca de Neve. Mulheres que são despertadas por um beijo.

Inúmeras mulheres solteiras sonham com esse despertar com um beijo. Se não admitem, sonham em segredo. Sonhamos em segredo com aquele que finalmente está lá. Essa também é uma história de que gostamos: somente azar no amor, mas esse azar apenas como preparação para a sorte grande. Então, aceitamos com prazer os sapos beijados em vão. Vemos a nós mesmas em segredo como uma espécie de Bela Adormecida. Como a Bela Adormecida, de cujos longos sonhos inúmeros príncipes tentaram em vão despertá-la, até que finalmente ele chegou. Beijo, união, amor até o fim. Sonho de solteira.

Esses sonhos de amor são modernos, mas usam imagens milenares. Como este daqui: Atenas, em fevereiro de 416 a. C., em casa com o poeta Agatão. Lá transcorre a trama do famoso escrito de Platão, *O banquete*. Um punhado de homens de ressaca falando sobre o amor. Um deles, Aristófanes, tenta explicar a origem do amor da seguinte maneira: Os seres humanos já tiveram a forma esférica. Quatro braços, quatro pernas, duas faces e dois órgãos genitais. Homem-homem, mulher-mulher ou homem-mulher. No entanto, com esses corpos esféricos, eram um tanto presunçosos perante os deuses, de modo que o pai dos deuses, Zeus, fez um rápido trabalho e os dividiu ao meio. As pessoas quase entraram em desespero com a nostalgia e a saudade da outra metade. E também porque seus órgãos genitais estavam agora para trás em vez de para a frente. Procuravam pela metade antiga e não podiam mais se unir a ela. Então, Zeus fez com que os órgãos genitais se reorganizassem. Agora estavam na frente, e as pessoas podiam buscar a metade e reencenar uma forma sexualmente esférica. Mas a busca pela metade certa continuou, e Aristófanes tem certeza de que, se as pessoas pudessem se fundir de novo à metade certa, desejariam fazê-lo: "A razão para isso é que nossa natureza original é assim e éramos um todo indivisível. E, portanto, o desejo e a busca pelo todo leva o nome de amor".[53]

O amor como a busca da forma esférica original.[54] Uma imagem muito gráfica. E, diferentemente de outros aspectos do banquete, essa imagem fica muito bem gravada na memória e, como uma imagem do amor, teve um grande e duradouro sucesso. Também se encaixa com outras imagens: panela e tampa, mão e luva, a "melhor metade". Bela Adormecida e seu príncipe. Não ajudou as feministas na década de 1970 terem pensado que homens e mulheres não necessariamente pertenciam uns aos outros de forma tão íntima e duradoura. Uma mulher sem marido não é um hemisfério descontrolado, mas algo como um "peixe sem bicicleta"*. Mas nosso ideal de amor abre uma risadinha cansada e indiferente frente a essa tentativa de emancipação. Mulheres sem homens não são "peixes sem bicicleta", mas, sim, peixes sem barbatanas. Incapazes de se mover. Sem um parceiro, somos seres deficientes. Em uma busca irrequieta.[55] Por quê? Acho que para responder precisaremos fazer mais uma viagem pelo tempo.

Por que as mulheres precisam de amor

Historicamente, as mulheres em relacionamentos não eram hemisférios com o mesmo tamanho, mas bolinhas de gude que eram incorporadas. Para as mulheres, a sensação de serem livres no amor, de serem elas mesmas, de serem realmente alguma coisa é bastante nova. Tradicionalmente, tínhamos permissão para fazer muito pouco. Alguns exemplos: ocupar cargos públicos, votar, ganhar dinheiro, herdar – em sua maioria, essas realidades mudaram apenas nos últimos cem anos. O que mudou apenas nos últimos cinquenta anos é que as mulheres podem manter seu nome após o casamento,**

---
* Trecho de frase célebre atribuída à escritora feminista Gloria Steinem: "Uma mulher sem um homem é como um peixe sem uma bicicleta". [N.E.]
** No Brasil, apenas a Constituição de 1988 igualou plenamente homens e mulheres em seus direitos e deveres. [N.T.]

podem ter uma conta corrente própria, podem trabalhar sem a permissão do marido, e que o estupro no casamento é crime. E mesmo se o relacionamento estivesse em pé de igualdade, as mulheres não tinham esse direito. As mulheres também não tinham direito à escolha, a se apaixonar. As mulheres eram casadas e, no altar, não apenas simbolicamente o poder sobre elas era transferido do pai ao marido, mas juridicamente. Ainda hoje casa-se assim, mas sem a transferência de domínio. Mas o rito permanece: o pai pousa a mão da filha sobre a do homem. As latinhas e os sapatos velhos pendurados no para-choque do carro quando um casal recém-casado parte para a lua de mel são símbolos da violência que cabe ao marido. Toda mulher carrega essa história de falta de liberdade em seu véu de noiva, um véu pelo qual muitas mulheres anseiam.

Do ponto de vista histórico, conceitos como os de satisfação, autodesenvolvimento ou até de autoafirmação são associados a mulheres há pouquíssimo tempo. Por conseguinte, ele vale também para mulheres e o amor. As mulheres eram objetos de desejo, objetos de canções de amor e de admiração. As mulheres eram amadas. Mas não tinham a chance de amar também. Quer dizer, tinham a chance, mas não o direito. E quase ninguém se interessava pelo infortúnio das mulheres no amor até cerca de duzentos anos atrás.

A virada do século XVIII ao XIX é considerada uma espécie de ponto de virada na linguagem do amor.[56] Muito se escreveu sobre o amor na época; em romances, poemas e peças de teatro. O romantismo quase inventa o amor, ainda que tivesse claros precursores medievais. As mulheres começam a desempenhar um papel no amor. Um papel trágico, mas ao menos têm um papel. Na literatura temos Effi Briest, Anna Karenina, Madame Bovary, Nora Helmer e Clarissa. Mulheres que são seduzidas. Mulheres que se apaixonam, mas que fracassam no amor. Com o homem errado, as expectativas erradas. Adúlteras, mães que abandonam os filhos, mulheres que perecem com doenças graves. Mesmo que não conheçamos exatamente suas histórias, porque não chegam às leituras escolares nem ao teatro há muito tempo, o destino dessas mulheres reverbera até hoje porque marcam um ponto de virada: as mulheres começam a se definir por meio do amor. Até hoje é assim. Naquela época era totalmente compreensível. Por que mais elas poderiam se definir? Pintar aquarelas, decorar interiores e tocar piano? Brincadeiras à parte, vamos falar sério: Effi Briest não tinha emprego, Anna Karenina não tinha dinheiro próprio e ninguém mais ouviu falar na Nora de Ibsen até sua partida. Para as mulheres, o amor, o casamento, a parceria romântica era um lugar onde podiam se desenvolver, ao menos até certo ponto.[57] Na esfera privada, as mulheres podiam ser; ali sua sensibilidade, seu sentimentalismo, sua moralidade e sua beleza têm seu lugar. Ali a mulher pode encontrar a satisfação, ao menos no contexto e dentro do papel que lhes é atribuído. Não como ser humano, mas como "serva do marido", como mãe, como amante; nós nos lembramos.[58] Lembramos que, sim, esse era o plano para nós.

No século XIX, esse modelo é levado à perfeição, mas mesmo no século XXI ele ainda não foi abolido. Atualmente, Esther Schweins atua em *Die Wüstenärztin* (A médica do deserto), um filme do canal de televisão alemão ZDF, no papel de uma médica, mas quem trata dos casos graves é seu namorado que chega por acaso, e Esther apenas aperta o balão de oxigênio e, *happy end*, volta para sua vida, da qual havia fugido noventa minutos antes. Esse é apenas um exemplo. Eu poderia apresentar muitos mais.

Infelizmente, mulheres e amor e homens e amor ainda são mundos separados. E isso é totalmente independente daquilo que homens e mulheres desejam para si. Ainda hoje, os homens podem definir-se muito mais por poder e prestígio, *status* e dinheiro, emprego e sucesso. Precisam de menos amor para apoiar seu eu. Os homens, de acordo com a socióloga Eva Illouz, ainda têm mais liberdade emocional e sexual:[59] "Além disso, como a modernidade é caracterizada pelo surgimento de uma esfera privada que moldou a identidade das mulheres e as protegeu do mundo exterior, o amor é central para a noção de autoestima das mulheres".[60] E, novamente, menciono uma música de Aretha Franklin: "Cause you make me feel / You make me feel / You make me feel like a natural woman".*

No amor, e somente no amor, nós, como mulheres, finalmente estamos totalmente conosco. Os homens podem dar-se ao luxo de amar de maneira diferente. Significa que podem se dar ao luxo de amar. Para as mulheres, as coisas são diferentes. Não podemos nos dar esse luxo, como se pratica um *hobby* ou se aproveita uma fase da vida, pois o amor em si faz parte do "ser mulher". A parceria não é um luxo, a família não é um complemento que possa enriquecer nossa carreira de sucesso ou nossa vida profissional satisfatória. Para nós, o amor é essencial. Solteiras não estamos totalmente prontas. Porque o amor romântico refere-se a algo que é especialmente dado a nós, mulheres: sentimentos, sentimentos maternos, o desejo de sermos protegidas, a necessidade de se cuidar. É nisso que somos boas. Exemplo, lembra? E assim nós, mulheres, também somos o principal público-alvo do amor. Como encontro o amor, onde encontro o amor e como o mantenho? As respostas a essas perguntas são, na maioria dos casos, destinadas às mulheres. E a maioria delas contém as palavras "Não desista", "Em nosso

---

* "Porque você faz com que eu me sinta/Faz com que eu me sinta/Faz com que eu me sinta uma mulher normal". Segundo reportagem especial de Evelyn McDonnel para o "The Los Angeles Times" sobre uma das compositoras da canção, Caroline King, a música *A Natural Woman*, imortalizada na voz de Aretha Franklin, não trata de fama, mas de uma mulher que busca a normalidade. [N. T.]

aplicativo" e "Não pode estar desleixada". Esteja ligada, consuma, embeleze-se. A pergunta "Como encontro a mulher para a vida toda?" traz pouco mais de um milhão de resultados nas pesquisas no Google; "Como encontro o homem para a vida toda?" uns bons três milhões. Como solteiras, as mulheres não correspondem ao modelo, pois não fazem o que supostamente fazem melhor: amar. Na segunda parte, mostrarei mais detalhadamente o quanto o amor estipula para nós esses modelos. Agora, antes, vale registrar que o amor existe para todos. Mas não em partes iguais.

Vamos tirar o amor do pedestal

Confesso que falei muito mal do amor aqui, desmantelei-o com dedos afiados e, para tanto, recorri a muitos apoios sociológicos. Alguns corações cor-de-rosa também foram partidos no processo. Ao menos espero que sim, e não falo isso de maldade, ao contrário. Também não quero zombar do amor, não quero acabar com ele. Ao contrário também. Mas para que uma coisa permaneça sólida, é melhor tirá-la do pedestal, pois monumentos nunca estão seguros.

Da forma como o vemos, o amor é como um monumento. Assim ele foi mostrado, assim será mostrado e sempre continuará assim. Mas o amor romântico não é eterno, como também não é natural. Não precisa ser. É possível mostrá-lo de maneira diferente.

Por isso que cheguei tão longe para mostrar o que o amor se tornou. Mas, acima de tudo, como se transformou no que é. E que tem um significado especial para as mulheres. Pois, então, talvez possamos finalmente entender por que ele leva as mulheres ao desespero. Por que às vezes sentimos saudades de senti-lo, por que o amor nos tira o fôlego. Por que não gostamos de ver casais tomando sorvete juntos. Por que nossas amigas querem logo nos arranjar alguém. E por que dificilmente poderemos conhecer um homem de novo sem logo pensar: *Será que é ele?*

O amor é considerado inviolável. Quem deseja falar qualquer coisa contra o amor? Quem daria um chega para lá no amor? Às vezes, ficamos no caminho do amor, mas apenas para ele nos atropelar. Eu gosto do amor. Do que não gosto e do que preciso urgentemente fugir: o amor como Santo Graal. O amor como tarefa de vida. Pois o amor que falta não é nosso problema particular em primeira instância, é um problema social, como afirmou Eva Illouz. E quanto mais nos dedicarmos a esse amor, menos teremos dele. É o que vou mostrar a seguir.

sobre as mulheres

"Não há uma vida correta na falsa."
– Theodor W. Adorno, Minima Moralia

"Rosa é a verdade que você não consegue esconder."
– Janelle Monáe, "*Pynk*"

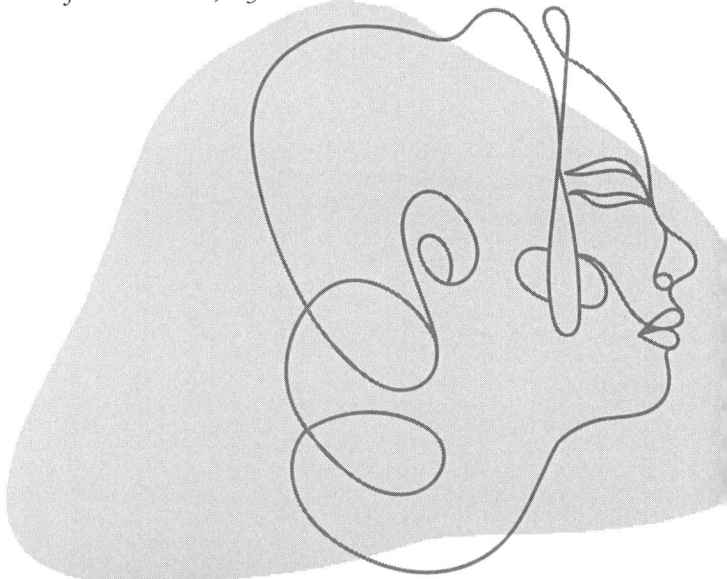

Me compre!
O que o mercado do amor faz conosco (e como não recebemos o que queremos)

"Espere algumas horas antes de responder."

"Se responder antes, significa apenas que você está necessitada, é dependente e não consegue nem ter um simples sexo casual."

"Ao responder, não escreva frases completas."

"E se usar um emoji, vou lhe dar um soco."

Essas instruções são do filme *Como ser solteira* (2016). Uma amiga dá essas instruções à outra depois que esta recebe uma mensagem de um cara. As mulheres conhecem bem essas instruções, por isso também conseguimos rir delas. Afinal, sabemos como lidar com os homens. Sabemos o que temos de fazer e – acima de tudo – o que não fazer. Conhecemos o jogo da sedução. E jogamos para vencer. Os dias em que as mulheres desmaiavam dentro de um corpete quando um homem falava com elas terminaram. Os dias em que, em um chá dançante, as mulheres esperavam que um homem as convidasse para dançar também terminaram. Hoje, as mulheres são companheiras de equipe no jogo do amor. Novas regras são válidas, mas não são regras menos difíceis. Essas são as regras para o amar. O que poderia ser considerado absurdo, porque o amor era para ser algo casual, certo? Não é mais.

O sociólogo Max Weber escreveu sobre a ordem econômica moderna no início do século XX. Ele chamou de "jaula de aço" as regras e características que estimulam a disciplina do indivíduo e que agem como o motor do capitalismo.[1] Uma jaula que restringe e imobiliza. Não há escolha a não ser participar dela ou nela entrar. Obedecemos ao amor, mas o amor se transformou em mercado. Um mercado que segue uma jaula de aço feita de regras. E disciplina os sentimentos. Buscamos o amor do mesmo jeito que apostamos no mercado de ações, só que sem revelar demais, sem se comprometer cedo demais, parecer interessada ou investir antes que os rendimentos sejam claros.[2]

Então, quando uma amiga esfrega na nossa cara a mensagem de um cara, sabemos o que dizer a ela: não responda rápido demais, não pareça ansiosa demais. "Se ele responder, ele está interessado. Se eu responder, eu estou interessada. Às vezes, acho que preciso entregar um cartão de visitas depois de um encontro", diz Sarah. Sarah tem trinta e poucos anos, muito confiante e "sempre", como diz ela, solteira. Mas também é uma das mulheres mais experientes que conheço. Já experimentou de tudo, "realmente de tudo", como ela enfatiza, mas aos poucos está se cansando. Cansando-se dos encontros. Não tem mais ânimo para joguinhos, como os que minha amiga Bine também conhece. Não só os conhece, mas também participa deles. Bine é uma mulher muito independente e uma das detectoras de mentira mais confiáveis que conheço. Na vida cotidiana, ela chefia vários funcionários e, ainda assim, me diz ao telefone que não olha mais o Facebook para que o cara com quem está saindo não veja quando ela está on-line. E acho que isso é completamente normal no início. Com certeza não questionamos mais essas regras! Acreditamos que sabemos a diferença entre dois e três pontos ao final de uma frase. Sabemos que uma ortografia desleixada não é um bom sinal. Sem mencionar os *emojis*. E se um homem responde rápido demais, provavelmente está necessitado. De um jeito ruim.

O que esperamos dessas regras: o amor, um relacionamento. O que não queremos: ficar solteiras. Mas também não queremos o primeiro que aparecer. Não vamos botar tudo a perder. Temos certeza de que essas regras nos ajudarão na busca. E mesmo se não as tivermos lido em lugar nenhum, nós as internalizamos. São regras para a troca de mensagens, para a interpretação de mensagens e para os sinais que enviamos. Regras para o nível de aproximação, a adequação de um local de encontro, a duração de um beijo.

Para o amor, no fim das contas.

Em geral, adoramos tirar sarro dos norte-americanos com sua cultura esquisita de encontros: beije apenas no segundo encontro, não faça sexo antes do terceiro encontro, e o cara que pague os drinques. Mas, na realidade, temos apenas inveja, pois também queremos regrá-los com muita precisão. A tática do amor. O desejo de controlar o comportamento do outro, tanto quanto possível, sem ser flagrada tentando controlá-lo. O mercado do amor exige um ato de equilíbrio entre o desejo de controle e o desejo de um comportamento confiante e relaxado. Mas com isso o amor não fica mais fácil, fica cada vez mais complicado.

Claro, sempre houve regras para a convivência romântica, mas o que há de novo é que não apenas regramos nosso comportamento, mas também nossos sentimentos. Quando podemos tê-los e quais, quando não podemos e quando é melhor reduzi-los, como a luz de uma lâmpada econômica. Assim, a regulação dos próprios sentimentos aumenta no mercado do amor e torna-se um imperativo paradoxal: devemos controlar algo que, por definição, é incontrolável.

Ao mesmo tempo, do ponto de vista do amor, vivemos em um verdadeiro paraíso. Enquanto nossos avós ainda dependiam de conhecer parceiros na escola, na vizinhança ou durante o trabalho, nós não precisamos ondular os cabelos, pedir permissão aos pais, nem prestar atenção ao que "as pessoas pensam" quando conhecemos novos parceiros. Porque eles estão disponíveis on-line e, melhor ainda, são classificáveis, desclassificáveis, ajustáveis. Uma abundância para solteiras e solteiros, para corações solitários. Ele procura por ela, e ela procura por ele. Agora basta atacar no momento certo.

Seria possível dizer que o amor triunfou, está lá para todos. Está disponível no mercado. Só que nós também estamos.

O mercado do amor

Para esse mercado, as solteiras são incrivelmente valiosas como seres incompletos. E o mercado é gigantesco. Se você digitar as palavras-chave "Aconselhamento para solteiros" no Google, aparecerão mais de 26 milhões de resultados. Existem consultores para solteiros, coaching de solteiros e anúncios de terapias adaptadas justamente para solteiros. Não existem apenas as clássicas festas de solteiros, mas há de tudo: *speed dating*, cafés, caçadas, jantares, trilhas esportivas, cruzeiros no Caribe, coquetéis, clubes do abraço e noites de jogos para solteiros. A maior parte paga. Aulas de dança, de culinária, de pintura em seda. O número de livros de conselhos para solteiros no mercado é incalculavelmente grande. É difícil definir o número que surge todos os anos, mas se procurar em uma livraria ou em um grande site de compras na Internet, vai ter uma ideia.

O amor transformou-se em mercado, namorar transformou-se em mercado. É por isso que os solteiros se sentem como produtos no balcão de ofertas: data de vencimento próxima com uma etiqueta vermelha vergonhosa na testa: "desconto de 50%". O produto novo é descarregado ao mesmo tempo, é inútil dourar essa pílula. Portanto, não se trata apenas de amor, mas também de autoestima, como vimos. A busca pelo "cara certo" transforma-se em ponto central da vida. Saímos em busca, relatamos a busca, sofremos com ela. Ela se torna a razão de viver – a socióloga Eva Illouz, inclusive, fala de um novo motivo cultural.[3] E nós vemos essa busca várias vezes, repetidamente, em todos os lugares ao nosso redor, e nós no meio dela. Em *Sex and the City*, em *The Bachelor*, em filmes como *Vida de solteiro, Como ser solteira* e *Vestida para casar,* até mesmo em *Ele não está tão a fim de você*, a parceria deve ter um final feliz, como se fizesse algum sentido. E isso se repete em quase todas as músicas pop. No entanto, a busca já não tem nada a ver com amor. O amor não pode ser planejado, mas o mercado vive de mecanismos planejáveis. Internalizamos as regras do mercado para não conseguirmos mais ver o mundo de outra forma. *Matches* em todos os lugares possíveis. Estamos condicionadas. Tão condicionadas que a primeira coisa que fazemos é olhar o dedo anelar de qualquer homem que nos aborde perguntando se aquela moeda caída na fila do supermercado é nossa.

A busca por um parceiro torna-se parte da vida como a busca por um emprego.[4] E nós a tratamos com o mesmo cuidado. Pois é claro que não pensamos que o amor esteja à venda. Se assim fosse, não valeria nada. As coisas realmente importantes são gratuitas, para que todos possam ter acesso. Como o ar e o amor. Por isso histórias que mostram como um homem rico se apaixona por uma mulher pobre nos inspiram. O amor está lá para todo mundo. Não se pode comprar o amor, mas se pode conquistá-lo, com uma personalidade bacana, por exemplo. Nós sabemos disso. E quando não o conseguimos, então investimos em nós mesmas.

Porque suspeitamos que o fato de estarmos solteiras também se deve a todos os homens estranhos que não querem ter envolvimento algum, mas talvez nós mesmas tenhamos um pouco de culpa. Afinal, temos escolha, o mercado é aberto. E quando não somos bem-sucedidas, é porque talvez simplesmente não tivemos cuidado o suficiente. O amor moderno promete estar presente para todas nós. Todas nós podemos amar, todas nós amamos – precisamos apenas nos esforçar.

"Por que você não tenta o Tinder?", perguntam nossas amigas, "ou algo do tipo", e elas riem, pois estão querendo nosso bem.

"Não pode desistir tão rápido, a fulana também conheceu o namorado em um aplicativo de namoro."

"Você tem que estar mais aberta para as pessoas."

"Por que você jogou aquele ali para o escanteio? Ele era bem bonito!"

"Você é muito exigente."

"Desse jeito não vai funcionar."

Talvez elas tenham razão.

E assim criamos um novo perfil em um site ou aplicativo de namoro. O namoro on-line perdeu completamente sua má reputação; quase um em cada três usuários da Internet na Alemanha usam algum tipo de aplicativo ou site de encontros on-line.[5] A participação em portais de encontros on-line aumentou de pouco menos de 10 milhões para cerca de 136 milhões nos últimos 15 anos,[6] entre eles quase 9 milhões de usuários ativos.[7] Em 2003, os serviços de encontros on-line renderam 21,5 milhões de euros apenas, mas o mercado explodiu: em 2017, as receitas anuais totalizaram 210,9 milhões de euros.[8] Isso representa um aumento de quase 900%. No total, existem cerca de dois mil bancos de dados de membros diferentes. Desses bancos de dados, 35 empresas possuem mais de um milhão de membros.[9] Há vários direcionamentos: classificados de encontros, agência de namoro e "encontros adultos", que também podem ser chamados menos eufemisticamente de "sexo casual". Todo nicho imaginável é atendido: solteiros mais velhos, orientações religiosas ou espirituais, encontro internacional, preferências sexuais.

Um mercado que quer facilitar as coisas. Mas também quer que os clientes permaneçam nele. Mesmo que ele os decepcione.

Amor, on-line

"Olá, querido desconhecido."
"Olá?"
"E aí, bonita?"
E assim por diante.

Acho namoros on-line terríveis. Realmente terríveis. E a principal razão são essas conversas. Sarah também acha horríveis, mas continua assim mesmo. No entanto, está desiludida: "Às vezes, acho que estou presa em um ciclo eterno de tempo nas mesmas conversas idiotas. Ninguém mais faz perguntas. E quando o cara pergunta: 'Posso te mandar uma foto?', eu sempre respondo: 'Nem pensar!'". "Por quê?", eu pergunto. "Ora, são sempre fotos de pênis", explica Sarah. "Eu passo. Portanto, minha exigência básica nesse meio-tempo passou a ser a seguinte: ele precisa ser normal. Agradável e decente. Não espero mais que isso". "Mas então", diz ela, "a gente volta a encontrar um sociopata. Ou alguém legal, que depois simplesmente desaparece". Sarah suspira e solta o ar entre os dentes da frente em um assobio sarcástico.

As histórias de Sarah não são incomuns. Às vezes acho que já ouvi realmente todas as histórias de encontros on-line que se pode imaginar. Vale o que é verdade em tudo: não há nada que não exista. Mas a principal razão pela qual eu pessoalmente acho terrível são as mensagens "Oi, tudo bem?". Escrever alguma coisa sobre a gente e começar a se achar idiota com isso. A cansativa decodificação do que as pessoas querem dizer.

Pessoalmente, acho terrível, mas acho o princípio compreensível, pois os sites e aplicativos de encontro fazem todo o sentido. Quem é muito ocupada ou simplesmente um pouco tímida ou quem não vai conhecer gente nova pode facilmente conhecer homens por meio de sites ou aplicativos de encontro. Expande o alcance. Se o site fornece apenas fotos, exige um psicoteste ou faz propaganda de um sistema de *matches* inteligentes, sempre haverá opção para todos. Então, há esperança. Por isso tantas pessoas também permanecem neles. Como clientes e, no caso ideal, pagantes.

"Sabe o que eu acho realmente eficiente?" "O quê?", pergunto a Sarah. "Amor à primeira vista. Assim a gente consegue se poupar de todo o besteirol."

Falando em eficiência, para Leonie, os sites e aplicativos de encontros não são apenas uma esperança; para ela, os sites e aplicativos de encontro são teoria econômica pensada até o fim. Leonie é consultora executiva, uma das poucas mulheres em seu nível de carreira e, como seria de esperar, bastante durona. Leonie vê os aplicativos de encontro, especialmente o Tinder, de forma bastante sóbria e pragmática e não consegue compreender a crítica a eles: "Mas ele não é superficial! Em um bar, você consegue ver o rosto de uma pessoa antes de mais nada. O Tinder economiza muitas visitas a bares, isso é eficiência." E é assim que ela lida também com sua vida amorosa. De forma eficiente. Não consegue esperar pelo amor à primeira vista. Estar solteira não é uma vergonha para ela, mas também não é uma opção. Ao menos não mais do que durante alguns meses. Não sabe o que está procurando. Mas usa o Tinder e, graças a seu trabalho, até mesmo em duas cidades. Se estiver em outro lugar nesse meio-tempo e não tiver tempo para encontros, ela conversa com ex-namorados para checar se os motivos da separação ainda fazem sentido para ela. Leonie não desliza o dedo para lá e para cá apenas nos aplicativos, faz essa triagem também na vida real. Soluções inteligentes. Próximo! O exemplo de Leonie mostra como a busca pelo amor, pela união, pode se transformar em um mercado.

Ao contrário de Leonie, a maioria das solteiras não acha que a Internet seja a melhor maneira de encontrar um parceiro.[10] Embora possa não ser a melhor maneira, os sites e aplicativos de encontros, diferentemente do encontro casual no círculo de conhecidos ou em um bar, oferecem um método. Coincidência não é estratégia, já a criação de um perfil é.

Assim, quem ouve mulheres como Leonie rapidamente começa a pensar que sua estratégia é inteligente. De alguma forma, essa estratégia parece tão admiravelmente emancipada, tão racional, tão científica, friamente calculada![11] E isso é um bálsamo para nossa alma, porque parece muito razoável. Tão pouco sentimental, tão objetiva, tão moderna. Não ficamos mais sentadas, esperando no ponto de ônibus da vida, tomamos o volante nas mãos! Afinal, queremos ser um pouco como os homens. "Fazer sexo como homem!", assim dizia Carrie em *Sex and the City*. É disso que trata a emancipação! A-há! No fim das contas, livros como o best-seller *Como encontrar um marido depois dos 35: Usando o que aprendi em Harvard* comprova: ninguém precisa ficar sozinho. A mulher precisa tomar as rédeas!

E essa é uma das razões pelas quais tantas pessoas aderem a isso, apesar das perspectivas não tão atraentes de sucesso. Porque elas existem, sim. Os casais que se encontraram em aplicativos e sites de encontros; as pessoas que passaram noites interessantes e conheceram pessoas legais – todo mundo conhece pelo menos um desses casais. No entanto, empiricamente, os números positivos são preocupantes. Segundo uma pesquisa, a taxa de sucesso para encontrar um relacionamento em sites e aplicativos de encontro é pouco menos de 25%.[12] Porém, esses números são cientificamente questionáveis. É difícil encontrar números confiáveis, não há estudos estáveis de longo prazo sobre o assunto. E os números que foram coletados por institutos independentes até agora são significativamente mais baixos: ficam entre 4% e 6%.[13] E, ainda assim, é um fenômeno de massa, alimentado pela esperança empiricamente disfarçada de que já existem casos bem-sucedidos o bastante a ponto de fazer sentido se envolver nesse mercado. Portanto, a maioria pensa que pode conseguir um *match* definitivo. Mas essa quantidade deve ser mantida no nível mais baixo possível, de acordo com a lógica do mercado. Se os serviços de encontros on-line funcionassem bem demais, o modelo de negócios acabaria ficando obsoleto. Mas a taxa de sucesso de 25% é exatamente o número que faz as pessoas acreditarem que ainda podem fazer parte desse percentual. Mesmo que seja uma minoria.

Mas os encontros hoje em dia não são apenas um mercado, mas, de forma coerente, também um trabalho. Leonie sabe disso, mas aceita. Cria e atualiza o perfil, escreve mensagens e as responde.[14] O que sempre custa algumas horas perdidas, sem mencionar os nervos. Os portais de encontros on-line oferecem dicas para a criação de perfil em várias postagens em blog, em atendimentos telefônicos pagos com psicólogos e em fóruns. Existem até prestadores de serviços que assumem a criação de perfis. As prestadoras de serviços que criam perfis de namoro para seus clientes os enviam ao fotógrafo e cuidam das primeiras respostas às perguntas enviadas.

Ir a encontros dá trabalho, essa é consequência do mercado. Obviamente também inclui trabalhar no visual. Mas é um investimento. Talvez seja o melhor investimento de nossa vida! Talvez seja apenas uma chateação. Quem sabe? A especialista em literatura comparada Moira Weigel escreveu um livro sobre a história dos encontros. Para ela, o namoro moderno é equivalente ao estágio não remunerado: "É possível não se ter certeza do lugar aonde se está indo, mas é possível tentar ganhar experiência. Se você estiver com um visual bem-cuidado, talvez possa ganhar um almoço grátis".[15]

Como eu disse: neste mundo, é preciso ter umas reservas de cinismo.

Da esperança ao "zoom"

Cinismo é o oposto de "zoom". Vera quer um "zoom". Até Leonie concordaria de certa forma. Todas nós queremos um "zoom". Que um "zoom" passe pelo corpo e pelos membros e que não haja uma questão sequer, dúvida alguma de que é ele mesmo. "Simplesmente é ele", dizem nossas amigas, em vez de "Bem, agora vamos ver se é". O melhor negócio do mercado agora é "o cara certo".

Vera, com trinta e poucos anos, tem voz profunda e agradavelmente rouca e muitas sardas no nariz. Sofre com o fato de que sempre existe apenas "o cara certo", mas, acima de tudo, existe "o melhor". Esse "vício em otimização", como ela chama: "O amor é como um símbolo de *status*, pois ninguém aceita o primeiro que vier! Acho terrivelmente triste. No entanto, tenho que olhar minhas atitudes, pois muitas vezes não confio que o primeiro também possa ser o melhor. É isso que dificulta". E Vera fica insegura. Seja com "zoom" ou sem. Vera diz que faz comparações o tempo todo, inevitavelmente. Enquanto escreve para dois homens ao mesmo tempo, faz listas mentais de quem seria o melhor. Ainda não conhece nenhum deles, mas os vê à sua frente, classificando-os entre "bom" e "aceitável". Para ela, tanto faz o que acontece nos encontros, mesmo no caso do colega de trabalho com quem ela ficou faz pouco tempo. Simplesmente não sabe muito bem como proceder e, além disso, não quer mais se envolver. "Ir ao cinema juntos às vezes seria muito bom! Ninguém mais se atreve a fazer isso, pois já 'significaria' alguma coisa." Vera pronuncia a palavra entre aspas com um certo desgosto. Ironicamente, pois é uma maluquice que "significar alguma coisa" pareça tão ameaçador. Na melhor das hipóteses para os dois, ou ao menos para ele, na pior das hipóteses apenas para ela. Quando um não quer, o outro já perdeu o jogo.

Com Lena é parecido, só que ela não está tão raivosa quanto Vera. Está um pouco triste. Também sonha com o "zoom". Mas Lena também tem ideias muito mais precisas sobre um parceiro adequado. Estamos sentadas em sua sala de estar, e ela fala sobre seu primeiro encontro no site de relacionamentos Parship. "Foi legal", diz ela, ou seja, foi até bem legal. Ele é advogado, os dois gostam de viajar, ele a deixou em casa, e agora é que são elas. Mas ele ainda não deu sinal de vida depois disso.

Ela me mostra seu perfil de relacionamento. Fico impressionada. Lena tem um currículo impressionante. Fala várias línguas e trabalha em uma posição de liderança em uma grande corporação. Além disso, é amigável e carinhosa. Quem lê o perfil de Lena deve ficar realmente interessado, certo? Lena revira os olhos. Diz que eu deveria dizer isso aos homens! Lena não sente que é um "bom partido", mas sente uma saudade… Saudade de ter um parceiro. No mundo em que vive – grande corporação, setor bastante conservador – há uma expectativa muito básica de que a pessoa tenha um companheiro ou companheira. De que tenha um parceiro permanente a partir de uma certa idade. E o restante do caminho também é fixo. Noivado, casamento, compra da casa, filhos. Mais ou menos assim. Lena me conta sobre o casamento de uma colega, a recepção com champanhe, o *brunch* na manhã seguinte, e diz que ela está cansada de ser apenas uma convidada.

Há pouco ela foi convidada para o casamento de uma velha amiga da escola, quando a noiva deu a entender para ela que infelizmente ela receberia apenas o convite para uma pessoa. Que infelizmente não havia sido previsto um convite com "acompanhante" para Lena. A noiva disse: "Você está sem namorado agora. E o casamento acontece em seis meses. Mesmo que conheça alguém nesse meio-tempo, não posso contar que seu relacionamento será sério o bastante para valer a pena você levá-lo ao casamento. Você entende, não é?". Lena diz que ficou sem palavras.

De qualquer forma, para Lena foi a gota d'água. Está testando o Parship. Espera que o fato de ela estar pagando seja um sinal de que não está em busca apenas de sexo. Que as pessoas façam um esforço. Ela me mostra suas configurações de pesquisa. Idade, educação, ocupação, interesses. O que ela espera é bem exigente. Eu a convenço a expandir algumas configurações. Idade e, talvez, o número de línguas estrangeiras que "ele" precisa falar. Lena ri, tudo bem. E clicamos em um punhado de homens. Quatro deles escrevem para ela, o que resulta em dois encontros. Um deles é muito legal, e, no caso do outro, depois de um drinque civilizado, os dois decidem que devem deixar para lá. Algumas semanas depois, Lena cancela sua inscrição.

Você é a mercadoria

Os serviços de encontros conseguem transferir os princípios do mercado para os próprios participantes. É a lógica real e também perversa de seu sucesso econômico. Existem poucos outros produtos que forçam seus consumidores a se tornarem totalmente o produto à venda.

Mas por que, ao contrário de Lena, tantas pessoas permanecem nesses serviços? É a variedade de opções que se transforma em um sucesso retumbante. A certeza de que não estamos vinculados a nada, desde que não tenhamos assinado nada. A crença de que sempre pode haver alguém melhor. No entanto, isso também impossibilita o sucesso e, portanto, os consumidores continuam no jogo.

No começo também é divertido. Como uma mistura de compras on-line e duelos de perguntas e respostas. Achamos que vencemos. Tantos homens à disposição! Tantos candidatos ao amor! "Parabéns! Deu *match*." Bem, talvez estejam apenas procurando sexo, mas finalmente aprendemos que o que deve ser, será. Ao mesmo tempo, às vezes nos permitimos fazer sexo com alguém, não porque realmente queremos fazer sexo, mas porque esperamos que, durante o sexo, ainda haja uma possibilidade de se apaixonar. As mulheres são tão românticas.

E quem é que deseja esperar até cansar para a vida amorosa acontecer ao acaso? Para muitos, os encontros on-line também são uma opção gratuita para dar uma ajudinha à própria sorte. Servem também como diversão.

Mas, na maioria das vezes, a coisa fica superficial em algum momento. Também fica sem sentido de alguma forma. Sim, houve alguns encontros interessantes, mas, no fim das contas, eram apenas seres humanos. Seres humanos que estiveram na Tailândia ou que gostam de escalar rochedos. O cara nunca mais respondeu, mas foi bem legal o encontro com ele. E o outro entrou em contato, mas não tenho certeza se é ele. Afinal, o outro era mais a minha cara. E, por sua vez, ainda espero algum retorno. Por isso enviamos a uma amiga a captura de tela do último bate-papo: "Não vai rolar", diz ela. Bem, ela tem razão. Vamos nos livrar dele, e também ficaremos de lado. É assim que funciona o mercado.

Enquanto isso, também existem mais de dez estratégias diferentes de encerrar a relação. Desde o "ghosting" passando pelo "benching" até o "orbiting".* Talvez sejam mais de uma centena de estratégias para terminar a relação, mas as outras 90 ainda não receberam um nome bacana. Essas estratégias são ferramentas da variedade de opções. Fiel ao lema: "Excelente, deixei claro para ele/ela que posso me esforçar, agora vou ver o que mais existe, se ainda rola. Mas ainda preciso me livrar do/da anterior, terminar, e seguir em frente". É doloroso para todos os envolvidos e, ao mesmo tempo, exige insensibilidade. Mas essa insensibilidade é importante para se adaptar à lógica de consumo do mercado. O único medo que resta é que vamos sofrer com isso. Porque, quando sofremos, somos sentimentaloides obsoletas. Isso está bem claro. Perde o jogo quem sofre.

---

* Ghosting: quando a pessoa desaparece depois de um encontro sem dar explicação alguma; benching: quando a pessoa mantém uma conversa com a outra apenas para mantê-la como uma segunda opção de relacionamento; orbiting: quando a pessoa descontinua o relacionamento, mas continua a acompanhar a vida da outra pessoa nas redes sociais, deixando claro que está acompanhando, como uma forma de alimentar a esperança da outra. [N.T.]

Nosso valor de mercado

Outro motivo pelo qual tantas pessoas continuam a se envolver nesse mercado não tem nada a ver com a busca por um parceiro. Tudo o que importa é afirmar seu valor de mercado. Encontrar reconhecimento. Parece um uso indevido dos serviços de encontros, mas parece que é assim que acontece. Porque esses sites de relacionamento funcionam como um espelho definitivo para a autoafirmação: "95 *matches*", "Parabéns para você", "Pedido para adicionar – com foto".

Os algoritmos que estão em ação aqui prometem a todos que não acreditam que podem decidir sua vida amorosa por si mesmos que eles podem tomar as rédeas dela. Não precisamos mais esperar no ponto de ônibus da vida, podemos simplesmente chamar um táxi. Os algoritmos de encontros prometem não apenas orientação no mar de solteiros, mas também o aumento da chance de encontrar o "cara certo". Nós mesmas nos transformamos em mercadoria. As clientes começam a perceber, avaliar-se e se formatar de acordo com os parâmetros dos sites e aplicativos de relacionamento. Sua autoapresentação não é mais de produto de sucesso, mas serve unicamente ao propósito de agradar a plataforma. Para ser um bom *match*. Olhe para mim! É quase uma pena que, quando elas encontram um parceiro, esse recurso de reconhecimento falhe na maioria das vezes. Quando não se continua a deslizar o dedo pelas telas secretamente, surge o que parece ser o último gesto romântico: apagar os perfis de relacionamento juntos.

"Simplesmente não fomos feitos para esse tipo de coisa", afirma Anna Machin sobre os sites e aplicativos de relacionamento. Ela é antropóloga na Universidade de Oxford e pesquisa a psicologia e a neurobiologia do amor. Acredita que existe um problema fundamental no mercado do amor, no caso dos aplicativos e sites de encontros: "Não estamos adaptados para procurar parceiros com aplicativos ou sites. Porque dependemos de uma disseminação gigantesca de neurotransmissores para nos apaixonarmos". Esses neurotransmissores não são disseminados on-line enquanto trocamos mensagens pelo celular ou falamos ao telefone. "Os sites e aplicativos de relacionamento podem ajudar a expandir nossas opções, mas não têm vantagem alguma além dessa, pois é necessário estar no mesmo espaço que uma pessoa, utilizar os sentidos para verificar se aquela é a pessoa certa."[16]

Eu nunca teria conhecido on-line os últimos homens por quem me apaixonei. Sem exceção, eu os teria jogado para o lado esquerdo da tela em uma fração de segundo: jovem demais, gordo demais, velho demais. O mercado do amor ainda não conhece todos os meus desejos. Ainda. Talvez seja diferente daqui a uns dez anos. Não acredito nisso, mas quem sabe? Pelo menos ele ainda não conhece todos os meus desejos, e isso por causa de seus algoritmos. Mas é minha culpa em primeiro lugar, pois eu mesma também não os conheço.

Não os conheço porque não sei de antemão como meus neurotransmissores vão reagir a novas pessoas. Não os conheço porque, quando o assunto é se apaixonar, não se trata exatamente de saber alguma coisa de antemão. Mas também não os conheço porque realmente não aprendi em quais necessidades devo confiar. Como o mercado é muito bom em me dizer que preciso necessariamente de um parceiro, em algum momento não vou saber mais se isso é verdade, se devo mesmo confiar mais em perfis do que nas pessoas e o que eu realmente queria.

O amor transformou-se em mercadoria. Isso não transparece apenas no coração cor-de-rosa do Dia dos Namorados, na indústria de casamentos, que rende anualmente 2,6 bilhões de euros na Alemanha,[17] e nos milhões que a indústria do namoro ganha com os solteiros (e demais pessoas que buscam se relacionar). Transparece também – e ainda mais – na maneira como entendemos o amor, para começo de conversa. Como avaliamos os encontros com homens, como nos apresentamos e que regras seguimos. Como sofremos quando as regras não nos proporcionam o sucesso esperado e como, apesar disso, ainda começamos a nos sentir como uma mercadoria. Em algum momento, como solteiras, não seremos mais jovens nem desejáveis, mas flácidas e não melhores que um pedaço de carne passada.

Ou seja, a esperança por um amor e uma parceria cria um mercado que vive alimentando essa esperança. Mas essa esperança não se concretiza para a maioria. E isso também é importante para o mercado, caso contrário deixaria de existir.

O mercado do amor promete grande felicidade. Segundo um dos sites, as pessoas apaixonam-se a cada onze minutos, e entre elas há sempre um acadêmico. Mas a indústria do namoro não é melhor que a indústria das dietas. Ou seja, vende-se algo aqui que não dá para comprar. Pior ainda, pois quanto mais tempo nos envolvemos nesse mercado, mais rápido nosso valor diminui.

Realmente queríamos nos valorizar, tomando as rédeas de nossa busca pelo amor. Ora, ora. "A mulher precisa tomar as rédeas" – essa promessa infelizmente tem vida curta. Seria tão bom ser autossuficiente. Mas o que contam para nós é uma história diferente. É a indicação de que "A mulher precisa tomar as rédeas" realmente significa "A mulher está sozinha". "A mulher toma as rédeas" apenas com um parceiro.

De conselheiros e banhos de espuma: o nascimento da autodúvida

SOLTEIROS SÃO UM TEMA SÉRIO. Nós nos preocupamos com eles, eu, minhas amigas, todo mundo. Estou com Jutta à mesa de sua cozinha. Ela brinca com a tampa de uma garrafa de refrigerante e passa em revista suas amigas solteiras: "Bem, não me preocupo com Kerstin, por exemplo. Ela sempre encontra alguém. Mas Johanna, fico preocupada com ela".

"Por que, o que acontece com ela?"

"Bem, para ser sincera, Johanna é meio chata."

Eu me inclino um pouco, e Jutta continua: "Bem, ela é superinteligente, não estou falando mal dela, mas acho que, quando a gente vai conhecer homens, fica um pouco difícil se você for assim, bem, meio chata, sabe?".

Certo. Amigas de mulheres solteiras também têm diagnósticos próprios prontos para o "estar solteira". Jutta acha que sua amiga é chata demais. Quase ri quando ouvi isso. Só porque Jutta acha Johanna chata, não significa que *todo mundo* a verá dessa maneira.

Especialmente porque isso basta para uma amizade, óbvio. E, ao contrário, isso também significa que os caras não seriam, em princípio, chatos ou teriam o direito a uma garota fascinante mesmo sendo um cara chato. Uma ideia divertida. Tantos caras chatos estão em relacionamentos, tantos aborrecidos, tediosos e caladões que estão firmes com outras pessoas. E pessoas desagradáveis, pessoas estúpidas, pessoas fedorentas e pessoas brutas vivendo em relacionamentos. Tanto homens quanto mulheres.

Quem está em um relacionamento não é mais bonito, mais inteligente, mais esperto, mais engraçado ou mais charmoso que o restante das pessoas. O empirismo não dá conta de explicar por quê. E, no entanto, é preciso enfatizar isso, o que é enervante.

É enervante, mas a semente da dúvida rapidamente cai no solo: será que sou chata demais? Ou tímida demais? Mais cedo ou mais tarde isso nos vem à cabeça. Dependendo de quanto tempo estamos solteiras, é impossível não sentir que há algo em nós que age como um repelente para os homens. Mal alguém fica atraído por nós, esse poder repelente é acionado, e o cara se manda.

Talvez, e isso também é um reflexo que muitos conhecem, também tenha algo a ver com a nossa feminilidade. Um defeito psicológico que nosso gênero pode reivindicar exclusivamente para si. *Mulheres que amam demais* foi um best-seller mundial nos anos 1980. O livro defende a tese de que "a busca autodestrutiva do amor" das mulheres é uma doença e deve ser tratada como tal. Como o alcoolismo, por exemplo. O livro provocou uma verdadeira onda de grupos de autoajuda. Depois de ter sido publicado na Alemanha, todas as grandes cidades do país fundaram grupos assim. A promessa da "autoajuda" levou muitas mulheres exatamente aonde suspeitavam estarem seus problemas: a si mesmas, ao seu íntimo. Também é tentador esperar que um programa de 12 pontos, conforme sugerido pela autora Robin Norwood ao final do livro, possa ser o caminho para a felicidade amorosa pura. É sedutor, mas é satisfatório também?

Com autoajuda para o amor?!

Já enfatizei várias vezes que estamos no mercado. Que as mulheres também são o principal público-alvo. Gostaria de explicar agora qual é o papel da autodúvida aqui.

Rapidamente acreditamos que é nossa a culpa por não termos sucesso nesse mercado quando não "conseguimos" alguém. Fora de contexto, a palavra soa como se só sendo muito idiota para não conseguir alguém. A partir daí, a pessoa pega o que cai no colo, o que resta, o que ninguém mais quis. A partir daí, se consegue aquilo que ninguém se esforçou para pegar. Claro que, assim, temos que voltar o olhar para nós mesmas e observar o que exatamente há de errado conosco.

Talvez estejamos de alguma forma perturbadas, talvez tenhamos de nos abrir de uma forma diferente, talvez tenhamos um padrão masculino ruim. Ou somos muito chatas. Talvez até seja verdade. Mas isso pode mudar, então há esperança. "Preciso pedir a Jude um guia adequado, possivelmente algo relacionado a uma religião oriental", escreve Bridget Jones em seu diário.[18] Charlotte de *Sex and the City* já comprou todos esses livros. Eles têm frases de apoio que ela usa para escrever com batom no espelho do banheiro para que ela também reconheça de manhã, depois de acordar, que está olhando uma pessoa adorável. Adorável mesmo sem um parceiro. Ainda que não tenha parceiro! Pois, no fim das contas, o mercado quer nos fazer acreditar que nossa falta de parceiros é remediável. Ele vive disso.

Se as mulheres não conseguem um homem, elas têm um problema patológico. Um problema consigo mesmas. Essa também é a lógica do mercado. E essa lógica também é aplicada no âmbito particular. Quando se fala de mulheres solteiras em círculos de amigos, certamente vamos ouvir as seguintes análises: "Ela é exigente demais", "Ela ainda não superou o fulano", "O fato de não ter dado certo com sicrano a atingiu de verdade", "Ela fica tensa rápido demais", "Ela não consegue se envolver direito".

Fica muito claro que essas mulheres precisam de ajuda. Pois a ideia de que a falta de sorte no amor é autoinfligida é tão antiga quanto a ideia de que podemos receber alguma ajuda nesse sentido. O que Eva Illouz demonstrou foi o seguinte: "No século XX, a ideia de que o infortúnio romântico é autoinfligido é quase misteriosamente bem-sucedida. Talvez porque, ao mesmo tempo, a psicologia tenha prometido que o infortúnio pode ser sanado".[19] Um dos diagnósticos mais comuns é: estamos tensas demais, precisamos relaxar. Baseado no lema "Se você parar de procurar, vai encontrar", Bridget Jones também sabe, claro: "Fico chateada porque não tenho namorado, mas mantenho a atitude, a autoridade e a autoconfiança interiores como uma mulher de classe, que é completa mesmo sem namorado, pois essa é a melhor maneira de se conseguir um namorado".[20] Ficar tão tranquila que parece não precisar de nenhum parceiro para conseguir um! Uau. É uma acrobacia psicológica e funciona como a regra de ter controle sem fazer parecer controle: raramente dá certo.

No entanto, a ideia de própria culpa relacionada ao amor também se relaciona com algo que já descrevi na primeira parte: para as mulheres, o amor é o critério mais central da autoestima. Se falta amor, o eu sofre, a autoestima desmorona, a identidade vacila.

Ou seja, quem está solteira, precisa recompor o seu eu, mimá-lo, reajustá-lo. Mas não porque nosso eu mereça. Não! Mas porque nos deixa mais adoráveis: *Erst lieb ich mich, dann find ich dich* [Primeiro eu me amo, depois te encontro], *Wie wir lernen, die Richtigen zu werden, um die Richtigen zu finden* [Como aprendermos a sermos as pessoas certas para encontrar as pessoas certas], *Finde dich gut, sonst findet dich keiner* [Primeiro se encontre, ou ninguém vai encontrar você]. Também é possível comprar esses livros. Eles relacionam-se com a esperança de que primeiro precisamos nos envolver em um casulo de "autocuidado" para, em seguida, como uma borboleta radiante e irresistível, pairar uma última vez pela escadaria do estar solteira. E, por fim, conseguimos o que queremos. O cara certo.

A ideia de que só precisamos passar por uma espécie de treinamento introspectivo para encontrar um parceiro é muito persistente. É bem alimentada o tempo todo. Por livros, revistas e publicações enfáticas no Instagram. Vamos cuidar de nós mesmas, nos acarinharmos, nos prepararmos para o amor: "Cuide-se, tome um banho de espuma e se fortaleça com frases positivas como 'Sou uma mulher bonita. Sou suficiente'", ensina um livro para solteiros muito popular.[21]

Vamos imaginar um cara sentado em uma banheira cheia de espuma, dizendo a si mesmo: "Sou um homem bonito. Sou suficiente". Você também deu uma risadinha? Esse riso involuntário diz muito sobre os papéis de gênero que aprendemos. O riso involuntário é o fator decisivo. Pois, para uma mulher, aceitamos essa autoafirmação entre velas perfumadas e montanhas de espuma imediatamente. Para um homem, não. Para um homem parece ridículo.

Nem sempre são diferenças pequenas e sutis que separam os sexos. Em um caso como esse, as diferenças se tornam bastante flagrantes. Percebemos quando, na mesma situação, rimos de um lado e conseguimos levá-la a sério do outro. O banho de espuma e a autoafirmação. Para um homem com uma necessidade semelhante, conseguimos imaginá-lo socando uma parede em algum lugar enquanto grita alto. Mas não imaginamos o homem entre uma montanha de espuma.

Mas um homem também não precisa de um banho de espuma, e o que está por trás disso é uma imaginação inexistente, o que fica evidente no fato de que com frequência se atribui aos homens uma certa incapacidade de se relacionar. Os homens, de acordo com essa ideia, não precisariam tanto de um relacionamento. Ao contrário das mulheres, os homens gostam de estar sozinhos para poderem fazer o que quiserem, e, acima de tudo, isso significa não assumir responsabilidade alguma. Essa análise repete-se muito,[22] é possível encontrá-la em livros, colunas e como ideia frequente no círculo de amigos. Só que ela não é correta. De fato, são os homens que mais desejam um relacionamento. A socióloga Stephanie Bethmann investigou cientificamente essa alegação e descobriu o seguinte: "É possível verificar a diferença de gênero [de novo] mais no tocante ao distanciamento relacional feminino".[23] Então, são as mulheres que não querem tanto um relacionamento. E, no entanto, nosso pensamento gira em torno dessa tarefa, ou seja, de conseguir um parceiro. Foi o que aprendemos: amarrar um homem é o que queremos. Necessidades contrárias não têm vez. E a indisposição feminina de estabelecer laços não encontra defesa. Em contraste com a indisposição masculina de estabelecer laços que, mesmo tendo menos dados que a fundamentem, é, em média, muito mais presente. A razão para isso é a expectativa do papel dos homens. Os anseios masculinos por relacionamentos e parceria não casam bem com a imagem da supremacia casual ligada normativamente à masculinidade. Como já foi dito, os modelos não precisam ser corretos para que acreditemos neles.

A suposta recusa masculina de se relacionar é um bom exemplo disso, pois se encaixa na narrativa geral: é mais provável que as mulheres corram atrás de um relacionamento porque precisam mais de amor. Falta alguma coisa às mulheres solteiras. Talvez simplesmente não tenham ficado o suficiente no banho de espuma íntimo do "Sou suficiente". Talvez não tivesse adiantado de nada, pois as mulheres simplesmente não são suficientes, segundo a narrativa corrente, a não ser que tenham um relacionamento romântico. No fim das contas, todo livro da categoria "banho de espuma" só transmite essa informação.

Aliás, o subtítulo do livro mencionado é: "A arte de encontrar um homem para a vida toda".

Como afogar a autoestima em banhos de espuma

O fato de as mulheres precisarem de um relacionamento e, se não o tiverem, de não medirem esforços para conseguir um, é, por assim dizer, o ponto de partida. E a autodúvida é o combustível que impulsiona continuamente essa busca. É só não ficar parada. Por isso se define que as mulheres precisam de livros de aconselhamento. "Eu achei que precisava observar o tema 'homens' do ponto de vista terapêutico." É o que Lena me diz dois anos depois que deixou de assinar o site de relacionamento Parship, um ano depois de um relacionamento terminar. E Lena pagou algumas horas para uma terapeuta.

É o fenômeno mencionado no capítulo anterior: a constante autorreflexão. A constante dúvida de si mesma que questiona as próprias decisões. É o preço, segundo o sociólogo Jean-Claude Kauffmann, "a ser pago se você ultrapassar a estrutura normativa que oferece a conveniência de uma identidade segura assim que você se submete a ela".[24] Nesse caso, a estrutura normativa é a relação a dois. O relacionamento de duas pessoas que traz a sensação confortável de que a pessoa já é boa o suficiente. Isso protege a identidade. E a autoestima.

As mulheres solteiras não têm essa proteção embutida, essa "identidade segura", mas, graças à constante autorreflexão, pelo menos elas não estão sozinhas. Pois as perguntas do eu, que sussurram dúvidas estão o tempo todo presentes: minha vida é estranha? Sou esquisita? O que posso fazer para que "dê certo"? Se sentimos falta de um parceiro, costumamos questionar o cenário geral e rapidamente nutrimos a suspeita de que apenas precisamos nos reinventar, estabelecer outros parâmetros para nossa vida, de modo que a faísca se acenda. Claro que um livro poderia ajudar nesse sentido.

Muitos desses livros – e não apenas livros, mas também revistas, podcasts e artigos – ficaram um pouco mais sutis agora. São menos monótonos e, portanto, não prometem mais diretamente um príncipe dos sonhos. Não. De forma superficial, tratam em geral de nós primeiro, do nosso eu. De nos sentirmos melhores conosco. Da própria autonomia. Ou do "empoderamento", como costuma ser chamado. Ser forte e independente como mulher, por si mesma. Mas o que é anunciado como uma turbinada para o eu solteiro não passa de um rótulo fraudulento se olhado com cuidado. Algo que nos torna pequenas e impotentes, em vez de autoconfiantes e suficientes para nós mesmas.

Pois, ao tentarmos nos fortalecer com livros, guias e banhos de espuma, apenas nos culpamos pelo infortúnio de não termos um amor. E o sentimento de culpa pesa muito a longo prazo para nos tornarmos poderosas e "autossuficientes". Eva Illouz apontou a relevância dos papéis de gênero nesse contexto. As mulheres, segundo Illouz, tendiam a buscar a culpa em si mesmas. Por trás disso está uma "tensão entre o reconhecimento e a autonomia".[25] É possível dizer que as mulheres têm menos reconhecimento social que os homens. Por isso, não é de se admirar que eles retornem ao eu mais rapidamente quando sofrem de falta de reconhecimento. Mas o problema é que a falta de reconhecimento não é uma questão do eu. Se preferir, não está no descritivo de tarefas dele. *Re-conhecimento*, a palavra por si já diz, deve vir de fora. Todas as promessas dirigidas às mulheres de "ame a ti mesma e encontrarás o amor" escondem esse fato. E assim, quem anseia por reconhecimento não terá a ideia de que a falta de reconhecimento é um problema social. Claro que não. Pois é muito mais óbvio, em vez disso, atenuar a falta de reconhecimento, a autoestima em frangalhos com a busca pelo amor e a tranquilização do eu em programas de 12 pontos, banhos de espuma e afirmações. Está viva a crença de que alguém poderia cultivar um homem para si! E essa crença é nutrida por um mercado que lucra com a suposta inadequação feminina.

Das cinco revistas femininas mais vendidas, com circulação total de cerca de 1,1 milhão de exemplares,[26] três tinham temas de relacionamento na capa de julho de 2018. Nas três "revistas masculinas" de maior circulação, que chegam a uma circulação total de quase 325 mil exemplares: nem uma única.[27] Uma pesquisa no Google alemão por "livros de relacionamento para homens" mostra 19 mil resultados, enquanto a pesquisa por "livros de relacionamento para mulheres" é quase o dobro, 38 mil.

Nós, mulheres, precisamos de aconselhamento. Nós, mulheres, simplesmente não conseguimos nos virar sozinhas.

Olhe para você!

Não conseguimos nos virar sozinhas, mas ao menos isso está em nossas mãos. Quem acha isso paradoxal, lentamente começa a entender o dilema das mulheres solteiras: ter um desempenho superior com a espada de Dâmocles sobre a cabeça e a água até o pescoço! Não se espera nada muito diferente de nós. Quem relaxa, dá um pé na bunda da insegurança. Mas desempenho não é apenas o cuidado do eu. Como mulher, sabe-se que cuidar do exterior é igualmente importante.

O quanto ser atraente é importante para homens e mulheres? Fiz esta pergunta a Ulrich Rosar, professor de sociologia. Ele suspira. Ulrich Rosar pesquisa atratividade: como a atratividade física afeta a desigualdade social, como isso pode ser alterado? Ele estuda essas questões. Infelizmente, a atratividade ainda é muito importante para as mulheres, ou seja, uma aparência orientada por padrões comuns de beleza. Pois, para as mulheres, diferentemente dos homens no mercado de relacionamentos, a aparência seria o capital mais importante. Homens poderiam pontuar em outros aspectos, como inteligência, poder, dinheiro e *status*. Até os homens são cada vez mais julgados pela atratividade, sim, mas isso não adianta nada. Para as mulheres, segundo Rosar, como sempre a atratividade é essencial. Outros aspectos não contam muito, é melhor não os colocar em primeiro plano. "Isso vai mudar em algum momento?", pergunto. "Não parece que vá mudar", responde Rosar.

Realmente não parece que vá mudar. Nos anos 1970, uma mulher via em média cinquenta anúncios por dia, hoje são cinco mil. Mas nenhum pôster, nenhum post de Instagram precisa berrar "Fique! Linda!" em nossa consciência. Nós internalizamos isso faz muito tempo. E sabemos que a responsabilidade por uma boa aparência é nossa. Não importa o quanto os requisitos sejam irreais: aproximadamente de duas a cinco mil vezes por semana chegam a nós fotos de corpos editadas digitalmente. De corpos que não existem.[28] Como consequência, não é surpresa os números mostrarem que apenas 2% de todas as mulheres alemãs se descreveriam como "bonitas".[29] Duas em cem! Isso é surpreendente.

Por isso, nenhuma positividade corporal ajuda. Ao contrário. Só porque agora estendemos a definição do que pode ser oficialmente chamado de "bonito" e também ampliamos o IMC além do 21, a categoria em si não se torna menos importante. "Bonitas" ainda temos que ser. E só porque "gordo" também é "bonito" agora, não ganhamos nada com isso. O reconhecimento simplesmente é postergado. Agora estamos todos no mesmo barco. Pouco a pouco. Nossos corpos são cada vez mais dissecados, inspecionados, eu quase poderia dizer eviscerados. As mais velhas entre nós cresceram com foco claro em peito e traseiro, hoje as adolescentes conseguem pensar naquilo que mais as desespera: panturrilhas, ombros ou, claro, a coitada da vulva. Segundo o sociólogo Günter Burkart, "é uma tarefa infinita" nos ajustarmos, tornarmos nosso corpo mais feminino.[30]

Além de nossa vida interior, nosso corpo também se torna o foco do autoajuste. Especialmente para mulheres solteiras. Não temos mais nada além disso! É cansativo. Exaustivo, demorado e até caro. Mas o maior problema é que estamos ficando sem tempo. Porque, como mulher solteira, você também sabe que a vida fabulosa à la Carrie e Companhia tem data de validade. É melhor não ficar solteira por muito tempo, porque nenhum banho de espuma, nenhuma esfoliação vai ajudar. Como mulheres solteiras, somos empurradas para o abismo pelo relógio que corre sem parar: "Mesmo mulheres muito bem-sucedidas, muito autoconfiantes e muito bonitas admitem que, depois de meses sem nenhum relacionamento ou rolo, reconhecem no espelho um traço de amargura, que não deve ser confundido com orgulho ou heroísmo", explica o jornalista Ulf Poschhardt em seu livro sobre a solidão.[31] "A dor dela fica talhada no rosto. Infelizmente, a distorção é adicionada à infelicidade."[32]

Uma coisa é certa: não conseguimos vencer. Então, talvez tenhamos que aceitar que o espelho nos dá a verdadeira razão por estarmos solteiras. Se perdermos o momento decisivo ("depois de meses")[33], a máquina de talhar avança sobre o nosso rosto e garante que assim continue. A única chance de nos livrarmos da amargura é, portanto, arrancar a máscara esfoliante de nosso rosto e nos libertarmos de todas as imposições do amor.

Como Lucy no filme *Como ser solteira* tenta fazer. Ela está saindo com caras há um tempo sem sucesso e se sente pressionada por suas amigas. Quando um namorado finalmente termina com ela, Lucy fica completamente abatida. Mais tarde, como parte de um trabalho voluntário, ela precisa ler um conto de fadas para crianças pequenas. Mas fracassa no final feliz. Em vez de lê-lo para as crianças, ela vira o final de cabeça para baixo, grita que não há príncipe dos sonhos, joga o livro fora, arranca os apliques de cabelo, até tenta arrancar a meia-calça do corpo e... encontra o homem de sua vida. Durante seu escândalo, o vendedor de livros se apaixona por ela. Claro! Claro que sim! E, novamente, um final feliz. Será mesmo um final feliz para Lucy? Não sabemos. Mas precisamos acreditar nisso.

Aqui é celebrada a explosão tão libertadora do espartilho da coerção ao amor como uma interpretação histérica do "Relaxe!".[34] E voltamos ao conhecido paradoxo de "Faça de conta". Faça de conta que abandonou o espartilho, mas, veja só – pelo amor de

Deus! –, que as coisas finalmente funcionem e você pareça perfeita, mesmo sem esse espartilho.

Muitos dos conselhos para solteiras podem ser resumidos da seguinte forma: dúvida, esperança, dúvida, desespero. A história dos livros de relacionamento para solteiros é a história dessa autodúvida. Eles vivem onde o amor falta. O mercado tornou-se agradável para eles; mais agradável ainda para as mulheres. Eva Illouz escreve: "A autodúvida [...] é um tropo feminino que aponta para uma subjetividade presa entre a autonomia e o reconhecimento que carece de fortes âncoras sociais para o surgimento da autoestima".[35]

Portanto, as mulheres também são o principal público-alvo do amor. Para os homens, o amor como função para a autoestima simplesmente não é tão importante. É uma das principais diferenças entre os gêneros e mostra novamente que o amor é uma palavra inclusiva bonita, mas uma palavra com significados muito conflitantes. Simone de Beauvoir escreveu: "A palavra amor não tem o mesmo significado para os dois sexos, e esse é um dos mais graves equívocos que os separam".[36]

Para as mulheres, a busca pelo amor sempre ruma para o fracasso. Pois, se não encontrarem o que estão procurando, não ficarão apenas solteiras, serão seres incompletos. Embora possam se convencer de que são suficientes, possam ficar bonitas e ter boa aparência, apesar disso tudo, não têm direito ao reconhecimento genuíno. Pois precisaria valer o que infelizmente nos é negado como axioma fundamental: ser suficiente.

Mulheres, seu ego e a realidade sobre o desejo dos homens

MIRANDA ARRUMOU-SE TODA. Está vestindo uma blusa vermelha sem alças. Sorri esperançosa para o homem que se apresenta a ela em um bar: "Sou do Private Wealth Group, departamento de investimentos da Morgan Stanley. Adoro meu trabalho, estou lá há cinco anos, divorciado, sem filhos. Moro em Nova Jersey e falo francês e português". Uau. Miranda fica empolgada. "O que você faz?" "Sou advogada", diz Miranda com orgulho. "Fui promovida recentemente a sócia." E: "Fiz Harvard!" Os traços do rosto do homem desaparecem, nada impressionado.

Não foi nada, observa Miranda.

Miranda está experimentando o *speed dating*. Parceiros alternam-se, e a pessoa tem alguns minutos para contar algo sobre si mesma e causar uma boa impressão. Miranda trabalha em um prestigiado escritório de advocacia de Nova York. Formou-se em uma das universidades de maior prestígio do mundo. Não é à toa que ela compartilha essas informações. Seu trabalho é importante para ela, molda sua vida. E seus sucessos mostram que ela tem bala na agulha. Mas, infelizmente, temos que observar como homem após homem se afasta dela: "Sou advogada!" E ele se afasta. "Trabalho em um escritório de advocacia." E tchau.

Mas, como Miranda é esperta, logo percebe o padrão por trás dessa rejeição e começa a trapacear: "Sou comissária de bordo!" Pouco tempo depois, faz sexo com um médico de emergência.[37]

Bem, ele também mentiu, como se revelaria mais tarde, mas a experiência de Miranda não se resume apenas à ficção da série *Sex and the City*. Na verdade, mulheres de sucesso não são bem recebidas pelos homens. Sheryl Sandberg, CEO do Facebook e, pode-se muito bem dizer, uma das executivas mais bem-sucedidas do mundo, escreveu um livro sobre mulheres e sucesso. Em *Faça acontecer* ela escreve: "Sucesso e simpatia (ou "popularidade") mantêm uma correlação positiva para os homens e negativa para as mulheres. Quando um homem é bem-sucedido, ele é apreciado por homens e mulheres. Se uma mulher é bem-sucedida, ela é menos apreciada por homens e mulheres".[38] Sandberg não inventou isso. Sua avaliação é comprovada por vários estudos.

Um exemplo: psicólogos sociais norte-americanos quiseram saber como homens reagem a mulheres inteligentes.[39] Será que eles acham essas mulheres especialmente atraentes? E em que circunstâncias? Entre outras coisas, pediram a um grupo de universitários do sexo masculino que imaginassem a seguinte situação hipotética: uma aluna se saiu melhor ou pior do que eles no curso deles. Como os homens reagiriam em cada situação, o que sentiriam? Além disso, também deveriam avaliar essa mulher. Tanto em termos de cordialidade e amabilidade, quanto em termos de atratividade como parceira romântica.

Todos os homens acharam a mulher mais bem-sucedida mais atraente como parceira em potencial. Até então, tudo bem. Em outro teste, os sujeitos foram comparados a uma mulher "real". Para terminar, os homens também foram questionados sobre o quanto achavam essa mulher atraente. A resposta: quando achavam que a mulher tinha se saído melhor que eles, a classificavam como menos atraente e diziam que não gostariam de sair com ela.

Ao todo, os cientistas realizaram seis experimentos diferentes. O resultado do estudo foi claro: "Quando se tratava de avaliar objetivos psicologicamente distantes, os homens demonstravam uma atração maior perante mulheres superiores em inteligência. No entanto, quando esses objetivos eram psicologicamente próximos, demonstraram menos atração pelas mulheres que eram superiores a eles".

É isso que Sandberg quer dizer. À distância, em um âmbito puramente teórico, as mulheres de sucesso são respeitadas. Mas quando se tornam reais, isso acaba. O sucesso não é sexy nas mulheres. Parece óbvio que mulheres bem-sucedidas estão solteiras porque são bem-sucedidas, mas a questão é mais profunda. Vamos dar mais uma olhada nesse problema.

O sucesso não é sexy

Para a bem-sucedida Franzi, por exemplo, está muito claro que ela busca um homem do mesmo nível. Não, na verdade ela quer um homem que seja superior a ela: mais velho, mais bem-sucedido, mais rico. Não porque esteja procurando alguém para financiar sua vida, mas porque internalizou o que todas nós sentimos: a superioridade masculina, o sucesso masculino é muito mais sexy que o feminino.

Algum tempo atrás, encontrei no YouTube um vídeo sobre o assunto. É um trecho de um programa de entrevistas em que o apresentador de TV Eckart von Hirschhausen foi convidado.[40] Hirschhausen segura um cartaz no qual pintou duas montanhas. No topo de cada uma estão os príncipes dos sonhos e as princesas dos sonhos. Se tudo desse certo, segundo Hirschhausen, todos procurariam um parceiro no mesmo nível. Mas não deu certo. O médico-chefe casa-se com a enfermeira, o gerente com a secretária. Consequentemente, restavam dois grupos: "Mulheres inteligentes e homens idiotas". O público ri. "Mulheres inteligentes não precisam mais de homens", diz Hirschhausen. Amantes mais jovens, que ainda não têm um *status* mais elevado, agem da mesma forma.

Se isso ainda é cinismo ou até pragmatismo fanfarrão, cada um pode decidir por si. Abaixo do vídeo há definitivamente muitos, muitos comentários de mulheres que se resumem a "É bem assim! Infelizmente!". E essa avaliação coincide muito bem com as descobertas sociológicas. Como o sociólogo Hans-Peter Blossfeld disse certa vez em uma entrevista: "Do ponto de vista educacional, os homens costumam se casar com mulheres igualmente qualificadas ou com qualificações educacionais menores. As mulheres, por outro lado, geralmente escolhem um parceiro igualmente qualificado ou uma pessoa com educação mais avançada. Agora, à medida que as mulheres ficam cada vez mais qualificadas, como é o caso hoje, diminui o número de homens entre os quais elas podem e querem escolher como parceiro".[41] Como resultado, cada vez mais mulheres muito bem qualificadas vivem como solteiras. Ao que parece, elas são um pouco culpadas por isso.

Se há alguém que realmente sabe disso, provavelmente é Hillary Clinton. Embora Hillary não seja solteira, sabe exatamente o que acontece com as mulheres que não se comportam conforme o esperado. E assim ela se descreveu em sua curta biografia no Twitter, antes de reagir às críticas e alterá-la: "Esposa, mãe, avó, advogada de mulheres e crianças, primeira-dama, senadora, Ministra das Relações Exteriores, ídolo capilar, fã dos terninhos, candidata à presidência em 2016". Teve que ajustar-se à biografia de Bill Clinton no Twitter: "Fundador da Fundação Clinton e 42º Presidente dos Estados Unidos".[42]

Isso é notável porque nos diz por que Bill Clinton é valorizado. Por seu sucesso, sua vida profissional. Também mostra que Hillary Clinton parte do princípio que pode marcar pontos de um jeito mais modesto. Ela coloca "esposa" no início. Hillary Clinton é uma mulher com uma vida política e jurídica igualmente notável, mas se define por meio de aspectos com os quais ela pode garantir respeito para si mesma: esposa, mãe e avó. Sem dúvida, esses papéis são importantes. Mas Bill Clinton também é marido, pai e avô. Mas não precisa enfatizar isso.

Como mulheres, nossa relação com a modéstia é difícil. E somos até cúmplices desse problema. Muitas de nós também acreditam que o sucesso torna os homens sexy, e as mulheres duras e antipáticas. A pesquisa mostra, de forma coerente, que as mulheres determinadas a desempenhar suas atividades, enfatizando suas habilidades, realizações e qualidades de liderança são frequentemente percebidas como competentes, mas também aumentam o risco de serem menos simpáticas.[43] Somos, portanto, especialistas em posições rebaixadas. Quando se trata de nossos sucessos, nós nos retraímos. Ou até nos diminuímos conscientemente. "Acha que algum desses caras conseguiu o emprego porque era o melhor? Eles só gritaram 'Aqui!' mais alto!", explicou certa vez minha mentora em uma entrevista final. "Você precisa gritar 'Aqui!' se quiser alguma coisa". Naquela época, concordei com bom humor e contei isso a todas as minhas amigas com entusiasmo. Todas concordamos naquele momento. Não, concordamos até hoje: temos que falar mais alto. Temos que dizer quem somos e o que queremos. E, no entanto, sempre acontece de conversarmos e admitirmos que ainda não botamos a boca no trombone da forma correta. Nem no trabalho nem no bar. Ficamos ali sentadas, impressionadas com as histórias dos grandes homens ao nosso redor e não compreendemos que somos simplesmente muito mais legais.

Preferimos ser gentis a sermos ótimas. Acreditamos que não há "e" entre essas duas características. Aprendemos, já quando meninas, também a vivenciar isso com bastante frequência como mulheres. E mulheres como Franzi, que anseiam por homens superiores a elas, também parecem achar essa discrepância particularmente atraente. Pierre Bourdieu mostrou isso em seu livro *A dominação masculina*.[44] Homens com *status* e prestígio superiores exercem maior atração erótica, porque as mulheres também se beneficiam. Stefanie Bethmann declara: "As mulheres têm interesse em encenar e erotizar a superioridade masculina, desde que seu *status* dependa da relação com um homem e com seu *status*: se elas aumentam o *status dele*, ainda que ao preço da própria diminuição, elas mesmas, paradoxalmente, se beneficiam de forma direta".[45] O *status* de um homem não deveria importar para nós, se nosso próprio *status* fosse visível o suficiente.

O que nos leva de volta a Hirschhausen. Os tempos realmente mudaram. Se apenas algumas décadas atrás os homens automaticamente se casavam com "uma inferior", porque as mulheres tinham pouco acesso à educação e ao trabalho em tempo integral, e assim o grupo de mulheres "em pé de igualdade" era forçado a se inferiorizar, hoje é bem diferente. As mulheres chegaram lá. Em algumas poucas áreas elas até começam a ultrapassar os homens, como na conclusão dos estudos. Só que não nos comportamos dessa maneira. E provavelmente esse fato não vai mudar tão cedo.

Estudos mostram o quanto as mulheres diminuem permanentemente sua autoconfiança na autorrepresentação de mulheres, mas também na visão de jornalistas proeminentes como Ulf Poschardt, que alertam as mulheres "que afirmam que estão sozinhas porque os homens têm medo de mulheres fortes. Sua autoconfiança não é charmosa, e essa falta de charme as enfraquece. Só que elas ainda não entenderam isso".[46]

Como mulher, você não tem escolha além de ser "fraca": ou você a admite imediatamente e é simpaticamente fraca ou tenta se afirmar e vira uma fraca antipática. Nada de "e" para nós.

Somos acusadas de ter autoconfiança, somos privadas da oportunidade de sermos amadas por nossa força, e isso também é interpretado como nossa própria fraqueza: a autoconfiança não é charmosa. Uma aura autoconfiante é percebida como algo sexy, mas em demasia é repelente. Temos que aprender a dosar adequadamente. Charme é um de nossos principais argumentos de venda como solteiras. Pena, as mulheres autoconfiantes infelizmente são estúpidas demais para entender como o charme é importante.

Em outras palavras: não é de se admirar que estejamos SOZINHAS!

O que não pode ser: a mulher e seu ego

O impulso de não pensar em mulheres e ego juntos é surpreendentemente estável. Tão estável que supomos que uma verdade pétrea está oculta por trás dele. Um componente natural, biológico. É exatamente assim que essa imagem de gênero é propagada: é o papel de mãe próprio das mulheres que nos torna seres altruístas. Mesmo se não formos mães. Também não é importante o que somos de fato. O importante é o que somos potencialmente. E potencialmente somos mesmo mães. E se não quisermos ser mães, nossa "feminilidade" automaticamente é questionada.

Por exemplo, de acordo com os jornalistas de fofoca, até o final de 2018, a "pobre" Jennifer Aniston já teria que ser mãe de 83 filhos, por tantas vezes que já atribuíram uma gravidez a ela.[47] Ao menos não parece óbvia a ideia de que uma mulher poderia ser "suficiente" na vida se não tiver filhos e for solteira, mas, por outro lado, se for uma das atrizes e produtoras de cinema de maior sucesso de Hollywood. Inacreditável. Parece estar em desacordo com tudo o que esperamos das mulheres. O que esperamos que as mulheres queiram. Devem querer. Marido e família.

Nesse modelo, as mulheres são vistas como não egoístas, portanto, como afetuosas. Seres que, em caso de dúvida, deixam de lado interesses próprios em nome dos interesses dos filhos e da família. E, em sentido figurado, também em nome dos interesses da comunidade.

"Feche os olhos e pense na Inglaterra", disse a rainha Victoria às filhas quando tiveram medo da primeira relação conjugal. Olhos fechados e bem apertados. Nós, mulheres, podemos aguentar. Sim, podemos até aguentar melhor, tenho certeza. Mas não é porque nascemos assim, e sim porque aprendemos a conviver com isso. Aprendemos a viver com essa imposição.

Estudos mostram que o cuidado não é uma característica natural tampouco um traço de personalidade da primeira infância. O que pode ser observado em muitos estudos feitos com crianças e adultos. A socióloga Gertrud Nunner-Winkler deixa isso bem claro: "[O cuidado] é um mandamento moral cuja abrangência é culturalmente determinada".[48] Em outras palavras, não nos comportamos como cuidadoras porque está em nossos genes, mas porque é algo culturalmente esperado de nós. Mais das mulheres que dos homens. Porque o papel que se atribui às mulheres é o de mãe, e os cuidados com o outro fazem parte obrigatória desse papel. E esse ainda é o caso. Como consequência, não sentir esse impulso é antinatural. É, como Nunner-Winkler enfatiza, não moral, mas um dever imposto. E isso não tem nada a ver com a natureza.

No entanto, as mulheres cuidadoras são percebidas como mulheres normais. Como mulheres que estão em contato direto com sua feminilidade. Mulheres que vivem de um jeito diferente, que são "mais egoístas", como dizem, são anormais. Estar solteira também parece anormal nessas imagens. Não importa que a falta de um parceiro, por si só, não tenha nada a ver com egoísmo.

Essa ideia talvez pareça simples aos nossos ouvidos, mas vem de uma tradição de pensamento muito poderosa.[49] É uma tradição de pensamento que começa na Antiguidade, cujos traços vão de Aristóteles aos pensadores cristãos, aos filósofos do Iluminismo e além.[50] É possível encontrar inúmeros exemplos de mulheres a quem é atribuído um caráter mais emocional e menos egoísta. Um ser que existe em prol do homem, da prole e de toda a comunidade, pois foi criado para isso. Como Eva, criada para impedir que Adão ficasse sozinho.

"O sexo feminino tem mais disposição e coração que caráter", disse, por exemplo, Immanuel Kant, o grande iluminista. "A natureza criou as mulheres para que elas ajam não de acordo com princípios, mas com os sentimentos", escreveu o naturalista Georg C. Lichtenberg. E também resulta dessas qualidades "naturais" que as mulheres se subordinaram: "A mulher não se submete porque o homem teria um direito de coerção sobre ela, ela se submete pelo próprio desejo duradouro, necessário e moralizante de ser submissa", segundo Johann Gottlieb Fichte, do idealismo alemão.

Altruísmo feminino *versus* autoafirmação masculina, que lindo. Ainda hoje, essas "virtudes contrastantes" do caráter social garantem que as mulheres se definam principalmente em relação aos outros, principalmente ao parceiro. Não é uma coincidência, é um instrumento de poder, o que deve ficar claro para as mulheres quando secretamente sonham em ser parceiras de um cavaleiro/príncipe/CEO ou astro pop. Não sonhamos assim por acaso. Não sonhamos assim porque é algo que realmente queremos. Sonhamos assim porque está inscrito em nossa programação cultural de sonhos há milênios: a mulher é submissa. Queremos assim, sentimos assim. E derivamos nosso valor dessa submissão. Não é à toa que somos refreadas em nossas conquistas! O *status quo* ao menos nos dá autoconfiança.

A introdução da Lei Alemã da Igualdade de Direitos, de 1957, afirma: "Faz parte das funções do homem que ele seja, em princípio, o mantenedor e provedor da família, enquanto a mulher deve considerar como seu dever mais nobre ser o coração da família". E, com isso, sua autoestima também permanece limitada a essa tarefa e ao reconhecimento.

Se essa é a escolha, estamos certos sendo solteiras, não é? Se os grandes pensadores de nossa civilização nos negam uma vida própria, podem fazê-lo, mas não precisamos participar disso.

A submissão não é um estado natural. Também não é a disposição feminina descrita como sensível. E até os senhores mencionados acima veem assim. Segundo um dos pensadores mais importantes da pedagogia, Jean-Jacques Rousseau, esse anseio por submissão deve ser mesmo criado nas meninas. A autoconfiança, a "complacência consigo mesmo" ou o entusiasmo devem ser reprimidos: "Elas [as meninas] devem sempre sentir que todo começo pode ser estendido apenas até um certo limite; é preciso acostumá-las a serem interrompidas no meio dos jogos sem reclamar e a fazerem outra coisa. Tornar isso um hábito já resolve muito a esse respeito, pois, nesse contexto, é apenas um apoio à inclinação natural".[51] O que parece cruel, antiquado e obsoleto há muito tempo está surpreendentemente vivo no presente, como vimos acima. A autoconfiança não é charmosa? Rousseau também achava isso: "Seja sincero. Quando entras no quarto de uma mulher, o que traz uma opinião melhor sobre ela, o que permite que te aproximes com mais respeito: quando a vês ocupada com os trabalhos relativos a seu gênero, com todas as preocupações de casa e cercada pelas peças de roupa dos filhos, ou quando a encontras diante de seu tocador fazendo versos, cercada de todos os tipos de panfletos e folhetos pintados com todas as cores possíveis? Toda garota estudada demais nunca conseguirá um marido enquanto houver homens razoáveis na Terra".[52]

Mulheres eruditas são as melhores solteiras, os homens razoáveis sabem disso. Mulheres eruditas são as solteiras que mereceram seu *status*. E a ligação entre Rousseau e o cartaz de Hirschhausen é curiosa... Muito atual.

Mais exemplos dessa visão das mulheres e a resultante necessidade de manter as mulheres rebaixadas, atribuindo-lhes seu lugar "ancestral", poderiam preencher páginas e mais páginas. Livros e mais livros, para ser mais exata. Bibliotecas inteiras! Mas acho que a noção básica ficou clara: as mulheres não devem ser egoístas, não é da natureza delas. Elas devem ter parceiros. São feitas para a família. Altruísmo é a autorrealização das mulheres.

A veemência dessa noção pode parecer completamente exagerada hoje, mas, como demonstrei, sobreviveu. E se revela particularmente impressionante nas imagens negativas de mulheres solteiras.

Imagens que mostram mulheres em celebração, mulheres que se cuidam e exigem suas necessidades, inclusive as sexuais. Mulheres que amam seu trabalho e também enfatizam isso. A sociedade é cética em relação a essas mulheres, pois supomos que elas são egoístas. Especialmente se não têm um parceiro.

Mas não é apenas o ceticismo que sobrevive como o remanescente irritante dessa visão de mundo. O fato de o papel da mulher de natureza mais tolerante, contida e carinhosa ser descrito como natural força, ao mesmo tempo, serem as mulheres a desempenharem esse papel. O que também relega o que percebemos como "natureza" ao âmbito do privado – para melhor controlar as mulheres. Esses "papéis naturais" são normativos, deveriam ser assim. Funcionam na esfera privada, não na sociedade. Em casa. Como esposa, não como candidata à presidência. Como mãe, não como advogada.

Esses modelos serviram e servem para manter as mulheres rebaixadas. Sarah Diehl, em seu livro *Die Uhr, die nicht tickt* [O relógio que não faz tique-taque], põe o dedo na ferida: "Ou, no fundo, [esses papéis, tratam-se de] sufocar a busca feminina por educação, autonomia e liberdade e, assim, mantê-las fora do espaço público?".[53] Mulheres fortes sempre serão concorrentes.

O que as relações fazem com as mulheres

Essa suposição traz grande agitação. E com razão. Não é muito menos que a questão de saber se essas atribuições de papéis deliberadamente mantêm as mulheres rebaixadas. Se as atribuições da maternidade cuidadora, do amor e da primazia dos sentimentos servem para tornar as mulheres mais palatáveis em sua parceria romântica e, consequentemente, forçá-las a ingressar em um retrato de família no qual elas saem perdendo sistematicamente – da confiança dos pais às meninas, até o escasso pagamento de aposentadoria ao final da vida.

Pois uma coisa deve ficar bem clara: não é que os relacionamentos românticos sejam bons em si para as mulheres. É possível até mesmo dizer – ao contrário do que as atribuições de papel sugerem – que são os homens que aproveitam ao máximo dos relacionamentos, o que se demonstra em alguns estudos. E também se mostra os números absolutos: os homens casados comem melhor que os solteiros, divorciados ou viúvos, fazem mais exercícios, fumam e bebem menos e procuram o médico com mais frequência.[54] Em grande medida, mulheres solteiras não vivenciam essas desvantagens. Em termos de saúde, o *status* de solteira não é um problema para as mulheres.

Por exemplo, de acordo com um estudo de um conjunto de universidades inglesas, mulheres solteiras de meia-idade têm a mesma oportunidade que suas contrapartes casadas de desenvolver uma síndrome metabólica, uma mistura de diabetes, pressão alta e obesidade. "Não se casar ou morar com alguém tem menos desvantagens para mulheres do que para os homens. Casar-se parece ser mais benéfico para os homens", disse George Ploubidis, um dos cientistas envolvidos.[55] "Todas essas histórias sobre o quanto deve ser difícil estar solteira para as mulheres são inúteis quando se enxerga realmente o que acontece. Homens solteiros se dão muito pior nesse sentido. Quando se casam, sua saúde mental melhora enormemente", explica o cientista social Roland C. Kessler.[56]

Embora as mulheres sejam o principal alvo do amor, os homens recebem mais desse amor. "Ser casado e ter filhos afeta positivamente a probabilidade de exercer uma posição de liderança apenas para os homens", afirma o Primeiro Relatório do Governo Alemão sobre Igualdade de Gênero.[57] Se forem casados, também ganham até 16% mais que homens solteiros com as mesmas qualificações e desempenho, de acordo com um estudo britânico.[58] Para as mulheres, no entanto, o casamento não vale financeiramente. Geralmente ganham menos e pagam mais impostos que as mulheres solteiras, graças à divisão de imposto de renda do casal, obrigatória na Alemanha. Se as mulheres também cuidam dos filhos, a renda diminui ainda mais. E por último, mas não menos importante, a expectativa de pensão também cai.

O amor não vale a pena.

O amor romântico é anunciado como se fosse o supremo da felicidade das mulheres, cimentando hierarquias socioeconômicas entre os sexos, prejudicando estruturalmente as mulheres.[59] Com salários e ordenados, as mulheres costumam estar equiparadas aos homens até os vinte e poucos anos, mas, quando têm um filho, elas ficam para trás. E essa desigualdade é ainda mais consolidada pela instituição do casamento: "A divisão de imposto de renda entre cônjuges e o pagamento desigual entre mulheres e homens promove a divisão tradicional de responsabilidades no lar e, finalmente, as reproduz", explica Elke Holst, especialista do Instituto Alemão de Economia.[60]

E isso ainda acontece décadas depois de o movimento das mulheres ter alertado, nos anos 1970, para as armadilhas de uma parceria tradicional, romântica e heterossexual, com *slogans* como "Começa quando você se afunda nos braços dele e termina com os braços afundados na pia da cozinha". Esse aviso ainda é atual. As mulheres em relacionamentos não apenas ganham menos, mas também trabalham mais em casa. Independentemente de também trabalharem "como ocupação secundária" ou não. Cornelia Koppetsch e Günter Burkart escrevem: "Todas as pesquisas concluem que o trabalho doméstico nas áreas centrais ainda é predominantemente realizado por mulheres. Isso também se aplica a estudos recentes, a famílias nas quais a mulher trabalha em período parcial ou integral, mesmo para famílias com carreira dupla [...] e também para famílias com uma divisão de trabalho que elas mesmas consideram igualitária".[61] No caso das mulheres que trabalham fora, de acordo com os dois sociólogos, a participação que o parceiro também realiza no domicílio aumenta, mas ainda é apenas em um terço. E quanto mais filhos houver, mais as mulheres trabalharão além dessa quantidade.

Menos dinheiro, mais trabalho. Não é à toa que as mulheres ainda aprendem que uma parceria romântica – e consequentemente uma família – é o ponto culminante de sua existência. Pois, se olharmos apenas para os fatos, provavelmente ninguém chegará à conclusão de que é um bom negócio.

As mulheres são o principal público-alvo do amor, mas a probabilidade de serem vítimas de violência é mais alta em um relacionamento – 80% das vítimas de violência no relacionamento são mulheres. E, no entanto, criam-se medos para as mulheres solteiras: "Você vai viajar sozinha? Vai para casa sozinha?". Estatisticamente falando, elas correm mais risco quando estão em casa com um parceiro esperando por elas... Que romântico.

Das realidades sobre o desejo dos homens

A socióloga Elisabeth Beck-Gernsheim lida com família e relacionamentos há décadas. Ela escreveu uma frase muito impressionante em um de seus livros. Uma frase que toda mulher deve escrever em seu caderno interior de poesias. E depois realçar com marca-texto: "Claro que é possível *jurar* que a família é 'irrenunciável', possível que até mesmo seja funcionalmente irrenunciável. Mas mesmo esse elevadíssimo predicado sociológico de ordem, essa perpetuação teórica de uma realidade de desejo masculino não é a condição para sua realização".[62]

Sim, uma frase para se ler várias vezes. O que Beck-Gernsheim quer dizer é que a família é invocada como algo de que não podemos prescindir. Família é necessária. E com a família as mulheres participam como mães, como amantes, como cuidadoras e donas de casa. Tanto em famílias com crianças como apenas com casais. As mulheres investem mais, os homens se beneficiam mais. Isso ocorre também porque a maioria dos homens ainda cresceu com distribuições de papéis relativamente clássicas em casa e vivenciou a realidade do desejo masculino desde a infância. E acontece que eles acham a igualdade de gênero essencialmente boa, mas não participam direito. Ulrich Beck chamou esse fenômeno de "abertura verbal com grande rigidez comportamental". A colunista Dorothea Wagner escreve: "Mas acho que isso não é desculpa. Pelo tanto que se fala hoje em igualdade de direitos, você conhece o conceito. Mas prefere uma aposentadoria tranquila. Só que eu quero isso também".[63]

Nós também queremos! E ninguém diz que parceria e família não podem ser bem-sucedidas de outra maneira. Simplesmente não estamos acostumadas com isso.

Não quero abolir o relacionamento romântico. Quero reformá-lo. E essa reforma também deveria consistir no seguinte: que sempre haja uma alternativa equivalente se a pessoa não se prender a um relacionamento desses.

Além disso, me refiro a esses números porque quero mostrar como a indústria da insatisfação trabalha em relação às solteiras, porque quero mostrar que a invenção da parceria romântica não foi isenta de propósito. Ela restringe as mulheres. Limita ainda mais as mulheres a um modelo que acreditamos estar ultrapassado há muito tempo. Um modelo que prescreve a esfera privada para as mulheres, que nega o reconhecimento das mulheres pelo sucesso na carreira, enquanto os homens são naturalmente celebrados por isso. Aliás, que também nega o reconhecimento dos homens pelo trabalho com cuidados, também cimenta essas relações. Um modelo em que as mulheres investem mais no trabalho com família sem serem recompensadas em troca, ao menos socioeconomicamente.

Um modelo em que as mulheres solteiras se saem duas vezes pior: a falta de relacionamento é atribuída a elas, e a "outra" vida não é valorizada o suficiente. Perdedoras, independentemente do que fizerem.

Claro, esse é praticamente o caso. Se as mulheres esperam conseguir mais reconhecimento na esfera privada, não continuarão a se esforçar vigorosamente pelas cadeiras de presidente ou simplesmente por mudanças neste mundo e, portanto, não mudarão muito a sociedade, que ainda carrega o verniz da realidade do desejo masculino. A psicóloga Eva Jaeggi escreve: "Enquanto as mulheres estiverem dispostas a se contentar com os níveis mais baixos de carreira e, assim, servirem como um tipo de estabilizador da vida familiar, a vida profissional e a vida familiar ainda poderão ser razoavelmente bem equilibradas".[64] Qualquer coisa além disso fica difícil.

O que precisamos é de uma sociedade diferente. O que temos recebido é compaixão quando estamos solteiras. Obrigada por nada.

Ou... ou?!?

Eu gostaria de mencionar outra ex-política norte-americana: Condoleezza Rice. Ela passou quatro anos como Secretária de Estado dos Estados Unidos. Então, voltou a ser professora na renomada Universidade de Stanford.

Dois anos após seu mandato, Condoleezza foi entrevistada em um *talk show* da CNN.[65] Na entrevista, fala-se o tempo de Rice como Secretária de Estado, sua paixão pelo piano, o tempo em Washington. Contudo, no final da conversa, Piers Morgan, o entrevistador, quer saber, acima de tudo, uma coisa sobre ela: por que não é casada?

Ele fez as seguintes perguntas:

"O quanto a senhora já esteve perto de um casamento?

Quantas vezes?

Ainda espera por isso?

Já sonhou com um casamento de conto de fadas?

A senhora é romântica?

Se eu quisesse seduzi-la, como eu faria isso?

Não consigo imaginar a senhora como uma esposa submissa. Imagino que a senhora seria bem difícil. A senhora é muito exigente? Se a senhora fosse fazer um prato, que prato especial faria?

Quais objetivos a senhora ainda tem?"

Condoleezza Rice é uma mulher muito paciente, que responde a todas essas perguntas sem sinais visíveis de desagrado. "Na verdade, já passei da idade de me casar com um jogador de futebol americano da NFL, mas amo o que faço, muito. Amo ser professora. Sei que é difícil de entender", diz ela. "Mas não há nada melhor do que estar em uma sala com alunos muito, muito brilhantes e mostrar para eles novos mundos, assim como meu trabalho me mostrou novos mundos. Amo isso." Mas Morgan não aceita essa declaração de amor. Para concluir, ele diz: "Bem, em dez anos, a senhora poderia ser a primeira mulher presidente dos Estados Unidos ou felizmente casada com um jogador de futebol americano da NFL".

Ou. Apenas uma palavrinha, mas, ao mesmo tempo, uma tragédia de proporções homéricas. Amor *ou* sucesso? Parece que os dois não combinam, não podem ser pensados juntos. É um *ou* outro. Decida! É o exaustivo ou-ou que com frequência é reservado às solteiras, uma vida cheia de "mas": sucesso no trabalho, mas solitária. Carreira, mas sem filhos. Diversão enquanto passeia, mas somente o gato está esperando em casa. Nós simplesmente não podemos ter tudo. A promessa é tão falsa quanto tentadora. Uma quimera. Se olharmos para os muitos "ous" que moldam nossas vidas, parecem placas de saída na autoestrada. Ou se ignora as placas e nunca volta para casa ou se chega em casa. Mas talvez não dê para se livrar delas. Amor ou sucesso. Filho ou carreira. Autoconfiança ou charme.

E, na dúvida, o amor do jogador de futebol americano da NFL apenas coroa aquilo que consideramos uma vida bem-sucedida. Pergunte a Jennifer Aniston. Há outras histórias na vida das mulheres, mas ninguém acredita nelas. "Sim, sim, o que mais ela deveria dizer? Simplesmente se resignou." Pobrezinha.

Os homens não ouvem mais Miranda quando ela fala de si mesma – como mulher trabalhadora, como uma pessoa do mesmo nível. Mas isso não conta. O que importa é o *status* de solteira. E ele é digno de pena. Se isso significa "bacana", receio que precisamos olhar com mais atenção esse "single shaming*".

---

* Single shaming é uma expressão que, traduzida ao português, poderia ser definida como "vergonha em estar solteira". [N.E.]

"Você ainda vai encontrar alguém"– Como o *single shaming* funciona

CATARINA TEM UM *JE NE SAIS QUOI**. Ela é inteligente, bonita e determinada. Mas ninguém quer nada com ela. Pelo contrário, a maioria dos homens ao seu redor zomba dela. Porque Catarina é considerada nervosinha, extremamente teimosa. A maioria das pessoas acha isso bem cansativo. Menos Petruchio. De algum jeito, o jovem italiano acha Catarina sexy. Talvez ache especialmente o lar rico dos pais dela encantador. De qualquer forma, ele quer ficar com ela. Os dois viram um casal, até se casam. Mas então Catarina se vê em uma situação que não esperava: o marido começa a fazer joguinhos com ela. E que joguinhos!

Quando Catarina experimenta um vestido novo, Petruchio o tira da mão dela. Diz que não ficará bom. Se Catarina está com fome, ele tira a comida dela, alegando que não é boa o suficiente para ela,

---

* O "je ne sais quoi" é comumente relacionado com um "quê" ou algo "a mais" que seja positivo na personalidade, característica física ou feitio de um indivíduo, mas que não é facilmente identificável. [N. E.]

ainda que a refeição estivesse perfeitamente em ordem. Se ela quer dormir, ele a impede, a cama ainda não estaria arrumada. E assim por diante. Um dia, os dois estavam passeando, Petruchio aponta para o Sol e explica que a Lua "está tão bonita hoje". Catarina o corrige e diz que não é a Lua, é o Sol. Não, Petruchio responde que é a Lua ou seja lá o que ele diga sobre aquilo. Bem, Catarina finalmente entendeu: é a Lua ou seja lá o que Petruchio diga.

Petruchio finalmente conseguiu. Ele expulsou de sua esposa os últimos remanescentes de seu eu solteiro. Ela não tem mais opinião própria, não se opõe, é uma esposa completa. Petruchio domesticou a rebelde. Ou ao menos é o que diz o título da peça em que esses dois personagens aparecem, *A megera domada*, escrito em algum momento entre 1590 e 1592, por William Shakespeare.

Os críticos literários discordam sobre a peça ser absolutamente misógina, irônica ou, até certo ponto, protofeminista. Mas vamos deixar essas interpretações de lado e apenas olhar para os termos e características que descrevem Catarina, a megera, como uma mulher solteira na peça. Como *single*, se é que a palavra já existia no Renascimento inglês.

Catarina é uma "vespa", assim é chamada por Petruchio, alguém de quem ele arrancará o ferrão antes que ela possa picá-lo. Ela é "muito tempestuosa", até um "demônio vindo do inferno". É um "gato selvagem", um animal que precisa ser domado, pois é potencialmente perigoso. Como domá-la? Claro, com um casamento.

A Hidra solteira – mulheres briguentas e solteironas

Encontramos em Catarina uma imagem muito especial de mulher solteira. A mulher "perversa", briguenta, beligerante, agressiva, difícil de controlar. Essas mulheres fazem parte do repertório figurativo da literatura europeia há séculos – o enredo de domesticação dessas "perversas" pelo casamento é encontrado não apenas no drama, mas em contos de fadas, no folclore e em outras histórias.

Essa imagem parece completamente antiquada para nós hoje, além de misógina e obsoleta. Mas mesmo essa imagem ainda está bastante viva. Apenas mudou de forma e se adaptou, e é isso que a torna tão eficaz. Vamos continuar, avançando cerca de quatrocentos anos.

Carrie, Miranda e Samantha foram de carro para o aniversário de Charlotte, em Atlantic City, a cidade-cassino.[66] Charlotte está fazendo 36 anos, mas elas se comprometem a não falar disso. Apenas Miranda não resiste e compra um jogo de cartas em uma loja de souvenires. Em sua caixa, é retratada uma mulher idosa e encarquilhada com uma touca de banho. O nome do jogo é *Old Maid* [Solteirona].* No jogo de cartas, perde quem fica com a "Old Maid" na mão. Charlotte fica horrorizada: "Solteirona? Era para ser engraçado?".

"Claro que era. Olhe para você. Você está muito longe de parecer uma solteirona."

Ninguém em *Sex and the City* realmente parece uma "solteirona". E, no entanto, as protagonistas têm medo disso. Não é de se admirar. Em inglês norte-americano, "solteirona" também era o nome dos grãos de milho que não estouram quando se está fazendo pipoca. As *old maids*, grãos que não desenvolvem seu sabor, que não eram como os outros, não eram como a maioria, em vez disso permaneciam solitárias e endurecidas no fundo da panela. Quem quer ser uma *old maid*? Talvez a Catarina de Shakespeare, mas não tiveram essa chance.

---

* No Brasil, este jogo é conhecido como "Jogo do Mico". [N. T.]

Por que essas histórias são importantes? Porque oferecem os componentes das imagens que usamos para descrever mulheres solteiras. Descrever o lado negativo. Essas imagens agem como uma lente com a qual vemos a mesma sequência, até mesmo ampliada. Imagens pelas quais aprendemos a entender o que constitui as mulheres solteiras: Catarina, a teimosa, a antissocial. A *"old maid"*, velha, seca, solitária. Charlotte e Companhia. As mulheres com medo do futuro.

A psicóloga social Bella DePaulo inventou um termo para este tipo de descrição: "solteirismo". Ela usa "solteirismo" para se referir a "estereótipos, estigmatizações e discriminações contra pessoas solteiras".[67] Chamo isso de *single shaming*, o termo é mais interessante, mas queremos dizer a mesma coisa. O termo é importante porque é sempre mais fácil combater problemas se tivermos um nome para eles. Identifica-se assim o problema mais rapidamente. E assim é possível mostrar aos outros rapidamente o que há de errado nele.

Os solteiros têm sido historicamente estigmatizados em quase todas as culturas, como um fardo para a comunidade, como renegados renitentes, como não pertencentes. E, apesar de toda liberalização, esse ainda é o caso, ainda que existam cada vez mais solteiros. Estudos empíricos mostram que a estigmatização de solteiros não diminui.[68] Em inglês, isso é chamado de *"cultural lag"*, ou seja, "atraso cultural". Um fenômeno que prevalece, mas ainda é classificado como desviante. E é assim, mesmo que os solteiros não sejam um obstáculo para a sociedade. Pelo contrário. Se olharmos para as estatísticas, perceberemos que os solteiros não são carregados como um fardo pela população em relacionamento. Com base no número de lares de uma pessoa só, surge a seguinte imagem: os solteiros estão acima da média de renda. Na Alemanha, os solteiros têm formação acima da média, cerca de 32%, em comparação aos 24% da população total.⁶⁹ Os solteiros também têm mais que a média de ocupação em tempo integral, até 59%, em comparação com 38% da população total.

Ou seja, não se pode dizer que solteiros são preguiçosos, incapazes de viver ou dependem de esmolas. Mas os estereótipos dos solteiros ainda são muito persistentes e eficazes. Como vimos no contexto dos papéis de gênero, o preconceito não precisa ser correto para funcionar. Os estereótipos funcionam como pequenos geradores de sentido. Ajudam a separar as coisas umas das outras, apreendê-las mais rapidamente. Ajudam a considerar um papel como normativo e outros como desviantes.

Todos conhecemos os estereótipos. Eles também são importantes, até vitais, porque em muitas situações não temos o luxo de compreender nuances para perceber perigos. Em um exemplo cotidiano: quando vemos um inseto preto e amarelo voando em nossa direção, preferimos nos desviar dele rapidamente. É possível que seja um zangão, e o seguro morreu de velho. Isso também se aplica a outras situações. Aprendemos estereótipos e os reconhecemos. Podemos enxergá-los com frequência suficiente a ponto de tentarmos desconstruí-los um pouco. Reconhecer que as diferenças que eles descrevem são frequentemente criadas por eles.⁷⁰ Para usar novamente um exemplo muito cotidiano, é como nas piadas sobre os modelos tradicionais. Como homens modernos jogando conversa fora sobre jogos de futebol e gritando para nós buscarmos uma cerveja para eles. Como uma mulher legal, você deveria receber essa brincadeira numa boa. Mas não melhorará desse jeito. O estereótipo permanece. Quando o reconhecemos, conseguimos olhar o mundo de novo de um jeito diferente. Mas, às vezes, os estereótipos são realmente tão fortes, tão bem feitos, que não conseguimos mais examiná-los. Eles bloqueiam nossa visão.⁷¹

Às vezes, bloqueiam até a visão sobre nós mesmas – algo que eu gostaria de chamar de narrativa própria, talvez até de autonomia. Não temos chance alguma de ter uma narrativa própria, pois outras narrativas dominam. São barulhentas demais. "Não somos apenas o que queremos ser. Somos também o que os outros fazem de nós", escreve Carolin Emcke em seu livro sobre o desejo.[72] Mas quase ninguém consegue ouvir nossa própria história. Talvez não a ouçamos sozinhas.

Concretamente, trata-se de estereótipos de mulheres solteiras. Os estereótipos que mudaram historicamente também se tornaram mais simpáticos, mas permanecem negativos. A autora Kate Bolick escreve sobre a mulher solteira: "As percepções da mulher solteira mudaram tanto ao longo das décadas que ela nunca mais será apenas uma pessoa, mas, sim, um para-raios para a posição fundamental em relação às mulheres".[73] As representações da mulher solteira não representam um ser de carne e osso, mas adornam um modelo.

Como Bolick também escreve, às vezes essas representações podem parecer a Hidra da mitologia grega. Uma criatura de várias cabeças, e todas as vezes que se corta sua cabeça, outras duas crescem.

Contudo, deveríamos tirar uma conclusão diferente e não nos resignar. As imagens negativas de mulheres solteiras não melhoram e não ficarão menos perigosas se as deixarmos de lado. É importante reconhecê-las como tal e depois destruí-las com nossas próprias histórias e imagens. Destruir de verdade mesmo: todas aquelas fotos de mulheres briguentas, mulheres malvadas, viciadas patológicas em sexo. O ser incompleto. Então, precisamos fazer muito mais barulho. Com nossa própria história.

Seres incompletos e mercadorias

Mas, no caso do *single shaming*, não se trata apenas de papéis e estereótipos. Trata-se fundamentalmente também do que a mulher supostamente está perdendo na vida. Ela não sente falta de nada indefinido na vida, falta para ela algo muito especial. Se olharmos os solteiros na literatura, na arte, na publicidade, no cinema e na música, fica claro que essas mulheres solteiras precisam de uma coisa acima de tudo: de um homem, é claro.

O termo "ser incompleto" vem originalmente do filósofo Arnold Gehlen. Com isso, cunhou um termo que deveria caracterizar o ser humano como uma espécie desfavorecida. Nós, seres humanos, não somos rápidos nem fortes. Mas conhecemos a civilização. E assim compensamos nossa incompletude. Acho que o termo pode ser usado bem no contexto do *single shaming*, pois se supõe que as mulheres sentem uma escassez definitiva. De forma muito independente, e de fato completamente independente da abundância que sua vida ofereça. Essa incompletude pode ser compensada apenas por um homem, um relacionamento.

Essas suposições, ainda que sejam percebidas apenas como bem latentes, são conhecidas por todas as mulheres solteiras. Posso até apostar que os casamentos são fóruns especialmente populares nesse sentido.

Dois anos atrás, eu estava no casamento de uma amiga. Lucy, a noiva, escreveu com antecedência em um grupo do WhatsApp: "Gunda e Katha, dois homens solteiros estarão lá para vocês. Amigos do Chris!".

Katha e eu, as duas solteiras, não estávamos interessadas. Mas entramos na brincadeira e anunciamos que eles não deveriam se sentar longe demais. Emoji de piscadela. Por quê? Por um capricho, porque simplesmente as pessoas fazem isso e porque era o casamento dela, e ela ficaria muito feliz com isso.

No dia do casamento, a noiva me puxou de lado na recepção com brinde de champanhe e furtivamente apontou para um convidado. Era ele, era ele! Ela olhou para mim de um jeito tão triunfante que era como se tivesse acabado de me dar um bilhete premiado de loteria. Olhei para ela e me perguntei se realmente nos conhecíamos havia dez anos. Voltei a olhar para o amigo solteiro e suspirei. Possivelmente seria impossível encontrar alguém que fosse menos o meu tipo. A noiva me cutucou alegremente, e eu me perguntei se ainda deveria agradecer. Fui até o bar e me convidaram para um drinque. Katha me convidou.

Ao mesmo tempo, tive que pensar em meu amigo, Thomas, para quem esses momentos também acontecem com certa regularidade. Uma vez eu, inclusive, estava presente, anos atrás. Como um colega havia anunciado de modo conspiratório, na preparação para uma festa, que também chegaria uma pessoa solteira e "perfeita" para Thomas. Thomas não pareceu impressionado, e eu fiquei um pouco curiosa. Mas quando o encontro entre os dois aconteceu, soube por que Thomas não parecia impressionado. Os dois tinham exatamente uma coisa em comum: sua orientação sexual.

Como eu e o cara no casamento, existe um mínimo denominador comum: *status* de relacionamento e orientação sexual, e amigos animados que querem bancar o cupido. Sobre aquele episódio, Thomas diz atualmente: "Para os homossexuais, talvez não seja tão absurdo, pois secretamente somos considerados pandas: se não somos obrigados a formar casais, entraremos em extinção". Os amigos não fazem isso por nós, fazem por eles mesmos, a tentativa casamenteira. Como se alguém pegasse os dois únicos sapatos de uma prateleira com cores diferentes, tamanhos diferentes, materiais diferentes, mas ao menos um é esquerdo e outro é direito e abrem espaço na prateleira, aproveitamento das sobras. Não podemos ser tão exigentes, é isso que querem nos dizer. Para solteiros e gays isso deve bastar. Isso é *single shaming*, algo redutor e também um pouco degradante. Ainda que a intenção seja boa, não é legal. É o contrário de legal.

Voltando ao casamento. Quando a festa terminou, por volta das quatro da manhã, Katha e eu estávamos deitadas cada uma em sua cama no quarto de solteiras do hotel. Saltos altos jogados no canto, vestidos abertos. E conversávamos. Katha contou sobre a despedida de solteira. De repente, ela começou a chorar: "Eu estava realmente exausta e fui dormir mais cedo que as outras. Então, Lucy apareceu e se sentou ao meu lado: 'Você é uma mulher ótima. Ainda vai encontrar o cara certo. Olha, eu nem acreditava mais nisso, e então conheci o Chris'". Katha respirou fundo: "Eu quis gritar. Sabe, simplesmente gritar. Estou tão farta disso. Sempre que me sinto mal, todo mundo pensa que é porque não tenho namorado. Ficam preocupadas se vão me magoar com sua felicidade amorosa. Daqui a pouco não vou falar mais nada!".

Estendi meu braço direito da cama e busquei a mão de Katha, que balançou de sua cama, exausta. Ficamos ali deitadas, de mãos dadas, encarando o teto no escuro. Queria confortá-la. Mas também queria repreender Lucy. E todas as outras. Porque estou com raiva. Com raiva por Katha ter que ouvir esse tipo de coisa de nossas amigas.

As solteiras percebem tanto a pena que outros sentem que, mais cedo ou mais tarde, inevitavelmente começam a sentir pena de si mesmas.

Dor fantasma ou lacuna real?

Esse "Você ainda vai encontrar o cara certo" é a frase padrão do *single shaming*. Simplesmente define uma lacuna, alegando que ela realmente existe. Não apenas que existe, mas também como ele é. Tem a forma de um homem. É a peça do quebra-cabeça que falta para uma vida plena.

É possível dizer que isso é paternalista, se não soubéssemos que geralmente é um consolo bem-intencionado. Ou a expressão do desejo de que todos no círculo de amigos sejam felizes da mesma maneira: "Você ainda vai encontrar o cara certo". Aquele que corre por aí em algum lugar, como a tampa sem mulher para nossa panela sem homem. Como se o cara existisse! Como se existisse um, e não dois, três ou mais deles. E como se um deles já não estivesse casado há muito tempo e o outro não morasse em Timbuktu. Como se ele estivesse esperando por nós! Como na história antiga de Hero e Leandro, na qual dois amantes são separados pela água. Leandro quer nadar até Hero, mas a lamparina que lhe mostra o caminho se apaga, e Leandro se afoga. Quando Hero descobre, ela se lança de uma torre. Se um lado desaparece, a vida não pode mais acontecer. Essa é a nossa moral?

Vivenciamos algo semelhante quando se diz que deixamos "o cara" passar. Era o fulano. Sobre essa lacuna, essa oportunidade perdida, sempre podemos lamentar, amaldiçoar e imaginar, nas horas de fraqueza, como seria. Como Lotte, de Goethe, décadas depois dos flertes com os futuros príncipes poetas, talvez se remoa com um ou outro pensamento arrependido. Ou como Griet, a mulher do mercado, que despreza o criado Jan e vê como, décadas mais tarde, ele cavalga como um comandante célebre, entrando pelo portão da cidade natal deles: 'Jan, quem poderia imaginar!'.

O episódio é reencenado uma vez por ano em Colônia. Mulheres que deixam o cara certo ir embora e depois ficam lá, como estúpidas. Mais uma história típica.

O mito do "cara" é extremamente persistente. Mas se perguntarmos a psicólogos ou terapeutas sobre esse mito, eles o rejeitam. "Uma pessoa capaz de amar, ou seja, aberta para amar os outros, não conhece nenhum tipo de limite", explica o psicólogo e autor Peter Lauster.[74] Podemos vivenciar mais de um amor. Sempre.

O perigo de ficar sem marido

Mas sem um homem não ficamos completas, segundo a mensagem.

Sempre o mesmo discurso: sem um homem, algo nos falta. Emocional, psíquica, metafisicamente. De um ponto de vista histórico, essa suposição tem algo a ver com autonomia econômica e jurídica. As mulheres precisavam de homens porque não podiam fechar contratos sem maridos, não podiam conduzir julgamentos, não podiam receber herança, não recebiam proteção. Viviam perigosamente. Parcialmente, perigoso demais. Por exemplo: no início do século XVII temos a história de uma rica viúva aristocrata chamada Katharina Henot, que vivia em Colônia. Henot era uma mulher influente e, junto do irmão, administrava os negócios da família, uma agência dos correios. Henot era uma pedra no sapato do administrador da agência, Leonhard von Taxis. Porque ela se recusava a participar da centralização do sistema postal. Um pouco mais tarde, Henot foi acusada de bruxaria. Foi presa, torturada e considerada culpada sem confissão. Foi estrangulada e queimada. A família Taxis assumiu a centralização do serviço postal alemão.

Certamente, os homens muitas vezes foram vítimas em contextos semelhantes. Mas não com tanta frequência. Mais de 75% das vítimas da caça às bruxas eram mulheres. Especialmente mulheres mais velhas, solteiras e socialmente fracas. O que torna o destino de Henot tão especial é o fato de ela não ser apenas uma mulher solteira, mas muito proeminente, influente e rica. Mas como mulher, mesmo esse *status* não oferecia proteção. Um homem a teria protegido – sem homens, as mulheres viviam perigosamente. A história da perseguição às bruxas também é a história das mulheres solteiras.

E ainda hoje também vivemos de forma perigosa como mulheres, mais perigosamente que os homens. Um exemplo cotidiano, bastante banal: não me lembro de um único incidente em que um amigo tenha me pedido, depois de uma noite comum, para dar um alô quando eu chegasse em casa. Quando saio com amigas à noite ou estou indo para casa, essa é a frase que dizemos quando nos despedimos: "Dá um alô quando estiver em casa?". Sempre. Mas isso significa que estamos mais seguras com os homens? Precisamos de um protetor? Ou de uma sociedade que leve a sério o assédio sexual e a violência contra as mulheres e que não fale mais de "sexo frágil" como se fosse óbvio? Não devemos nós mesmas insistir mais sobre nossos direitos? Exatamente. Nem sempre devemos nos enganar com a primeira resposta.

All the single ladies – now put your hands up

A expressão *single shaming* é muito nova. Mas os fenômenos que são descritos com ela são encontrados há centenas de anos, como vimos. Eles mudaram, adaptados às mudanças nas condições econômicas e sociais. Porém, o que resta é a mulher solteira. E, como sempre, ela ainda é insuficiente.

Vamos dar uma olhada na mulher solteira mais famosa das últimas décadas: Bridget Jones. Tenho amigas que acharam engraçado o filme *O diário de Bridget Jones*. Engraçado de verdade, charmoso e próximo à vida. Não achei o filme engraçado. Achei até muito ruim. Gostaria de jogá-lo em uma caixa da qual ele só poderia ser tirado para fins de demonstrar o que é *single shaming*. Nessa caixa também estariam os filmes de *Sex and the City*, mas isso é outra história.

O diário de Bridget Jones. Esse filme contribuiu muito para tornar o *single shaming* socialmente aceitável. Resumiu, recauchutou e estimulou muitos dos ingredientes do *single shaming* que já descrevi.

Quando reclamo de Bridget Jones, sou veementemente contestada nessa posição. "O filme seria exatamente o oposto. Em vez disso, fortaleceu as mulheres solteiras, mostrou-as como seres afetuosos, como na vida real. Isso é verdade até a página dois. Quase 80% dos telespectadores eram do sexo feminino, a faixa etária variou de dezoito a cinquenta anos. O filme custou US$ 25 milhões, faturou US$ 280 milhões. Muitas pessoas o viram. Muitas, muitas mulheres adoraram o filme. Sentiram-se compreendidas e representadas. Infelizmente, porém, como às vezes acontece com o empoderamento: ele vende principalmente um produto, não uma vida melhor.

Por mais charmosa, ingênua e assoberbada que seja a heroína, seu final é inevitável. Seu final feliz. A pergunta era: Renée Zellweger ficará Hugh Grant ou Colin Firth no final? Homem ou homem. Nada de Bridget.

A maneira com a qual filmes como *O diário de Bridget Jones* retrata mulheres solteiras concretiza o papel que as mulheres solteiras podem desempenhar. É sempre uma variação do mesmo tema: mulheres solteiras são insuficientes. Falta às mulheres solteiras alguma coisa para a felicidade. Hugh Grant ou Colin Firth. Mas, de qualquer forma, é um homem, e nunca um eu.

Como esses filmes conseguem amealhar tanta simpatia por uma heroína se o destino dela só pode ser cumprido com um cara, então essa simpatia não é real. Então, ela não é adorável, então tem traços cruéis. E essas características cruéis não aparecem apenas no final, mas as pessoas não as percebem. Elas se mostram na representação toda de sua vida insuficiente.

Quem é essa Bridget? Bridget é uma cabeça-de-vento. Come demais, bebe demais, fuma demais. Seu apartamento é caótico, e o sexo que ela faz também é mais ou menos assim. Ela não consegue usar maquiagem ou se vestir com decência. Hugh Grant descobre em uma cena de sexo o que está por baixo da meia-calça que esconde sua barriga. Uma barriga. Que vergonha!

Bridget, um pouco como Carrie, não consegue fazer trabalhos domésticos. Quer preparar um jantar para seus amigos, o que sai é uma sopa azul, venenosa. Carrie nem sequer tenta. Guarda sapatos no forno. "O fato de esses gestos de revolta doméstica serem levantados e destacados com frequência é porque são de importância simbólica central", escreve Jean-Claude Kauffmann.[75] Podem simbolizar a liberdade, mas despertam medo. E tornam-se engraçados.

Bridget falha consigo mesma. Também com seu corpo. Seu corpo não se deixa disciplinar. Não consegue parar de fumar, não come proteína suficiente. Seu corpo é frágil, não a obedece. A gordurinha vaza, o cabelo não se segura, o batom borra. Sua fachada não é verdadeira. Ela falha por conta do imperativo da habitante da cidade grande: Fique bonita! Tem um motivo para Bridget ser solteira.

E há um motivo para Bridget ser tão celebrada por todos: ela parece muito próxima à vida. Tanto quanto nós. Com ela sendo tão claramente apresentada em uma cena de bunda grande, pode servir como uma tela de projeção para todas as nossas pequenas e grandes imperfeições. Nossa incapacidade de manter os dedos longe do cigarro. Nossa sede pelas terceira e quarta taças de vinho. O fracasso do guia de maquiagem para fazer uma sombra esfumaçada na revista feminina. A compra de revistas femininas. Ela é como nós! Também está experimentando a feminilidade moderna, mas veja, ela fracassa! Que simpática.

Por que achamos tão difícil simpatizar com mulheres de sucesso é outro tema, como vimos no capítulo anterior. O tópico aqui é: Ela não fracassa de jeito algum, pois, no contexto da ficção, seu destino se cumpre. Ela vai conseguir um cara, o homem dos sonhos. Sua cabeça-oca é engraçada o bastante, doce o bastante. Adorável. Seria um fracasso se Hugh Grant tivesse sumido após o episódio da meia-calça, se Colin Firth não conseguisse mais suportar o nervosismo dela. Mas a história de Bridget habilmente nos deixa esperançosas: podemos acabar com uma caixa de bombons sozinha, o que não significa que precisaremos ficar abandonadas na prateleira do mercado de casamentos.

Infelizmente, isso não é empoderamento, é a expansão da zona de combate. De acordo com essa história, porém, podemos continuar sendo cabeças-de-vento, assoberbadas, às vezes bêbadas e sempre com excesso de carboidratos, mas, enquanto não enfrentarmos o chefão do jogo, simplesmente não venceremos. O chefão é o homem. O homem que nos quer. Isso é *single shaming*.

Então, saúde!

Bridget também sente essa tragédia, essa possibilidade de fracasso genuíno. Não consegue lidar com essas emoções de forma clara. Mas sabe o que fazer quando se sente sozinha e de alguma forma insuficiente. Álcool! Tomar vodca no copo da escova de dentes e depois dançar um pouco no apartamento, pequena referência autoerótica, ainda que não haja ninguém para lhe dar um tapinha na bunda.

A solteira sozinha que bebe álcool é muito estereotipada, quase ninguém ousa tomar álcool sozinha quando se está solteira por puro clichê. "Ela belisca os quadris e as lágrimas aumentam"[76], é o que consta de livros sobre a mulher solteira. Porque, claro, ela está presa em um círculo vicioso de frustração. Bebe demais, como Bridget Jones. Se as coisas não funcionam em termos de relacionamento, Bridget se entope de calorias. Então, à noite, registra com mais ou menos cuidado as coisas em seu diário. Fatias de queijo, Snickers, croissants de chocolate: "Não dou a mínima para minha forma, porque ninguém me ama ou se importa comigo".[77] Ela tenta se animar, mas não funciona. Apenas engorda, e, então, certamente ninguém vai desejá-la. Quanto mais ela engorda e sua barriga cresce, menos um homem vai querer ficar com ela. Aí está, novamente, o velho problema. O paradoxo do "você não consegue fazer nada direito".

A propósito, voltemos a *Sex and the City*. No episódio chamado "They shoot single people, don't they" [Eles atiram nos solteiros, não é?], as amigas primeiro saem juntas. Bebem adoidado. Especialmente Carrie, que bebe de verdade. O único problema é que ela tem uma sessão de fotos no dia seguinte. Uma revista de Nova York quer fazer perfis de solteiros. Em vez disso, como esperado, toda arrumada e sexy, a versão esfarrapada e cheia de ressaca de Carrie aparece na capa. Olheiras, ponta de cigarro na mão e o título "Solteira e fabulosa?". "Com pontos de interrogação?" grita Carrie, "Eu queria um ponto de exclamação!" Era uma pergunta retórica.

O subtexto é claro: solteiros bebem lindamente até morrer e, claro, fracassam. Sacrificam sua saúde e aparência, acham divertido e continuam a girar em uma espiral descendente. Uma vida solteira hedonista? *Fake news*. O álcool é uma lente mágica com eficácia de curto prazo sobre a própria existência destruída.

Em 2016, apareceu na plataforma on-line de textos *Medium* um artigo que recebeu milhares de likes e compartilhamentos em um tempo muito curto. Também foi traduzido para o alemão para o portal *Zeit Online*. A autora, Kristi Coulter, relata sua tentativa de parar com o álcool. Coulter não era alcoólatra, mas bebia demais, em todas as oportunidades. No entanto, depois de renunciar ao álcool, de repente percebeu o grande papel que ele desempenha na vida de muitas mulheres, inclusive de mulheres de carreira experientes e responsáveis. Como, Coulter pergunta, que mesmo aquelas mulheres seguras agarram um copo em qualquer ocasião? O que está havendo?

"Talvez porque mesmo mulheres descoladas são mulheres. E não há maneira fácil de ser mulher. Pois, como vocês devem ter notado, não há maneira aceitável de ser mulher. E se não há uma maneira aceitável de ser quem você é, algumas mulheres talvez bebam um pouco. Ou muito."

Parece familiar, certo?

Pois é certo que não há maneira aceitável de ser mulher. Acima de tudo, não há maneira aceitável de ser uma mulher solteira. Somos incompletas, egoístas, obcecadas pela carreira e não somos quentes o bastante. Faltam-nos os modelos, e aqueles que nos são apresentados em algum momento acabarão se casando. Como Bridget, Carrie, Miranda e seja lá como se chamem. A sociedade espera que desempenhemos um papel diferente, e até as amigas mais próximas perguntam com compaixão como estamos. Em vez de perguntar sobre o trabalho, o apartamento, as férias. Qualquer outra coisa.

Para acompanhar, um rosé. Mas com isso estamos colocando um filtro do Instagram em nossas vidas, segundo Coulter. Sim, bebemos bem. Não porque fracassamos nesta vida, mas porque algo ainda nos é negado, não importa o que tenhamos alcançado: "Somos fortes o suficiente para aceitarmos ser ignoradas, interrompidas e subestimadas todos os dias e apenas rirmos juntas. Nós conseguimos. Essa é a boa vida. Nada precisa mudar".

A boa vida. Uma vida em que podemos ter de tudo. Mas não apenas o salário de 100%, a igualdade de cuidados com as crianças, o sexo na velhice ou que finalmente emagreçamos, que possamos estar felizes "sozinhas". Podemos fazer tudo? Nada precisa mudar? Tem que mudar muito. E nós podemos fazer isso.

De homens e solteirões

Bem, finalmente vamos falar sobre homens. Sobre homens solteiros. Primeira estatística: existem mais homens solteiros acima dos trinta que mulheres. Aos 50 anos, existem 60% de homens solteiros e apenas 40% de mulheres solteiras.[78] Mas ainda estou procurando o artigo que torna isso um problema para os homens, o livro que vá dizer: "Vamos, rapazes. Tique-taque!". Para as mulheres, ao contrário, a pressão sempre existe, pois claramente nossa janela de atratividade também fecha mais rápido.

Isso é bem retratado em filmes de Hollywood e na diferença de idade que são normais neles. Claro, existem casais escalados que têm uma diferença de idade superior a trinta anos. O ponto principal é que os homens obviamente ficam atraentes por mais tempo. Alguns exemplos? Com prazer: Woody Allen e Juliette Lewis, diferença de idade em *Maridos e esposas* de 37 anos, Jack Nicholson e Amanda Peet em *Alguém tem que ceder*, 35 anos, Liam Neeson e

Olivia Wilde em *Terceira pessoa*, 32 anos. Eu poderia continuar essa lista por muito tempo.

Os homens têm uma meia-vida muito mais longa, pelo menos é o que nos dizem. Ficam atraentes por mais tempo, mas também têm o direito de desfrutar dessa atratividade. Para aproveitar a vida de solteiro. Dever de cuidado? Com quem? Hedonismo? Merecido!

Dezenas, não, centenas de exemplos poderiam ser citados a partir dos noticiários. Eu trago quatro aqui. Primeiro, George Clooney. Mundialmente famoso, reconhecidamente atraente e, até onde sabemos, feliz da vida. Quando Clooney ainda era solteiro e se separou de uma parceira, era possível ler, com regularidade, as seguintes manchetes sobre ele: "Clooney aproveita a vida de solteiro e mostra bom humor na Itália" (*Gala*), ele é o "solteiro feliz" (*Jolie*), "Sua lista de ex-namoradas é rica em beleza e celebridades" (*rp-online*).

E assim são os títulos quando Heidi Klum, igualmente famosa mundialmente e reconhecidamente atraente, se separa de um parceiro: "Finalmente, é hora de refletir intensamente" (*People*), "É uma longa lista de relacionamentos fracassados" (*tag24*), "Heidi Klum precisa de um homem forte" (*tz*). *Single shaming*!

Mas isso não é nada se comparado a Jennifer Aniston. "Pobre Jen." Primeiro, ganha na loteria quando consegue Brad Pitt e, a partir daí, uma espiral descendente. Separação, separação, casamento (esperança!), separação. E ainda sem filhos. A mulher tem mais de quarenta anos! Aniston é, portanto, retratada regularmente na imprensa como uma existência fracassada, como impotente e trágica, sem a posse completa de suas forças. A jornalista Sali Hughes escreve sobre essa questão: "Quando se supõe que uma mulher nunca poderá ser feliz se não for casada, ou segura e satisfeita quando um relacionamento termina, não apenas ignoramos suas realizações pessoais, mas também as de todas as nossas amigas solteiras".[79]

E essa é a questão. Aniston deve servir de modelo para a tragédia de todas as mulheres solteiras. Aqui você pode ver de forma exemplar como funciona a lente com a qual olhamos para essas mulheres. Aniston é uma mulher muito rica, muito atraente e bem-sucedida. Parece ter algumas amigas próximas e alguns homens sexy na vida. Como pessoas de fora, e a imprensa faz parte dessas pessoas, não podemos dizer muito mais sobre a sorte ou o azar de Jennifer Aniston. E, ainda assim: "Pobre Jen".

Quando homens como Ben Affleck, George Clooney e Leonardo DiCaprio ficam solteiros, temos certeza de que se divertem. Mas Jennifer? Sem chance. E ela própria não consegue fazer nada contra essa fama: "Se a imagem pintada por ela na imprensa fosse uma pintura a óleo, seria uma daquelas figuras horríveis de Francis Bacon em uma terra desolada e erma, retratada como útero vazio, com cabelos bonitos, mas uma lágrima tão grande quanto a cabeça escorrendo", escreve a jornalista Caitlin Moran.[80]

A cantora Sheryl Crow certamente poderia acrescentar algumas coisas a essa descrição. Sheryl foi entrevistada por uma revista, na qual ela conta como é abordada por conhecidos: "Você é uma mulher tão legal, por que não é casada?". E continua: "Eu sei, parece estranho para as pessoas... Se você não for casada depois de uma certa idade, você é gay, assexuada ou uma aberração que não consegue se dar bem com ninguém. E sei que as pessoas se perguntam isso".[81] O título do artigo? "Por que Sheryl Crow está sozinha."

Single shaming. Somos também o que os outros fazem de nós.

E esse *single shaming* se estende à representação dos apartamentos. Os homens têm até sua própria expressão: apê de solteiro. Esses apartamentos em geral estão cheias de trecos tecnológicos, uma geladeira de cerveja, coisas de entretenimento. É um apartamento cujos habitantes deixam claro que é seu império. Ali ele pode ser o que quiser. Ninguém se mete ali. Ninguém o obriga a arrumar o lugar. É a liberdade habitada. Ao menos o sonho de infância dessa liberdade.

Apartamentos de solteira têm uma dimensão diferente. Veja *Sex and the City*, veja *Bridget Jones*, veja *Em seu lugar*. Esses apartamentos são as manifestações do fracasso. Em todo lugar tem sapatos e, em algum lugar, um brinquedo sexual. Aqui não é um ninho decorado para refúgio, mas, ao contrário, as lacunas são recheadas de itens de consumo. Aqui a pessoa circula muito ao redor de si mesma, esse apartamento deixa bem claro.

Nem em casa temos nossa paz. E se gostamos muito de sapatos, somos um clichê. *Single shaming*.

Homens e mulheres solteiros são vistos de maneira diferente. Jean-Claude Kauffmann escreve: "A solidão masculina pode ser complicada e difícil de suportar, mas, essencialmente, é um assunto privado. Aqui está a grande diferença para as mulheres, para quem viver sozinha é ao mesmo tempo um assunto privado e público, que é de interesse para toda a sociedade".[82] Uma mulher que foge disso ameaça tudo. Um homem que foge disso se torna um modelo.

Vamos dar um exemplo da literatura: Homo Faber, do romance homônimo de Max Frisch. Não é um herói, certamente não, mas o personagem mostra o quanto são diferentes as histórias que atribuíam os aos homens. Faber é um engenheiro de sucesso que vai para a América Central, onde ele, entre outras coisas, toma cerveja em redes e estremece pensando em sua parceira, que havia voltado a Nova York: "Como qualquer homem de verdade, moro no meu trabalho. Ao contrário, não quero ser diferente e me considero feliz por morar sozinho, na minha opinião, a única condição possível para os homens, gosto de acordar sozinho sem ter que dizer uma palavra". Excelente. Bebendo cerveja, balançando na rede, sem ter que dizer uma palavra. E quando digo "excelente" isso é sem ironia alguma. Eu também gostaria de fazer isso. O único problema é que a imagem de um bebedor de cerveja balançando na rede, satisfeito, quase se iguala ao papel habitual de gênero como a das mulheres bem-comportadas no banho de espuma com uma taça de vinho. Pior ainda: ele parece um tanto afetado em seu banho de espuma – ela é uma perdedora antissocial em sua rede. Se ao menos eles trocassem as bebidas...

Sempre se trata daquilo que nos atribuem e daquilo que não nos atribuem. Se nos falta alguma coisa ou se podemos não ser suficientes para nós mesmas. Também em um nível fundamental.

Mulheres solteiras, homens solteiros. E, é claro, também é *single shaming* insinuar que tudo vai exclusiva e definitivamente bem com eles quando estão solteiros. Dar tapinhas maliciosos no ombro de um homem solteiro e parabenizá-lo por sua vida sexual supostamente agitadíssima com vários "hehehe" não é diferente. Mas, para as mulheres, o *single shaming* ainda é um problema maior.

De novo, uma história cotidiana: meu amigo Aki é solteiro, mas não gosta muito disso. Trabalha muito e não tem tempo para nada, diz ele. Seus pais querem netos, mas o que ele deve fazer? Eu consigo imaginar muito bem como ele se sente e sinto muito por isso. Mas também sei que Aki tem uma vida bastante sólida. Então, não me preocupo. Já ele se preocupa bastante comigo.

Estamos parados, é tarde, talvez até bem cedo, em frente a um pub e nos despedimos. Nos abraçamos, mas Aki não me solta e pega em meus ombros. Com um olhar profundo e triste, fitando meus olhos, ele pergunta: "Ei, Gunda, você está bem?".

"Hum, estou", respondo. "OK", diz Aki, "só pensei que..." Nós nos despedimos, e algo começa a rumorejar dentro de mim. Porque sei exatamente o que ele quis dizer: se eu estou bem com as minhas histórias com homens. Com aquele que era jovem demais aos seus olhos. E com o outro, cujo nome ninguém mais sabe. Consigo estar bem desse jeito? Sem... estabilidade?

Sei que Aki tem apenas boas intenções, mas, nos dias seguintes, fico um pouco brava com ele. Porque a preocupação dele me deu a ideia de que eu conseguiria estar bem. Profissionalmente está tudo bem comigo, moro em uma cidade empolgante, conheço pessoas interessantes e agora preciso me perguntar se tenho uma falsa consciência. Meu maior erro é a cegueira diante do meu infortúnio? Só preciso abrir os olhos para ver como tudo é desastroso? Continuo pensando na pergunta de Aki e ainda chego à mesma conclusão: em retrospecto, fui tão infeliz em alguns relacionamentos como nunca estive, mesmo quando solteira. Então, quem acha que o infortúnio é um privilégio do solteiro tem um problema de falsa consciência.

Sobre estigma e o próximo passo

O lado ruim do *single shaming* é que, com frequência, é cheio de boas intenções. Todo mundo sempre tem boas intenções. Como Vera, com trinta e poucos anos e dez anos sem namorado... Em seu círculo de amigos, Vera me diz que é sempre a azarada, aquela que tem problemas de confiança. Porque seu ex a traiu à época, dez anos atrás. Com regularidade perguntam à Vera o que está acontecendo. O que há com os homens? Vera é tão legal e parece tão boa, independente, inteligente e engraçada... E, sim, Vera é ótima. Eu descobri isso imediatamente quando a conheci. Ótima em todos os aspectos. Mas, para que a frase realmente faça sentido, não precisa de "mas". E Vera não precisa de parceiro algum.

Mas alguma coisa não bate com ela, o estigma está grudado nela. Dizem que tem um problema de confiança e, como é o caso dos estigmas: todo suposto estigma constitui outro estigma e assim por diante. O sociólogo Erving Goffman já descreveu o mecanismo dos estigmas. O ser solteiro é, por assim dizer, o estigma inicial, e a ele seguem: confusão mental, gorda demais, muito pouco atraente, desleixada demais, pouco feminina, solitária demais, álcool demais, sapatos demais, cartão de crédito estourado, gatos em algum momento... Imagens que fazemos de mulheres solteiras. Todas imagens que permitem apenas uma visão muito limitada das coisas. Ou, como Goffman descreve de maneira muito vívida: os valores não estão necessariamente ancorados com firmeza "e, no entanto, podem lançar algum tipo de sombra sobre os encontros que acontecem em todos os momentos da vida cotidiana".[83] O *single shaming* lança uma sombra sobre nossa vida.

Vemos isso nas imagens históricas que guardamos em algum lugar no fundo da mente. Nas tramas de séries de TV. Nos conselhos de nossos amigos e em nosso reflexo do espelho, do qual aprendemos a desconfiar. Qualquer um que achar esses episódios exagerados deve pensar neles como um quadro geral e, depois, esperançosamente, perceber o que todas essas histórias, anedotas e fotos fazem conosco. De Catarina até Aki. De Bridget a Carrie. Mulheres solteiras são seres incompletos. Esfregam isso na nossa cara em tantas oportunidades que fica mais difícil reconhecermos os elementos dos *single shamings*.

Mais importante ainda é que olhemos com cuidado. Que olhemos com cuidado e mudemos algo sobre isso. As solteiras não são mais seres incompletos do que as mulheres apenas. Ou homens. O *single shaming* precisa parar. E quem quiser acabar com ele, quem quiser impedi-lo ou pelo menos quiser dar um chega para lá nele, não precisa apenas entender como ele funciona. Também deve entender que, com todas essas imagens e narrativas, será mantido um modelo social no qual as mulheres são limitadas à esfera privada, ao domínio das mães e dos cuidados com o ninho. O que nos leva aos filhos agora. Porque também precisamos falar deles…

E os filhos?

"Mas você não gostaria de ter filhos?!"

Bem-vinda ao pacote do terror: sem homem, sem filho. As mulheres solteiras não apenas precisam ouvir perguntas sobre a falta de um parceiro, mas também são confrontadas com uma segunda expectativa do seu papel: ser mãe. Querer filhos. Quem reage com evasivas à questão dos filhos recebe o seguinte ensinamento: "Espere até que a pessoa certa chegue". Ora. Isso pode ser verdade para algumas pessoas, mas não para outras. E, por outro lado, o desejo de ter filhos tem nada a ver com um parceiro.

Então, precisamos conversar. Precisamos conversar sobre mulheres sem desejo de ter filhos. E precisamos falar sobre mulheres que querem um filho, mas não têm ou não querem ter um marido. Solteiras que querem filhos ou não. Mas também solteiras que têm filhos.

Primeiro, a expectativa do papel das mulheres sem filhos. Essas mulheres são problemáticas. São problemáticas porque falta algo em sua condição de mulher. Porque mulheres devem ter filhos. E também *deveriam* querer ter filhos. Batalhas culturais inteiras são travadas com essa demanda. Homens, biologicamente não envolvidos por completo na reprodução, se veem muito menos na linha de fogo com essas demandas.[84] As mulheres envolvem-se mais. E não apenas nas conversas diárias, mas também em público. Como a revista *Der Spiegel*, que certa vez observou as taxas de natalidade em declínio e trouxe em sua capa a manchete: "Cada um por si": A "geração de prazer", uma "sociedade de egoístas".[85] A matéria dizia o seguinte: "O programa – cada uma por si – começou a adorar o próprio umbigo!". O que realmente significava "cada uma" por si, pois o principal alvo da censura à falta de filhos são as mulheres, que supostamente estavam mais interessadas em seu umbigo do que no que deveria crescer por baixo dele.

Egoísmo, hedonismo, interesses próprios. O que as mulheres "estranhas" representam. Em especial as acadêmicas são consideradas culpadas pela ausência de um bando de filhos, pois supostamente investem em si mesmas por mais tempo. A compatibilidade difícil entre maternidade e trabalho é reconhecida, mas também se presta em última instância à ideia de que as mulheres devem, por fim, escolher a opção sustentável. Filhos em vez da carreira. "A carreira é gloriosa, mas não vai aquecê-la em uma noite fria", disse Marilyn Monroe certa vez. Essa frase é frequentemente citada para ilustrar o que realmente importa no fim das contas. Mas não está correta. Por um lado, "carreira" significa, acima de tudo, independência financeira. Sem preocupações financeiras, é realmente muito melhor dormir à noite do que com elas. E, por outro, uma carreira serve tanto quanto uma bolsa de água quente mental em noites frias. Eu sou feliz pra caramba, ah, sim, tenho um sono eufórico depois dos sucessos profissionais. Conversei com muitas mulheres que me confirmaram que ter uma carreira, segurança financeira e a consciência de ser valorizada por um excelente trabalho faz com que elas durmam bem quentinhas. O que acaba com o sono são outras coisas. Inclusive a dificuldade de lidar com o peso na consciência que a expectativa do papel exige de uma pessoa. E também por não se desesperar com a questão do que está acontecendo com o desejo real de ter filhos e qual é a alternativa a essas expectativas, alegações e às próprias necessidades.

O desejo de ter um bebê e a maternidade estão sempre claramente relacionados nessas acusações à característica essencial que se atribui às mulheres: abnegação. "Uma sociedade também precisa de um número mínimo de famílias em crescimento para que o altruísmo produzido nas famílias se torne tangível na sociedade", escreveu Frank Schirrmacher em seu livro *Minimum: vom Vergehen und Neuentstehen unserer Gemeinschaft* [Minimum: do ocaso ao ressurgimento de nossa comunidade], e também deixou claro com isso que, a serviço da comunidade, a maternidade realmente não é negociável.

Pois as mulheres possuem – e isso é realmente o citado no artigo da *Der Spiegel* – "o dom da abnegação e do sacrifício". E isso, claro, é imensamente prático, porque fica claro quem, por natureza, não pode ter nenhum tipo de responsabilidade: os homens.

Gostaria de pintar esse panorama de forma menos sombria, mas a questão "filhos" continua pairando nessas discussões com mulheres. Dizem que "somente mulheres podem ter filhos". E, sim, está certo. Mas, com o mesmo argumento, é possível obrigar todo homem a cuidar do trabalho compulsório para compensar socialmente sua falta de capacidade de sacrifício causado por sua existência. Sugiro o seguinte: dois anos de trabalhos como cuidadores para todos os homens, sem remuneração, claro, sem retorno garantido ao trabalho e sem ajuste algum na aposentadoria. Acha que seria justo?

Em Berlim, em Prenzlauer Berg, conhecido em todo o país como um bairro que se tornou um jardim da infância, uma em cada duas mães é mãe solteira. Uma em cada duas mulheres possivelmente acrescentaria às histórias de felicidade compartilhada entre pais e de parceria harmoniosa algumas narrativas de pessoas brigando amargamente. Casais que nunca quiseram ficar "assim" se tornaram exatamente "isso". E, acima de tudo, são as mulheres que cuidam da prole. São elas que ficam em desvantagem. A autora Julia Niemann menciona uma mãe solteira da seguinte forma: "'Enquanto todo o programa familiar corre de forma tranquila e fácil, os homens estão por perto', diz Albrecht. O que não se vê: 'Que as coisas assoberbam demais os pais quando os filhos ficam complicados'. Albrecht observa que cada vez mais mulheres estão assumindo a antiga distribuição de papéis. Três vezes carregadas, são responsáveis pela casa, pela educação e pelo ganha-pão. Os homens também voltam aos velhos padrões, diz Albrecht".[86] Eu já mostrei isso. Quase não houve mudanças no que diz respeito à divisão de trabalho familiar. Sim, é claro que existem homens que compartilham as responsabilidades da família com suas parceiras. Claro que existem homens que fazem muito desse trabalho. Mas são a exceção. E o nascimento de filhos geralmente fortalece o comportamento típico do papel. As mulheres investem mais, as mulheres se importam mais, as mulheres trabalham mais. O nascimento de um filho para mulheres ainda está associado a uma mudança muito mais forte na biografia, como a sociologia chama. Ou seja, sua vida muda. Radicalmente. Esse não precisa ser o caso para os homens. Definitivamente não é a regra.

"Paternidade e profissão, independência econômica e existência familiar no contexto masculino da vida não são contradições que devem ser combatidas frente as condições da família e da sociedade; sua compatibilidade é predefinida e garantida no papel masculino tradicional", escreve Ulrich Beck em *Sociedade de risco*. Ter filhos é um risco, mas apenas para as mães, o que também ocorre porque as condições básicas para as mães são muito ruins – econômicas e financeiras. Por um lado, intervalos profissionais mais longos para mulheres são reconhecidos, como escrevem Gabriela Häfner e Bärbel Kerber em *Das innere Korsett* [O espartilho interior][87], por outro lado, no entanto, o direito à pensão é voltado para a garantia de uma existência independente. Mães solteiras precisam trabalhar. No entanto, ganham significativamente menos porque geralmente trabalham em meio-período ou assumem posições menos responsáveis e são, quando as coisas pioram, ameaçadas pela pobreza na velhice. "Lacuna na biografia empregatícia" é eufemismo. O que há por trás disso: trabalho não remunerado como cuidadora.

Não é apenas por razões pragmáticas que é plausível que as mulheres não tenham autorrealização neste momento. Essa palavra soa tão antinatural no contexto das mães, que fica claro que, como mãe, a pessoa precisa se manter afastada dela. Por isso as mães recebem um novo palco de sucesso: o da mãe bem-sucedida. Alguém que consegue fazer e faz tudo. Ao mesmo tempo que cria filhos lindos, inteligentes e estáveis. Aqui também há uma indústria inteira para ajudá-la. Infelizmente, o Estado não ajuda tanto, mas, como se sabe, com o amor materno conseguimos. Sozinhas também.

O corpo público

Os corpos das mulheres são corpos públicos. As mulheres grávidas, as que amamentam, inclusive as mulheres não grávidas com mais de trinta anos que precisam receber esclarecimentos de estranhos sobre o estado de seus órgãos reprodutivos, sabem disso: "Ora, você não tem mais taaanto tempo assim".

De novo, simplesmente trocar a pergunta de perspectiva ajuda a compreender: talvez alguém vá perguntar a um homem com mais de trinta anos se ele não se preocupa com a próstata ou se alguma vez testou seu esperma quanto à fertilidade: "E aí, é bom mesmo? Todo mundo nadando como deveria?".

É possível observar também que, por trás da falta de filhos, nem sempre falta o desejo de ter filhos, mas também há a infertilidade, as doenças ou até mesmo a morte, e frases como "Mas com filhos você vai precisar cortar um dobrado" são bastante impossíveis.

"Ó, põe o pensamento como uma placa de diamante ao redor de teu peito: eu nasci para ser mãe!... Essa é a única coisa pela qual a Terra poderá te agradecer."[88]

Assim dizia o escritor Heinrich von Kleist. O papel da mãe é uma lei da natureza, o papel de mãe, na existência de outros. Para o educador Heinrich Pestalozzi, o instinto materno é inato, para o pesquisador evolucionista Charles Darwin também. E inumerável é o séquito daqueles que ainda concordam. Mas, a essa altura, fica claro que essa imagem não se sustenta. O instinto materno não é como um interruptor concebido para todas as mulheres, nem é acionado automaticamente quando um bebê aparece. Os hormônios da gravidez desencadeiam o comportamento das mães, mas esses hormônios, especialmente a ocitocina, também são liberados pelas mães não biológicas quando cuidam de um bebê. E pelos homens. Mesmo pelos avós. E, então, especialmente no caso da mãe, pode ser diferente. O relacionamento entre mãe e filho nem sempre é fácil. Muitas vezes, é muito mais difícil e complexo do que o mito da mãe sugere.

Anna tem trinta e poucos anos, dois filhos e é mãe solteira. Estamos sentadas no canal, em Neukölln, tomando o segundo ou o terceiro refrigerante, e Anna conta como se sentiu após o nascimento do primeiro filho. Havia lido tanto sobre o amor materno instantâneo e onipresente, que inevitavelmente se perguntou se havia algo de errado com ela: "Então, me deitei com o pequeno e esperei os fogos de artifício. Mas simplesmente não vieram. Levei um tempo para perceber que isso é normal".

A ideia de que o instinto e o amor maternos estão intimamente ligados à feminilidade, ou seja, são "normais" ainda está viva. A partir desse ponto de vista, não ser mãe – por qualquer motivo – nos priva de uma experiência que é acoplada ao nosso ego, à nossa feminilidade. Portanto, a pergunta é: as não mães podem se entender como mulheres? Assim, sem gravidez, sem amamentação, sem a sensação de ter gerado uma vida? Sem amor materno? A resposta foi e frequentemente é "não".

No Manual do Movimento das Mulheres, de 1902, a maternidade era chamada de "a coisa mais característica das mulheres"[89], um baluarte na luta pelos direitos das mulheres, talvez compreensível, mas pensado de forma estrita demais: havia e sempre haverá mulheres que simplesmente não podem ter filhos.

No entanto, não havia lugar histórico para as representações positivas das mulheres para além do papel de mãe, pois está muito próximo à interconexão do ser mulher ao papel de mãe. A história da arte europeia está cheia disso, especialmente de Maria em todos os seus retratos abnegados e contidos. *Mater Dolorosa*, a mãe sofredora. É sentimentalizada, retratada em êxtase, dela também se fazem poemas e canções. Por outro lado, as mulheres sem filhos eram, em sua maioria, retratadas como bruxas. Com seios vazios e flácidos. "Ela encarnava a inversão das normas femininas: em vez de proteger e nutrir, ela envenenava e matava. Era a comedora de crianças, que não podia parir sozinha", escreve a historiadora de arte Ingrid Ahendt-Schulte.[90] Como a Lâmia da mitologia grega, que, depois de Hera ter matado seus filhos, tornou-se um demônio em forma de cobra e cheiro horrível que matava crianças: assim que soltava seus filhos, desmembrava-os e os engolia.

Infelizmente, essas imagens distorcidas e terríveis não são tão antigas ou medievais e desatualizadas quanto poderíamos esperar. O jogo discursivo entre mães e mulheres sem filhos continua. E exatamente nesse axioma: a maternidade está em nós. Se não pode vir à tona, são coisas como intelectualismo, frustração com os homens, energia criminosa, malícia ou doença mental que a impedem. Egoísmo, falta de tolerância. Mulheres más.

Outro exemplo moderno: *Atração fatal* recebeu seis indicações ao Oscar. Foi o filme de maior sucesso do ano de 1987. Dan é advogado e homem de família. Conhece a executiva Alex e tem um breve caso com ela. Mas Alex começa a correr atrás dele: "Tenho 36 anos. Talvez seja minha última chance de ter um filho", explica ela. Fica grávida. Ele quer que ela aborte. Ela não faz isso, mas o persegue, o ameaça, observa sua família, sequestra a filha dele, mata o coelho dela e o ataca com uma faca. O final é sangrento: a grávida Alex invade a casa de Dan e o ameaça junto com sua esposa Beth com uma faca. Ele tenta afogá-la na banheira, ela sobrevive e é morta a tiros por Beth. Tiros no meio do peito. A polícia é chamada. O casal abraça-se, a câmera aproxima-se da foto da pequena família. Fim.

A executiva sem marido e filhos tem um rosto. É um rosto grotesco. Susan Faludi descreve em *Backlash* como as pessoas na época reagiram às exibições do filme. Comemoraram quando Alex finalmente morreu. A mulher sem filhos como a psicose manifestada. Faludi também relata que, no início, o roteiro tinha um final diferente. A representação de Alex ficou mais pesada; Dan, o adúltero, deveria receber mais compaixão. No roteiro original, Alex acabava se matando. Mas os espectadores reagiram negativamente. Então, o final foi reescrito para que a esposa matasse a amante. O suicídio provavelmente não era punição suficiente. "A melhor mulher é uma mulher morta", escreve Faludi.[91]

O filme estabeleceu o arquétipo da mulher solteira sem filhos como uma megera desesperada que não se retrai frente a qualquer crueldade. Precisa de um homem, se necessário de outra mulher, se necessário na base da violência. Muitos outros filmes foram inspirados dessa maneira – quase seria possível dizer que nasceu aí um gênero próprio – como *Fixação*, *Obsessiva* e *A mão que balança o berço*.

E se não morrerem, ainda serão mães. Pelo menos as boas. Talvez. Como a personagem de Sharon Stone em *Instinto selvagem*: Catherine, bissexual, assassina de homens, que na última cena consegue pegar o picador de gelo escondido debaixo da cama para matar Nick, mas não aceita quando ele começa a falar sobre filhos e seu futuro juntos. Ou como em *Como ser solteira*, no qual Meg, a médica bem-sucedida, resiste por muito tempo, como mulher solteira, ao desejo de ter filhos, apenas para ser pressionada por uma paciente, um bebê no braço: "Você não vai me convencer. Você não vai me convencer!". E é claro que seu coração fica partido. *Claro*.

E, às vezes, corações realmente se partem. Quando pergunto a Lena sobre seu desejo de ter um filho, ela diz: "Ontem eu estava fora da cidade com amigos em uma festa. Casa geminada, duas crianças. Tomei um aperol e, ao visitar a casa, vi um quarto de criança e imediatamente comecei a chorar. É o que acontece com meu desejo de ter um filho!". Não ter filhos é uma decisão difícil. Às vezes, não é uma decisão, mas um mal necessário, se faltar um parceiro e a mulher não puder imaginar de outra forma. Ou se não for tanto o desejo de ter um filho sozinha, mas de ter uma pequena família, no sentido clássico – filho, pai e mãe. Um parceiro com quem se constrói algo e que está lá para seguir em uma vida em conjunto.

É errado acreditar que mulheres sem filhos inevitavelmente escolheriam não ter filhos. Às vezes não é uma decisão. Quando me pergunto por que não tenho filhos, posso fazer uma lista de razões para isso, e há muitas, mas não acho que já tenha tomado uma decisão consciente contra ter filhos. "Você não quer filhos, Gunda?" Na verdade, não. Mas não descartaria que isso ainda possa mudar. Às vezes, temos certeza, às vezes, não temos certeza. A vida pode ser ambivalente sem estar "errada".

O que não significa que não podemos ficar tristes por isso. Como Lena. Ou como Silke. Silke está com cinquenta e poucos anos e já experimentou tantas coisas que rapidamente fica claro que ficaremos sentadas neste banco do Mauerpark, em Berlim, por um longo tempo. Falamos sobre namoros, sobre homens, não falamos muito sobre filhos, mas fica claro que Silke realmente fez as pazes com esse assunto, ainda que também lamente não ter filhos. Silke voluntaria-se para cuidar de crianças com doenças graves. Encontra as crianças, lê para elas ou brinca com elas, se ainda conseguem. Certa vez, com uma garota da qual ela cuida, ela fez uma sacolinha na qual a menina deveria colocar as pequenas coisas das quais a gostaria de se despedir; por fim, enterraram a sacolinha no jardim. Quando estava em casa, Silke costurou uma sacolinha de despedida para si mesma: escreveu o nome de sua filha nunca nascida em um pedaço de papel, colocou-o na sacolinha, saiu de casa e jogou-o no rio Spree. E se despediu. "Não era para ser", diz Silke.

Há coisas que não deveriam ter sido. Que simplesmente não acontecem, não aconteceram. Mas isso não significa que nossa vida não possa ser plena, recheada de amor. E também com filhos. Mesmo que não sejam seus. Não ter filhos não significa não gostar de crianças. Não ter filhos não significa que a pessoa não tem crianças em sua vida. Sarah adora suas sobrinhas. Fala muito delas. E se dá muito bem com as duas. Quando meus amigos Johannes e Franzi se mudaram para outra cidade, o que achei mais triste foi não poder mais acompanhar seus dois filhos crescendo.

Talvez um pouco de humor/pragmatismo ajude contra a idealização. Caitlin Moran, mãe duas vezes, escreveu: "Vou dizer para vocês uma coisa: por mais emocionante que tenha sido minha maternidade, estive em uma exposição sobre a obra de Coco Chanel, e, sendo muito sincera, claramente me pareceu muito mais impressionante".[92] Uma vida também pode ser feliz além da maternidade. Talvez até se torne única e acabe em um museu. Uma vida bem-sucedida não depende da maternidade. Não é necessário ser Coco Chanel. O que para os homens sempre foi concedido, as mulheres precisam afirmar com esforço. Nesse caso, também seria diferente: ter filhos pode ser muito bom, mas não ter filhos também. E quem quiser acompanhar as pessoas, cuidar de deixar um legado, também pode fazer isso em outros contextos. Por meio da família, dos amigos. De um voluntariado. Com arte, profissão. Envolvendo-se com alguma coisa: com filhos, as mulheres devem saber automaticamente o que precisam fazer na vida. A autora Glynnis MacNicol, que não tem filhos, escreve: "Em um nível muito básico, as crianças sabem o que fazer todos os dias. E isso é sempre importante para o outro. Eu nunca precisaria questionar minha própria utilidade ou se o que estou fazendo tem valor".[93] Sem filhos, precisamos pensar sobre isso. Seria possível dizer também: é *necessário* pensar sobre isso.

A especialista em comunicação Melanie Schehl afirmou em uma entrevista: "Encontrar sentido. É preciso trabalhar a si mesma por meio de outras coisas. Ser capaz de fazer isso é um luxo que aprecio. Gosto mais de uma boa conversa do que de qualquer outra coisa. Para mim, amizades e relacionamentos são muito importantes, quero alcançar algo mais profissionalmente. Quero discutir política, mudanças na sociedade. Dessa forma eu me defino".

Mas o problema é que essa autodefinição recebe pouquíssimo espaço.

A pressão

Sarah Diehl descreveu em seu livro *Die Uhr, die nicht tickt* a pressão que as mulheres sentem quando não têm filhos. "O quanto ficam inseguras mulheres entre os trinta e os quarenta anos que são constantemente informadas que, sem os filhos, algo essencial faltará em sua vida".[94] Funciona como o funil de Nurembergue.* O tempo todo afirma-se às mulheres que uma vida sem filhos é um vazio tão latente que elas não vão mais confiar em seus desejos. Essa pressão e essa incerteza não são fáceis de aguentar, pois vêm de todos os lados. É a expectativa do papel social, por um lado, e a pressão da determinação supostamente natural da mulher, por outro. E depois há o medo que muitas mulheres têm de talvez estarem equivocadas em sua decisão de não ter filhos. Em vez de ousar sentir um desejo de ter filhos quando ele está lá, como é o caso de Lena, a ausência é constantemente questionada sobre a falsa consciência. Aos casais que estão pensando em ter filhos se fala: "Ora, vá lá, tenham e pronto. Nunca chegará a hora certa". "De alguma forma, a gente sempre consegue." Mas aquelas que não querem ter filhos não são recompensadas com incentivo.

Estamos ao redor de uma bandeja de *tapas* em um bar, alguns colegas e eu. Conversamos sobre ter filhos, sobre o desejo de ter filhos. Uma colega disse que não quer ter filhos. Sempre foi assim. "Mas como você pode ter tanta certeza?", perguntou um colega, "Como você sabe que não vai acordar um dia e querer ter filhos?" "Você gosta de homens?", a colega devolveu a pergunta. "Não",

---

* "Funil de Nurembergue" é uma descrição irônica da mecanização do ensino e da aprendizagem. Expressão criada pelo escritor Georg Philipp Harsdörffer (1607-1658), descreve um método em que o aluno não precisa se esforçar para aprender, e o professor consegue ensinar qualquer coisa até ao aluno mais imbecil, bastando jogar o conteúdo das aulas em um funil que entraria direto no cérebro dos alunos. (N. T.)

respondeu ele. "Mas como você pode ter tanta certeza assim? Talvez um dia você acorde gay, certo?"

Trata-se de nós mulheres, da "coisa mais característica das mulheres", de nosso corpo e também de nossa vida, que é imensamente alterada por um filho. Mas muitas mulheres não se atrevem a tomar uma decisão quanto a isso. Não confiamos em nossas decisões, em nossas necessidades. Nem todas têm tanta segurança quanto minha ex-colega. Talvez não tenhamos o acesso certo à nossa feminilidade? Talvez também tenhamos escondido o desejo. Talvez. Uma coisa é certa: não conseguimos fazer muitas coisas certas.

Os corpos das mulheres não são privados. O assunto filhos também não é, o que pode ser confirmado por qualquer mãe, que poderia escrever manifestos do tamanho de uma lista telefônica com conselhos não solicitados de como deveriam criar seus filhos. Pode ser confirmado por mulheres sem filhos, a quem qualquer um pode aconselhar sobre o que elas devem fazer e por que elas precisam se apressar.

Vera revira os olhos quando pensa nas pessoas que perguntam sobre seu desejo de ter filhos e que a sobrecarregam com essas perguntas. E sente que ela – que tem trinta e poucos anos – também terá um efeito assustador sobre possíveis parceiros. "Quase sempre tenho a impressão de que os rapazes com quem me relaciono têm tenho medo de que eu possa querer começar o planejamento familiar a toque de caixa. Então, eles se mantêm fiel ao lema: com essa daí, o relógio logo vai começar a pressionar, melhor dar o fora." Franzi vivencia uma outra história: "Há pouco tempo um cara me perguntou se eu queria ter filhos, e eu disse que não com todas as letras. Ele ficou realmente chocado, mas também tinha trinta e poucos anos, era solteiro e não tinha filhos!".

Franzi não se importa com o relógio biológico. Outras mulheres o ouvem: "Meu relógio biológico está correndo tão rápido que não me deixa dormir", explica Daisy em *Ensina-me a querer*, um filme do mesmo ano de *Atração fatal*. Mas podemos ler diariamente, trinta anos depois, que o relógio biológico ainda está correndo para as mulheres. Funciona como um telefone sem fio: todo mundo sabe, cada um sabe melhor que o outro. "O relógio biológico está correndo para todas as mulheres." "A partir dos 35 anos, a fertilidade diminui rapidamente." "O risco de abortos e defeitos genéticos aumenta." "O relógio biológico é um inimigo real." É só fazer uma rápida pesquisa no Google por "relógio biológico" para ler essas frases.

Um pequeno desvio desse tema.

Jean M. Twenge é psicóloga. Desejava ter filhos e ouviu o relógio metafórico correndo, tiquetaqueando muito alto. Mas, como cientista, sentiu a necessidade de chegar às origens dessas imagens de horror. O quanto é realmente ruim a fertilidade a partir dos trinta e cinco anos? Então, verificou quais bases científicas fundamentavam as declarações mencionadas acima e descobriu que as estatísticas que lhes dão sustento são completamente enganosas.

Por exemplo: as estatísticas frequentemente mencionadas de que uma em cada três mulheres entre 35 e 39 anos de idade não poderiam engravidar no período de um ano baseiam-se em um artigo de 2004, escreve Twenge na revista *The Atlantic*.[95] "Mas raramente aponta-se os dados que fundamentam esses estudos: estatísticas de nascimento na França de 1670 a 1830." Um tempo em que não havia antibióticos, nem eletricidade, seguro-saúde, aquecimento central e alimentação saudável.

Estudos sobre a fertilidade de mulheres nascidas no século passado são raros. Mas aqueles que existem são muito mais positivos, escreve Twenge. Em um estudo de 2004, 770 mulheres europeias foram examinadas. Daquelas que tinham entre 35 e 39 anos e fizeram sexo duas vezes por semana, 82% conseguiram engravidar em um ano. Em comparação aos 86% das pessoas entre 27 e 34 anos. Outro estudo com mulheres dinamarquesas chegou a uma conclusão semelhante. 78% das mulheres entre 35 e 40 anos conseguiram engravidar dentro de um ano, em comparação com os 84% daquelas entre 20 e 34 anos. A infertilidade também pode ser um problema em mulheres mais jovens. E, a propósito, metade da "culpa" pelo desejo fracassado de ter filhos é do homem, pois a fertilidade masculina também diminui.

Além disso, o medo de abortos e problemas genéticos nas mães tardias é exagerado, como mostra Twenge. Com base no *National Vital Statistics Reports* [Relatórios Nacionais de Estatísticas Demográficas], 15% das mulheres entre 20 e 34 anos, 27% entre 35 e 39 anos e 26% entre 40 e 44 anos sofreram abortos. 26% não são nada. Mas pouco menos de três quartos das mulheres com mais de 40 anos ainda têm chance de ter uma gravidez bem-sucedida. E isso é muito. Para problemas genéticos, 99% das pessoas de 35 anos não tiveram diagnóstico de anormalidades cromossômicas. Para pessoas de 40 anos, permaneceram ainda em 97%.

"Mudamos nossa vida, ficamos infinitamente preocupadas e perdemos inúmeras oportunidades de carreira com base em algumas estatísticas sobre mulheres que viviam sob telhados de piaçava e nunca viram uma lâmpada elétrica", observa Twenge.

A fertilidade diminui com a idade. Está certo. Mas o declínio está longe de ser dramático, como costuma constar dos boatos. Se você tiver trinta e poucos anos, poderá engravidar sem ajuda médica. É bom saber disso. Mas não resolve necessariamente o problema do que fazer com os óvulos sem o esperma.

Social freezing* – ou o congelamento do desejo de ter filhos

Meu bom amigo Thomas deseja ter filhos. Mas aceitou o fato de que não os terá. Thomas é gay. E, como homem solteiro, não se pode adotar filhos na Alemanha**. Thomas diz: "Vocês mulheres estão bem. Se eu fosse mulher, iria a um banco de esperma". Nós, mulheres, estamos bem? Quase parece que sim. Finalmente podemos ter filhos quando quisermos. Quando poderemos ter filhos agora depende apenas de nós. Somos bastante autossuficientes. Quem quiser, vai até o banco de esperma. Quem for ousada, pega alguém no bar e deixa a contracepção de lado. Então, a maternidade autossuficiente é uma maneira de evitar, de forma autônoma, a "solteirice" feminina implacavelmente percebida como fracassada? É isso que queremos dizer quando falávamos "Nós podemos ter de tudo"?

Novas descobertas da medicina sugerem ao menos a ideia de que uma nova era começou. Podemos enganar um pouco nosso relógio biológico e congelar os óvulos. Desde que possamos arcar com o *social freezing*, segundo a promessa, poderemos pegar os óvulos bons até podermos pagar uma babá. Até termos dois anos no currículo

---

* *Social freezing* é um termo usado para a criopreservação dos oócitos para fins não médicos, permitindo que a paciente congele os óvulos para uma gravidez futura. O termo é usado em contraste com a criopreservação médica dos oócitos, quando há algum problema relacionado ao útero que pode impedir a mulher de produzir óvulos no futuro. [N.T.]

** Na realidade, é possível adotar filhos como homem solteiro na Alemanha, mas existem várias condições que precisam ser cumpridas para tanto: os pais biológicos da criança precisam concordar com a adoção, o homem pode ter até 35 anos apenas, precisa ter renda fixa, uma residência com espaço suficiente para o filho e não ter nenhuma doença grave pré-existente. A lei alemã parte do princípio de que uma criança precisa crescer em um "lar intacto", ou seja, com a presença de pai e mãe, por isso o homem solteiro precisa mostrar capacidade de criar o filho como se esse estivesse em um "lar intacto". A adoção por homens solteiros tende a acontecer principalmente no caso de crianças aparentadas com o adotante (sobrinhos, afilhados) ou com quem o solteiro tiver uma relação semelhante a da paternidade. [N.T.]

em que uma criança se encaixe. E o dinheiro para tanto. O *social freezing*, por assim dizer, merece uma comemoração, e para as empresas que apoiam as mulheres, até mesmo financeiramente, uma salva de palmas. Na verdade, não. No fim das contas, o que realmente mereceria comemorações seriam modelos de trabalho compatíveis com a parentalidade e um questionamento da meritocracia.

De qualquer forma, é óbvio que o *social freezing* não é um modelo de promoção de carreira, mas um seguro de vida. Porque o *social freezing* traz em si um fato implícito: a maioria das mulheres não congela os óvulos porque espera a *hora* certa, mas porque espera o *homem* certo. É legítimo e ao mesmo tempo difícil, pois se os óvulos guardados trouxerem segurança ou antes o nervosismo, provavelmente não é uma questão de ponto de vista, mas uma consequência inevitável. Se não há homem algum adequado para a paternidade ou que possa ser pai? Talvez haja outro. Conheço mulheres que se decidiram pelo *social freezing* por esse motivo e perguntam a cada novo encontro se aquele seria alguém a quem elas confiariam seus óvulos. Ou simplesmente confiariam o fato de ela tê-los congelado. Mais de dois terços de todas as mulheres com mais de trinta anos estão abertas ao procedimento. Entre elas, é claro, mulheres que carregam consigo um desejo sincero de ter filhos. Aquelas que têm um parceiro e gostariam de esperar, como sempre, pelo tal "momento certo".

Mas entre elas estão mulheres que nem sabem se querem ter filhos, mas que têm tanto medo do relógio biológico que estão dispostas a resolver sua incerteza por 3.000 euros a mais no orçamento. Não é um problema, pois as mulheres podem fazer o que quiserem com seu dinheiro. Só é um problema porque mostra novamente a força da pressão sob a qual elas sentem estar. A pressão da imagem do papel da mãe, da parceira. Portanto, o *social freezing* pode aliviar a pressão, e assim dar esperança, mesmo se ele não for usado. O *social freezing* age como uma aplicação de botox no humor. Mas, como acontece com o botox, em algum momento, o efeito diminui.

O procedimento está em franca ascensão. Em 2012, 22 mulheres fizeram uso dele e, dois anos depois, foi realizado 750 vezes na Alemanha.[96] No país, ainda não existem muitos números sobre o *social freezing*, mas, de acordo com o *Human Fertilisation and Embriology Authority* [Departamento de Fertilização e Embriologia Humanas] do Reino Unido, a maioria das mulheres que o utiliza tem entre 37 e 39 anos. Idade que sugere não ter relação com o tempo certo da carreira, mas se trata de uma garantia em tempos de relógio biológico correndo mais rápido. Porque medicamente seria melhor congelar os óvulos mais cedo. Mas, com vinte e poucos anos, essas mulheres estão menos propensas a pensar que não poderão engravidar naturalmente.

Sozinha também funciona

Os tempos mudaram. Mudaram radicalmente. As mulheres não precisam mais de um parceiro para ter filhos. Nem precisa fazer sexo para ter um bebê. Só precisam do esperma. A reprodução agora pode ser dissociada da sexualidade. Significa que as normas aceitas como certas até agora – uma criança precisa de mãe e pai, e os pais são feitos um para o outro – foram suspensas. As coisas estão diferentes.

Vera acha que é necessário um parceiro para se ter filhos. Silke não teria tentado sem um parceiro, tampouco Lena. Elisa, sim.

"A decisão tornou-se realmente concreta somente depois de uma conversa com minha ginecologista. Ela tinha acabado de falar comigo sobre o assunto, eu achei ótimo. E isso desencadeou outro pensamento em mim, pois é claro que se pode engravidar aos quarenta anos. Mas nem todo mundo pode."

Elisa está sentada em sua mesa, os raios de sol em seus cachos loiros, nós em uma conversa via Skype. Elisa tem trinta e poucos anos e sempre quis ter filhos. "Por um tempo foi mais como um 'Eu gostaria de ter filhos, mas não agora', mas esse desejo se tornou mais concreto em meu último relacionamento. Queríamos filhos. Mas então o cara mudou de ideia e decidiu que não queria mais."

O relacionamento de Elisa terminou por isso. Seu desejo por um filho permaneceu. "É um desejo emocional, mas também físico. Eu gostaria de ter um filho", diz ela. "Também queria aproveitar a vida em outros aspectos, acho que tenho algo a dar, algo que nunca encontrou um caminho aberto em minha vida", explica ela esse desejo. "Eu poderia ensinar algo a uma criança em termos de valores e, mesmo que pareça estúpido, até em um nível intelectual."

Elisa diz que escondeu por muito tempo seu desejo de ter um filho, ainda que estivesse um tanto distante de crianças em seu círculo de conhecidos. Sem sucesso: "Gostaria de me afastar. Mas ele está lá." Sempre o que falta é um homem. Mas por que não realizar o desejo sem um homem? Jochen King escreveu um livro[97] sobre modelos alternativos de parentalidade e é da mesma opinião: "Por que não? As mulheres devem satisfazer seu desejo de ter filhos se não houver parceiro, é coerente". E Elisa também tomou essa decisão: "Eu não me lançaria em um relacionamento apenas para poder ter um filho. De jeito nenhum!", diz. Mas, enquanto pensava, percebeu que estava realmente bem protegida; tem, por exemplo, uma rede de amigos e familiares que podem apoiá-la. Jochen König também acredita que essa rede é a coisa mais importante para jovens pais, mas principalmente para pais solo.

Para Elisa, a ideia de engravidar de um doador de esperma lhe causa calafrios. "Apenas um ano atrás eu estava me sentindo bem desesperada e realmente queria um parceiro por causa disso. Trocava de parceiro o tempo todo. Claro que não funcionou." Elisa teve que rir. Será que ela tem medo de que seja mais difícil conhecer alguém com um filho? Elisa precisou rir de novo: "Não pode ser mais difícil do que é agora!". Seu desejo de ter um bebê supera o desejo de ter um parceiro, pois, quem conversa com mães solteiras, sabe que o problema não é tanto o fato de se conhecer, mas tudo o que vem depois. Elisa pensa muito sobre esses aspectos. Por isso essa reflexão é também um processo mais longo: o que significa criar um filho sozinha, sem outra pessoa adulta com quem se possa conversar? Que outras pessoas de referência a criança terá? Elisa pensa muito, também porque fica claro que ela deseja ter um filho ao lado de uma carreira: "Meu trabalho também é parte importante de mim, não desistiria dele". Mas as dificuldades estão à espreita na próxima esquina. "Eu trabalho em um setor conservador. As pessoas já começam com a falação quando uma mulher tem um segundo filho", diz Elisa.

A situação jurídica não é clara para mulheres solteiras com filhos na Alemanha, por exemplo. A diretriz-modelo da Câmara de Medicina Alemã não prevê o tratamento de mulheres solteiras. Embora essa diretriz não seja juridicamente vinculativa, ela se aplica a muitos médicos como requisito juridicamente vinculativo por razões éticas. Algumas associações médicas regionais adotaram essa diretriz, e então ela se torna juridicamente vinculativa. Ainda existem médicos que tratam mulheres solteiras, mas o fazem por sua conta e risco, apesar de terem como garantia contratos reconhecidos em cartório.[98]

Já era hora de mudar isso. E, assim, criar condições estruturais jurídicas para as pessoas que fazem aquilo que constitui a família em sua essência: assumir responsabilidades. Uma mulher que cria um filho além dos estereótipos de seu papel precisa de uma rede de apoio. Ela assume a responsabilidade, mas a sociedade também tem responsabilidade com relação às crianças. Katja Grach é pesquisadora de gênero e educadora sexual e escreveu um livro sobre a pressão da expectativa sobre as mães.[99] Ela escreve: "Vivemos em uma sociedade hostil às crianças. Se não fosse esse o caso, não importaria se um pai ou uma mãe vivesse com parceiro ou parceira, porque então todos se sentiriam responsáveis".

Sozinha, com filho

Anos atrás, a filha do meu primo me perguntou: "Você tem marido?" "Não." "Você tem filhos?" "Não." Então, o veredicto dela foi: "Então você não tem nada". Tive que rir, pois todos sabemos que crianças podem ser implacáveis. Mas eu realmente não tenho "nada"? Nada para mostrar e nada para mim mesma? Perguntando de outra forma: a gritaria de um bebê realmente ajuda em noites solitárias?

Muitos, não apenas minha prima-sobrinha, acreditam que ser mãe ao menos é melhor que bancar a eterna madrinha. Bella sabe das coisas, porque sente a pressão da qual ela também não poderá se livrar. Sente a frustração porque realmente quase nada do que esperava chegou como resposta. Bella é mãe solteira. E chegou sem piedade a uma estatística que não pode ser ilustrada em tons pastel. A imagem das fracassadas apega-se a ela.

E quem quer que ouça, como mãe solteira, que já está ficando bem para trás na hierarquia de escolha para os encontros, para ela aumentam as exigências também em outras áreas. Como mães, entram no padrão *mamãe gostosa* ou MILF. É o que Katja Grach descreveu em seu livro MILF – *Mädchenrechnung* [MILF – A falácia]. A MILF (sigla em inglês para *Mother I'd Like to Fuck*, ou "Mãe que eu gostaria de comer") é a boa mãe, mas ainda pode passar como troféu sexual. "Após o primeiro parto, ela trata de deixar o corpo em forma o mais rápido possível e se deleita com os olhares de admiração de outras mães, de maridos e dos adolescentes".[100] Esse é o requisito. É o requisito para todas as mães, mas as mães solo entram na mira de um jeito diferente.

"Como é estar com uma 'mamãe' na cama?", perguntaram ao último namorado de Anna.

Na creche de sua filha, Bella, mãe de uma menina de quatro anos, me contou que seu ex-marido, seis meses depois da separação, lhe perguntou, com preocupação, com quem ela queria ter o segundo filho. "Eu não conseguia acreditar. Como se essa fosse justamente minha maior preocupação!" O que a sociedade quer ver de uma mulher é que não será mais plena. Como se sua vida estivesse manchada agora e, de alguma forma, se endireite apenas com o segundo marido e o segundo filho. "Percebi nessas reações que todos esperavam que eu me sentisse mal", diz Caroline Rosales, autora de *Single Mom* [Mãe solo]. "Consciência limpa, mas sozinha com dois filhos? Impossível aos olhos dos outros."

Nem todas as solteiras são iguais. Parece haver uma hierarquia que nenhuma mulher definiu para si mesma, mas as mães solo certamente são levadas aos últimos lugares. Existem muitas mães solo. Quase 20% das famílias com filhos menores de idade são de pais solo e, em nove em cada dez casos, são de mães solo.[101] A maioria das famílias estava unificada antes. Se a separação ocorreu nos primeiros três anos de vida da criança, a probabilidade de ela permanecer com a mãe é de mais de 90%.

"Claramente sou um ser incompleto, é o que sempre vejo no espelho. Não consegui segurar um homem e agora insinuam que estou sempre à procura de um novo", diz Anna. "Portanto, meu último relacionamento depois do casamento foi totalmente comemorado. 'Ai, que bom que você encontrou alguém que não se incomoda com as crianças e que vai poder te apoiar'. Ninguém sequer se lembra que, por anos a fio antes disso, eu me virei com tudo!"

Katja Grach também conhece essas reações às mães solteiras: "Graças a Deus ela já tem um novo parceiro! É um estigma, quase como se fosse uma prostituta", diz ela. O homem que está com uma mãe solteira é honrado como o Santo Graal. A mulher, por outro lado, é, na melhor das hipóteses, um bom negócio.

Criar filhos sozinho não apenas frustra. Para mães solteiras, ficar sozinha ainda oferece um tipo muito especial de tragédia. É uma forma muito especial de tragédia, que é a dos sonhos desfeitos. Do amor fracassado. Tentativa e erro, mas com consequências pela vida toda. Como os filhos: "Eu amo meu filho, mas também quero ser vista como mulher novamente." Bella disse essa frase. Mas eu já li isso muitas vezes e soube que poderia ter vindo de muitas mulheres. Provavelmente poderia ser cantada em coro, um coro crescente de mulheres cujo direito a uma história própria não é restringido especialmente por seus filhos, mas pela estreita trama do modelo social e pela falta de apoio.

Bella tem um filho pequeno e vive separada do pai da criança. Tem um emprego de meio-período, mas trabalha muito mais. Trabalha muito, tem pouco dinheiro, menos tempo e um ex que ama seu filho, mas principalmente aos fins de semana sim, fins de semana não. E às quartas-feiras. Por acordo. As tentativas de Bella de enfiar algum tipo de vida entre todas essas demandas falham com bastante regularidade. Mas Bella tem necessidades, claro que tem.

Não quer um relacionamento. E não está sozinha. O anseio por um novo parceiro não é muito alto em muitas mães solteiras. Em uma pesquisa, apenas 15% das mães solteiras pesquisadas disseram que queriam um parceiro fixo. Cerca de 60% disseram que o desejo estava lá, mas conseguiam administrá-lo sozinhas.[102] Bella diz: "Eu só quero um caso. Um casinho legal. Me faria bem". Mas como poderia fazer isso? Como poderia conhecer alguém? "No playground?", me pergunta. Rimos, e desconfio o quanto será difícil. Como quando ela conhece alguém e precisa dizer: "Não posso demorar. Preciso ir para casa. Tenho um filho".

O que acontece quando as mães solteiras se atrevem a querer ter um novo parceiro ou, de alguma forma, ter encontros é surpreendente. Anna conheceu uma pessoa em um aplicativo de encontros com quem se deu bem. Estavam trocando mensagens há semanas. Quando quiseram marcar um encontro, Anna escreveu que tem pouco tempo por causa dos dois filhos. "O cara ficou realmente assustado. Perguntou o quanto seria impossível eu renegar meus filhos e mentir para ele". Anna balança a cabeça. "Eu não renego meus filhos. São as duas melhores pessoinhas da minha vida. Mas não passei a existir depois que tive os dois. Sou uma pessoa independente e tenho uma identidade, mesmo sem meus filhos." Afinal, ela nem vai a encontros pelos filhos, mas por ela mesma.

Caroline Rosales também sabe disso, como ela conta sobre a expectativa de que mães solteiras só vão a encontros por desespero e tão somente para buscar um parceiro fixo, alguém que as liberte de sua solidão. Ao fazer isso, assim diz ela, essas mães não procuram um pai para seus filhos, nem querem atrair alguém com síndrome de ajudante. Aliás, mães solteiras também são mulheres. Mas ter uma vida própria como mãe é uma questão. "Outro dia, quando eu estava bebendo com algumas pessoas, algumas me disseram: 'Quê?

Você ainda está na rua? Mas você é mãe!'. Fiquei perplexa. Nunca se negaria isso a um pai, mas, em todos os lugares, eu sou mãe antes de qualquer coisa", se irrita Anna.

Ela recebe reconhecimento por seu desempenho como mãe solteira – "Que legal que você consegue fazer tudo!" –, mas Anna, por exemplo, prefere que essas pessoas perguntem se ela quer tomar uma cerveja. Ou, de alguma forma, conversem com ela. O que ela faz é enorme. Mas, por isso, ela recebe principalmente compaixão. Jochen König diz que ninguém tem pena dele como pai solteiro.

Acredita-se que as mães solteiras devem cuidar das crianças, mas, acima de tudo, buscar um novo parceiro. "Já está claro para todos que não tenho um parceiro. Desisti de conseguir um, e agora não posso mais fazer exigência alguma, claro. Com filhos não se pode fazer exigências. Quantas vezes ouço o quanto seria bom um homem que se envolvesse com alguém como eu?" Anna aponta para si mesma com as duas mãos, como se desdenhasse de si própria.

"'Por que alguém deveria ficar com você, se há mulheres de 35 anos sem filhos por aí que ainda estão esperando o cara certo?', me perguntaram em um encontro", diz Caroline Rosales.[103]

Sem filhos = Contra filhos?

Mulheres solteiras sem filhos podem também se perguntar se estão em melhor situação. Desde que estejam em idade fértil, há pelo menos uma chance de escapar dessa torta de horrores. Sem homem, sem criança, mas eles ainda podem chegar. Qualquer pessoa com mais de trinta anos, solteira e sem filhos talvez reconsidere seu modelo de vida em face das manchetes mencionadas sobre mulheres egoístas, de relógios biológicos correndo e dos elogios à família nuclear. Talvez a falta de desejo de ter filhos também faça parte de uma falsa consciência? Talvez um parceiro seja urgentemente necessário para esclarecer isso? Sozinha para teoricamente poder ter um filho. Para que também possam ter certeza de que tomaram a decisão certa: "Tem certeza?".

Porém, mais uma vez, ajuda a mudar a perspectiva da situação. Radicalmente: alguém pergunta aos futuros pais se realmente pensaram bem sobre esse filho, talvez não seja tarde demais para um aborto; afinal, uma criança, ao chegar, seria uma questão assustadoramente definitiva.

Claro. Ninguém faria uma coisa dessas, por muitas boas razões. Mas essas perguntas hipotéticas ajudam a chegar ao cerne do problema das mulheres sem filhos: elas decidem a questão dos filhos de forma voluntária ou involuntária. Elas decidem. Possivelmente também de forma definitiva. Mulheres em relacionamentos também, mas têm a confiança de optar por ter um filho. Se uma mulher decide não o ter, paira de forma latente a pergunta se ela pode tomar essa decisão. Ou se *deveriam* poder.

Essa suposição sempre paira quando se trata de mulheres sem filhos: elas não pensam suficientemente bem nelas. Vão se arrepender. Estão erradas, estão renegando a si mesmas. Como Antonia Baum em *Stillleben* [Natureza morta] escreve: "Sem filhos, ou seja, ficar vazia, sozinha, triste e louca. Sem dignidade, envelhecendo sob olhares alheios. Como mulher, é preciso atentar à idade, não é uma boa opção, ainda mais porque também inclui a terrível possibilidade de que a pessoa se veja, em algum momento, com quarenta anos, e ainda precise de um filho, e por isso se pode ficar discretamente louca e triste".[104]

À mulher solteira sem filhos falta um homem. E falta um filho. A política Claudia Roth explicou em uma entrevista como é estressante e irritante quando apontam sua falta de filhos: "Porque alguém está ali sentado, pensando que eu sou um ser incompleto porque não sou mãe. É corrosivo ser colocada nesse lugar. Mas ouço repetidamente: essa Angela Merkel, essa Renate Künast, essa Claudia Roth, todas mulheres que não têm filhos".[105]

"Todas mulheres que não têm filhos" são seres incompletos e, portanto, não são qualificados o suficiente para executar determinadas tarefas. Têm uma visão limitada do mundo. Como a então esposa do chanceler Gerhard Schröder, Doris Schröder-Köpf, que, durante a campanha eleitoral de 2005, acusou Angela Merkel, candidata a chanceler: ela não teria conhecimento suficiente dos problemas das mães trabalhadoras. "Este não é o mundo de Angela Merkel." Ela quis dizer que Merkel talvez não se preocupasse com as questões dessas mães. Não tinha a experiência e compreensão da situação. Schröder-Köpf era casada com um homem que não tinha filhos e, anos depois, diria em um documentário do canal de televisão ZDF: "Bem, ele às vezes levava as crianças para passear em algum lugar, mas não se podia exigir muito mais que isso. Não era uma área na qual ele fosse tão vivido e experiente". Isso foi mencionado para fins de integridade. Mas a mulher sem filhos não pode ser chanceler. Claro…

As crianças criam reconhecimento – ao menos quando não são muitas nem poucas, e a família não dependa de auxílio estatal. Por outro lado, qualquer pessoa que, como mulher, ostensivamente não se importe com os outros por não ter filhos, passa pela suspeita de ser hedonista. "No ano passado, trouxe uma caixa de morangos para meus pais. Eram os primeiros morangos da estação, ou seja, muito caros. Meu pai disse: 'Ora, sendo solteira dá para pagar esse valor'", diz Silke com tristeza. "Os morangos nem eram para mim!"

As crianças criam experiências diferentes. Sim, é verdade. Então, quando amigas que são mães também forçam alguém a repensar, não estão fazendo por mal. Queremos que todos sejam felizes da mesma maneira, ou que ao menos compartilhem experiências. Mas é difícil para a maioria das pessoas imaginar uma mulher sem filhos que não esteja completamente desesperada – ou seja, amarga e hostil com as crianças – que goste de crianças e aprecie a família.

Eu estava jantando com amigos homens. M. mostrou-me um vídeo de seu filho, como o pequeno desembalava os presentes de seu aniversário. Muito fofo. "Não precisa mostrar isso para a Gunda, ela não gosta de crianças", P. gritou do outro lado da mesa. Fiquei irritada. Só porque não tenho, não posso gostar de crianças?

Como se eu não tivesse coração...

Filhos, sem filhos, filhos, sem filhos...

Na verdade, precisávamos continuar aqui. Precisávamos conversar sobre conciliação, expectativas sobre a mãe, modelos familiares, coparentalidade, corpo e sexo. Sobre a família estar mudando. Ser pai ou mãe e ter um relacionamento não é mais obrigatório. Amor, sexo e reprodução não são mais um conjunto. Então, precisávamos continuar a conversar, porque há muito o que falar. Mas, por mais que todas essas coisas sejam relacionadas, entraríamos em um tema diferente que renderia muito mais livros.

Aqui vamos falar sobre mulheres solteiras. Mulheres solteiras com filhos e, por último, mas não menos importante, mulheres solteiras sem filhos e sem desejo de ter filhos. Mulheres tratadas como se não fossem completas, como se fossem menos cuidadosas, como se automaticamente tivessem "perdido algo", como se não houvesse outras coisas a serem vivenciadas. Mulheres solteiras cuja maternidade deve incluir a tarefa de suas próprias necessidades. E a busca desesperada de um parceiro, pois a suposta incompletude, em qualquer caso, impede uma vida satisfatória. Todos seres incompletos.

Essas representações também são terríveis porque obstruem as chances de as mulheres respeitarem suas necessidades. De julgarem por si mesmas o quanto o desejo de ter filhos é grande. Se ele existe. Ou de ter em mente que o desejo de ter filhos também pode ser bastante ambivalente e cheio de conflitos. Como lidar com isso. E se realmente precisam de um parceiro novo e fixo.

Claudia Roth diz: "É tão importante que a sociedade dê às mulheres uma verdadeira liberdade de escolha e não as coloque sob uma pressão moral. Que elas possam determinar livremente como será sua vida. Esse seria meu objetivo para o futuro: que as mulheres não precisem mais ouvir esse tipo de coisa. Porque dói infinitamente". Ela está certa: dói e tira a nossa liberdade.

Retrato de uma senhora, de Henry James, é a história da protagonista sem filhos, Isabel Archer: "É uma bela dama, um espírito livre, mas o que faria consigo mesma?".

Bem, o que as mulheres sem filhos estão fazendo consigo mesmas? Se é "a única coisa", como Kleist já havia alertado, que as mulheres podem fazer de si mesmas.

É importante começarmos a dissociar nossa autoestima da maternidade, o que também se aplica a mães solteiras que são repetidamente reduzidas à maternidade. Reduzir as mulheres à maternidade, mesmo que não tenham filhos, é, na verdade, uma atribuição de posição. Uma atribuição às mulheres para deixar claro que a primeira fila não se destina a elas. Que elas não poderão realmente ter tudo, nem conseguir reconhecimento por coisas que são festejadas para os homens como algo normal: "Parabéns pelo trabalho, e onde estão as crianças?". "Sem filhos" torna-se um rótulo nesse contexto, e não apenas descreve um fato, mas ao mesmo tempo, apresenta um estudo de caráter: de alguma forma é egoísta, pouco carinhoso e cordial.

Mulheres solteiras e mães solo enfrentam, respectivamente, cada lado da mesma moeda. A autoestima e a questão do ego. Quem somos nós sem alguém? Quero realmente enfatizar essa resposta: Nós também somos autossuficientes.

Envelhecer sozinha

"Desde os 35 anos, tenho a impressão de que me tornei invisível para os homens. É possível?", pergunta-me Franzi. Digo que não consigo imaginar isso, mas quando me despeço dela e vou para casa, me pergunto se talvez não haja algo aí. Como em *Sex and the City*, ocorre-me o que já se pensa com bastante frequência. Como Charlotte, que faz 35 anos e fica irritada com o jogo "Old Maid". "Você está muito longe de parecer uma solteirona", garante suas amigas. Mas quanto tempo isso vai demorar?

A idade é um problema para as mulheres. E, a princípio, não tem nada a ver com limitações físicas, mas, sim, com a aparência.

Sempre dizem que sou mais jovem alguns anos, mas tenho certeza de que não haverá mais momentos de surpresa quando me perguntarem sobre minha idade. Em algum momento, as pessoas vão enxergar de imediato quantos anos tenho. Então, a tragédia estará estampada diretamente na minha cara. E provavelmente poderei me sentir como o sempre jovem Dorian Gray, herói de Oscar Wilde, que um dia destrói seu retrato, fica tão velho quanto sua idade verdadeira e cai morto. Ninguém reconhece seu cadáver.

Esse é o destino das solteiras mais velhas? Ficarem sozinhas e decomporem-se até ficarem irreconhecíveis? Devoradas por seu gato? E, se for esse o caso, talvez não devamos facilitar as coisas como os índios Absaroka, que, quando percebem que estão envelhecendo e se tornando um fardo para a tribo, simplesmente abandonam o clã e se distanciam tanto na natureza que o fim se torna inevitável?

Mas quando chega esse momento para a mulher solteira? Nós percebemos isso?

Envelhecemos, mas não crescemos

Vamos às origens desse drama. Ao início da quarta década de vida. "Ter trinta anos é como uma dança das cadeiras. A música para e todo mundo se casa com quem sobra", zomba a melhor amiga da narradora em primeira pessoa do livro *How do you like me now?* [Como você gosta de mim agora], de Holly Bourne.[106] As solteiras, por outro lado, continuam brincando, mesmo se não houver mais nenhuma cadeira sobrando. Então, o que fica visível é a derrota delas. Pois conseguiram uma aposentadoria sem, ao mesmo tempo, ter as coisas que deveriam fazer parte dessa idade: uma parceria duradoura, por exemplo. Em vez disso, precisam continuar correndo, sempre em círculo. Sempre ao redor de si mesmas.

Os trinta anos são um marco. Quem completa trinta anos não pensa apenas em *como* chegou tão longe na vida, mas se insinua na consciência o pensamento de que esse crescimento provavelmente terá de ser expresso lentamente por meio de decisões visíveis da vida. Comprar móveis em outros lugares que não a Ikea. Não sair com tanta frequência. Casar-se. Dizem que os trinta anos com frequência significa mais ordem. Nos trinta, os tempos de loucura deveriam ter acabado. Quem ainda tem romances passageiros definitivamente está atrasada. Como escreve a jornalista britânica Daisy Buchanan: ela superou os romances passageiros.[107] Como a maioria dos outros adultos também.

Virar adulta. "Como viramos adultos de repente!" Estou no *open house* de amigos e fico ao lado de B. na nova cozinha chique. D. acena com a cabeça em aprovação, parabeniza os donos da cozinha e continua: "B. e eu queríamos de presente de casamento dinheiro para comprar um novo sofá. E agora que está tudo pronto, já é possível ver como crescemos". Concordo com a cabeça, mas quero revirar os olhos. Estou com trinta e poucos anos e também acho que sou adulta, mas D. está certo: certos móveis, alianças ou apartamentos são comprovações. E eu não as tenho. Em vez disso, estou recém-separada e moro com minha amiga Jo em um apartamento compartilhado, onde preparamos pipoca barata na cozinha tarde da noite e depois nos acomodamos confortavelmente no sofá da avó dela. Aos olhos de D. provavelmente isso é muito infantil – ele, que há pouco tempo, bêbado, se envolveu em um acidente de bicicleta, por isso o casamento atrasou três meses. E o sofá novo, muito, muito caro, é feito apenas para duas pessoas. E as visitas precisam se sentar sempre em tapetes de feltro. Esse incômodo ato de sentar-se no chão, acho eu, é a única marca que denota que ninguém cresceu ainda.

No entanto, eu sei: como solteira, as pessoas envelhecem, mas não crescem. Faltam-nos ritos de iniciação, como casamento, parto e batismo – coisas que parecem tão adultas. Há mulheres solteiras que querem se atualizar e celebrar a si mesmas em algum momento. Como Carrie, em *Sex and the City,* que até entrega a uma amiga uma lista de presentes para sua autocelebração. Ideia inteligente e muito profunda. Afinal, só nós permanecemos conosco até o fim.

Celebrar é bom, mas ajuda apenas por pouco tempo, pois envelhecer ainda é especialmente trágico para mulheres. Porque nosso tempo está acabando. E isso antes mesmo de realmente expirarmos. Estamos ficando mais velhas, não melhores, e isso é muito rápido. Como Laurie Penny escreve: "Podemos dançar a noite toda, mas a meia-noite está chegando. Assim como a Cinderela, nosso tempo também está se esgotando. O tempo dos garotos nunca termina. Não se diz aos homens que seus melhores anos acabaram quando estão prontos para entender o que significa viver".[108]

Em vez disso, nós, mulheres, nos tornamos invisíveis, ficamos trágicas. Alguns anos atrás, eu cuidava de estagiárias em um departamento editorial. Todas as jovens pareciam notavelmente conservadoras para mim e minhas colegas. Quis verificar o quanto e comecei uma pequena pesquisa por escrito. Quando questionadas sobre a importância de se casar, uma jovem de 23 anos respondeu: "Sei que se casar não é mais tão importante. Mas se vejo uma pessoa de 40 anos que ainda não é casada, fico com dó".

Pânico? Agora!

Em 1986, a revista *Newsweek* trouxe um estudo sobre estatísticas de casamento: "É mais provável uma pessoa ser morta por um terrorista do que se casar com mais de quarenta anos". O artigo causou um enorme barulho. Mulheres com mais de quarenta anos obviamente haviam cruzado uma fronteira sem volta. Talvez fosse ainda mais suportável ser morta por um terrorista do que definhar na velhice.

Mas as estatísticas não estavam corretas. O estudo também não foi publicado no momento em que o artigo foi lançado. Outro estudo já publicado chegou a uma conclusão contrária, como Susan Faludi em *Backlash* mostra de forma impressionante. A chance de se casar com mais de quarenta anos não é de 1,3%, conforme propagado pelo artigo, mas de 17% a 23%. Vinte vezes mais alta. Alarmismo gratuito, mas algo sempre permanece pairando no ar.

As estatísticas causaram tanto barulho que conseguiram chegar à cultura popular. No filme *Sintonia do amor*, dois personagens conversam sobre isso: "Essas estatísticas não são verdadeiras!". "Sim, não são. Mas parecem".

Mulheres que "querem ter de tudo" apostariam suas fichas no número errado. Eram muito gananciosas, obcecadas com a carreira, mas, ao mesmo tempo, não se esforçavam o suficiente, do contrário já teriam "tudo" agora. Ou seja, um homem também. E filhos. Em *How do you like me now?*, Tori, a autora de sucesso de 32 anos, pensa em encerrar seu infeliz relacionamento: "Mas, mesmo que meu novo livro venda dez milhões de cópias, o fato de não haver um homem que me ame, que me engravide, é considerado um fracasso. 'O sucesso tem um preço alto, não é?', é o que todo mundo vai dizer. E nem adianta fingir por sequer um segundo que não é exatamente o que estão dizendo".

Para mulheres, ter tido sucesso ou fracasso, tragédia ou apenas sorte é fortemente ligado à idade. Mesmo que não tenham 30 ou 35 anos, há um momento em que nosso valor diminui, como o de um carro. A comediante Amy Schumer apresentou isso em uma esquete: ela caminha por uma paisagem idílica e conhece outras três mulheres que estão fazendo um piquenique: Tina Fey, Patricia Arquette e Julia Louis-Dreyfus. Todas são atrizes, atrizes famosas, todas se divertem, Amy é convidada para o piquenique e é um verdadeiro banquete: vinho branco, pão, toneladas de queijo, macarons e sorvete. O que há para comemorar? "Último dia para foder" de Louis-Dreyfus.

Na época da esquete, Louis-Dreyfus estava com cinquenta e poucos anos.

Como eu estou?

Linda tem sessenta anos. É muito ágil, magra e forte. Seu cabelo grisalho e cheio está preso a um coque. "Para mim, a idade nunca foi tão relevante. Quando jovem, eu já tinha muitos amigos mais velhos, e agora tenho muitos amigos muito jovens", diz ela. Seu ex-marido também era muito mais jovem. O relacionamento lhe deu muita energia vital, comemora Linda. Era maravilhoso se sentir cobiçada. Cobiçada fisicamente, mesmo na idade dela, diz Linda com um sorriso.

Falamos de beleza, de aparência. Como ela acha as rugas ridículas e como é irritante ter que fazer um pouco mais de exercício para não engordar. E então ela fala sobre uma consulta com o dentista. Linda tem um incisivo ligeiramente oblíquo, que deveria ser corrigido. O médico examinou sua boca e disse: "A senhora parece uma bruxa". Linda engole em seco quando me conta esse episódio.

Essa história poderia ser descartada como o comentário impossível de um médico impossível. Mas também é possível ver como a própria Linda a percebe, como uma facada em um de seus pontos mais vulneráveis, como um ataque à sua feminilidade. E justo no momento em que se sente vulnerável. Recém-divorciada de um homem mais jovem, com mais de sessenta anos. "Pareço uma bruxa, Gunda?", pergunta-me. Não, claro que não parece. O problema é que é muito fácil ver bruxas em mulheres como Linda. E somente porque são mais velhas.

Como mulher solteira, nossa aparência é nosso capital. Muitas vezes as pessoas apontam isso em nós: "Você está ótima, não entendo por que ninguém te quer". Obrigada por nada, sempre penso quando ouço essas frases. Deve ser meu caráter de merda. Mas tais sentenças só funcionam até nossa aparência ser tirada de nós. Enquanto ainda podemos nos sentir jovens. Mulheres como Linda não podem esperar misericórdia. "Ela parece uma bruxa." Uma bruxa, uma mulher solteira.

Na literatura, a representação negativa de mulheres idosas é referida como *vetula topos*. Aqui, a velha ("velha malvada") é uma alegoria para o nojo que deve ser evocado pela representação. Até o poeta romano Horácio usou esse "topos": mulheres velhas, nada atraentes e fétidas com tesão por homens jovens. Mas também é encontrado em Herder, Kant e Lessing. O estudioso literário Winfried Menninghaus descreveu essas representações da "mulher idosa como um mal máximo nojento". O corpo da velha torna-se uma obsessão misógina.[109] Também nas artes plásticas, nas quais, a partir do século XVI, a idade é simbolizada principalmente pela representação do corpo feminino nu. E assim, como mostrou a historiadora de arte Stefanie Knöll, não apenas o erotismo das mulheres é rompido de alguma maneira,[110] mas também a natureza da mulher é apontada. Afinal, esse motivo está ligado, por fim, ao que "naturalmente" distingue mulheres e homens. Lembremos que as mulheres são mais emoção, menos intelecto que os homens. E só porque as mulheres são mais sentimento, mais natureza que os homens, quando envelhecem são exatamente isso: natureza envelhecida, tecidos moles, terreno infértil. E só porque aos homens se atribuem a mente, o intelecto, a experiência essencial, são simplesmente mais: não envelhecem, amadurecem. O homem sobrevive e faz prosperar aquilo que importa. Os homens sobrevivem em dúvida, pelo menos metafisicamente, porque têm uma mente.

"Homens famosos são celebrados pela sociedade à medida que envelhecem", escreve Caitlin Moran, "são distintos e podem andar por aí como malditos feiticeiros. Mulheres da mesma idade têm maior probabilidade de parecer vinte anos mais jovens e precisam aparecer nos títulos das revistas: "Ah! Minhas roupas... elas simplesmente caíram!".[111] George Clooney parece "sexy" mesmo depois dos cinquenta, é apenas o belo maduro. Quando as mulheres envelhecem, não podem envelhecer. Precisam parecer que são realmente muito mais jovens. Como se a chegada do último dia para foder fosse iminente.

Para mulheres solteiras, a idade é mais ameaçadora. Porque as imagens que temos de mulheres mais velhas e solteiras são sinistras. Linda sabe disso: aconselharam sua mãe a usar apenas preto depois da morte do marido. Na época estava com 48 anos.

As mulheres envelhecem de maneira diferente dos homens. Envelhecem de maneira diferente porque seu envelhecimento é socialmente definido e avaliado de outra forma. É o duplo padrão de envelhecimento, como Susan Sontag já descrevera em um artigo homônimo. As mulheres definem-se por meio da juventude, e quando essa juventude se torna frágil, torna-se indigna de confiança e em seguida decai com a autoestima. Porque muitas coisas estão associadas à idade, como mostrou a jornalista Bascha Mika em seu livro *Mutprobe* [Prova de coragem]: nossa visibilidade, nosso valor de mercado, sucesso no mundo profissional, nossa sensualidade. Os homens ainda mantêm sua sensualidade na velhice. A virilidade é quase inquebrável, não há problemas com parceiras muito mais jovens. Faz um tempo que as mulheres também estão conseguindo parceiros mais jovens. Também parceiros muito mais jovens.

No entanto, essas mulheres são consideradas *cougars* ("pumas"), criaturas que vivem uma sexualidade iminente transgressora e só podem viver de maneira sancionada, desde que sua atratividade seja validade publicamente. Demi Moore, Heidi Klum, Brigitte Macron, Madonna. MILFs – "Mães que *eu* gostaria de comer": é o homem que ainda decide quem vai comer quem.

Mas as *cougars* também têm data de validade. Algum dia também não serão mais vistas. Basha Mika chama esse fenômeno de "capa erótica da invisibilidade" das mulheres. A psicóloga Eva Jaeggi descreve no livro de Mika o quanto esse sentimento pode acertar na mosca: "É particularmente doloroso não ter o olhar do outro. As mulheres sentem como se não estivessem mais ali, como se fossem pessoas não eróticas. E então surge nelas a sensação de que não vale a pena o esforço – o que significa: eu não valho a pena".[112]

Claro que não podemos abrir um processo contra o desejo erótico, nem bater os pés furiosamente até que ele chegue. Mas o desejo também não é uma questão completamente individual; mesmo o desejo é ofuscado por imagens, histórias, corpos, cheiros e formas que nos são transmitidos. E se, no contexto das mulheres, é principalmente a juventude que é desejável, isso é um problema social porque mostra – de novo! – que o reconhecimento é negado às mulheres. Inclusive o reconhecimento erótico. E, como consequência, essa falta de reconhecimento também está ligada ao *status* do relacionamento: "Se a mulher que está envelhecendo na sociedade não vale nada, se é rotulada como não erótica e não desejável, isso naturalmente influencia o comportamento de escolha dos homens", escreve Basha Mika.[113] A mulher, o objeto de *status*, perde valor na velhice.

Sarah me diz quais critérios de seleção seus amigos solteiros têm para encontros on-line: "Você não vai acreditar! Ele tem 42 anos e está procurando mulheres a partir de 22 anos. Eles estão procurando mulheres muito mais jovens, claro". Pouco depois da conversa com Sarah, estou sentada em um café, e, atrás de mim, um cara de quase 40 anos diz a seu amigo: "Se eu ainda estiver solteiro aos 45 anos, vou conseguir uma na casa dos 20 e ainda ter alguns filhos com ela". Dou uma rápida olhada ao redor e penso: "Vai fundo", mas, ao mesmo tempo, sei que a escolha funciona exatamente assim.

Mas os homens não têm "culpa", por assim dizer. Nós, mulheres, também garantimos que a idade se torne um momento negativo para nós: "Como as mulheres também adotam a visão convencional de tudo o que é feminino, incorporam essa visão à sua autoimagem e a tornam o padrão para outras mulheres".[114] Não há necessidade de um exemplo aqui. Todas conhecemos muito bem a guilhotina do nosso olhar interior.

Assim, quando uma mulher solteira envelhece, consegue ver também suas esperanças de uma parceria escorrendo pela ampulheta da vida. Porque as mulheres idosas não são desejáveis. Pelo contrário, são até mesmo risíveis. Grotescas, lamentáveis, mas também atrevidas e transgressoras. Pensar que alguém poderia achá-las atraentes ainda é o auge do ridículo.

Dizem que o antigo pintor Zêuxis morreu rindo quando uma senhora idosa pediu que ele a levasse como modelo para um retrato da deusa do amor Afrodite. Bem-feito para ele.

Renunciar à vida, então?

Outra insinuação que gostam de fazer às mulheres solteiras é que elas desperdiçaram sua juventude sozinhas. Seu frescor, sua sexualidade, sua capacidade de dar à luz. A menopausa é, nessa perspectiva, por assim dizer, o horizonte da vida. É possível ver isso em fotos de velhas solteironas e ouvir falar em conversas sobre mulheres solteiras mais velhas e a suposição de que já estariam completamente secas.

Um exemplo muito conciso disso pode ser encontrado no filme *Elizabeth*, de Shekah Shapur, estrelado por Cate Blanchett. O filme conta a história da rainha inglesa Elizabeth I – então precisamos viajar no tempo de novo, de volta ao século XVI.

Lá, a dinastia Tudor definia os reis. Henrique VIII foi rei por 38 anos. Quando morreu, havia se casado seis vezes. Divorciou-se de duas mulheres, mandou decapitar duas, uma morreu no parto, e a última conseguiu sobreviver a ele.

Notável vida conjugal. Mas o que Henry não conseguiu, apesar das seis mulheres, foi ser pai de um sucessor masculino. Seu único filho legítimo morreu jovem e, como sua filha mais velha morreu sem filhos, seu último rebento legítimo se tornou governante da Inglaterra em 1558. A Rainha da Inglaterra, Elizabeth I, *The Virgin Queen* [A rainha virgem]. Se quiser entender *single shaming* e *age shaming** no século XXI, encontrará bastante material ilustrativo na vida dessa rainha. *Single shaming avant la lettre*, por assim dizer.

Elizabeth recusou-se a se casar. Não faltaram admiradores e candidatos em potencial. Ela, como é sabido por suas cartas, estava apaixonada por um de seus cortesãos, mas um casamento com ele não se concretizou. A pressão sobre a jovem rainha deve ter sido enorme. A Inglaterra não estava firmemente estabelecida na política externa; um casamento com filhos de outra família real europeia poderia garantir a estabilidade da política externa e de segurança. E, claro,

---

* *Age shaming* ou etarismo é toda discriminação com base na idade avançada das pessoas. [N. T.]

garantir filhos também. Sua recusa em se casar era vista por seus contemporâneos como totalmente absurda. Elizabeth era a última Tudor, continuaria sem filhos, os Tudor morreriam como dinastia, a sucessão ao trono seria incerta. Mas ela não queria se casar.

Existem inúmeras representações contemporâneas e modernas da Rainha Virgem, nas quais exatamente esse aspecto de sua vida se torna um tema. Também fez isso de forma muito inteligente. Como virgem que se dedicava apenas a seus súditos, estar solteira influenciou sua iconografia.

Neste filme, a decisão de Elizabeth de se tornar uma Rainha Virgem é resumida em uma cena muito dramática. Ela pede que suas damas da corte horrorizadas cortem seus cabelos. Vemos mulheres chorando amargamente, cachos vermelhos caindo e o rosto petrificado de uma monarca. A peruca é colocada, a pele rosada do rosto é coberta com uma pasta branca. Com essa decisão radical, Elizabeth despede-se da vida, como o filme quer mostrar. Agora é rainha, assumindo seu papel. Sendo antes uma mulher sensual de rosto corado, sua entrada oficial na eterna vida de solteira como Rainha Virgem equivale à renúncia a todas as alegrias da vida. Renuncia à vida, à fertilidade e, ao mesmo tempo, contribui para sua solidão, cobrindo o rosto com a maquiagem branca. As mulheres não podem ter tudo. Isso foi real em todos os momentos, mais do que hoje. No entanto, nesse retrato histórico Elizabeth é um exemplo cativante do duplo padrão de envelhecimento.

Por quê? Porque essa representação cinematográfica é historicamente bastante distorcida. Por um lado, pelo que se sabe, Elizabeth teve vários relacionamentos íntimos com homens. Teve um relacionamento próximo com Robert Dudley até sua morte, 29 anos após sua coroação. Inúmeras cartas atestam isso. Por outro lado, a decisão de não se casar no século XVI, de não ter filhos, também pode ser vista de maneira bem diferente: uma mulher que opta por não se casar, portanto por não ter filhos, decidiu viver. A morte no parto era a principal *causa mortis* para mulheres em idade fértil. E quando Elizabeth decidiu-se contra o casamento, escolheu outra coisa. Ou seja, escolheu seu poder irrestrito como rainha, que ela não poderia ter exercido com um rei ou príncipe consorte. Até filhos poderiam ter neutralizado suas reivindicações de poder, como foi possível ver com sua rival Maria Stuart e seu filho, James. Mas, como o filme decide se concentrar na juventude e na beleza de Elizabeth, como mulher, ela é reduzida a apenas uma coisa: não tinha marido. Ou seja, ninguém para quem valeria a pena permanecer jovem. Ninguém em quem ela quisesse se amarrar. Ninguém para quem seu rosto jovem compensaria. E ela renuncia voluntariamente à juventude, abdica – simbolicamente funciona por meio da pintura de seu rosto corado e tão vivo. Então, ela é quase sem idade, mas também não é mais uma mulher exatamente, não é humana de verdade. Não há muitas oportunidades para as mulheres envelhecerem sem um homem e permanecerem de alguma forma "normais".[115]

E tenho que pensar na minha avó – a mulher mais querida do mundo, com as visões mais peculiares. Visões, no entanto, que eram muito típicas de sua geração. Quando eu era criança, uma mulher mais velha morava em nosso bairro e andava com roupas compridas e remendadas. Parecia ter feito um vestido com um cobertor de retalhos. Chegava até o chão, e ela sempre passava bem rápido e farfalhando por nós, crianças. Um dia, passou por mim, e minha avó sussurrou para mim: "Ela é divorciada. Desde então, ficou assim. Fique longe dela".

A-há. É assim que as mulheres ficam quando se divorciam e envelhecem sozinhas: estranhas. Senti um calafrio e voltei ao meu quarto para brincar de casamento da Barbie. Só para garantir.

Nossa vida tem um prazo?

"Ainda assim, as mulheres só se sentem totalmente vivas e existentes quando são percebidas pelos homens", escreve Bascha Mika.[116] As imagens das mulheres parcialmente sombreadas não apenas assombram a história cultural europeia, mas também existem na autopercepção de muitas mulheres. Novamente, o poder da imagem e da narrativa. As solteiras mais velhas são mais estigmatizadas que as mais jovens, como demonstram alguns estudos.[117] São percebidas como solitárias, infelizes. E, assim, as solteiras mais velhas às vezes se percebem assim também. Mas porque também elas são marginalizadas.

Edith tem mais de setenta anos e diz que essa marginalização a deprime. Ela tem esse sentimento e pode dar exemplos concretos. Algumas vezes não foi convidada para festas na casa de conhecidos, e até de seu irmão. "Ninguém quer causar problemas", diz ela. Não entendo direito, por que ela poderia causar problemas? "Bem, porque sou solteira. Provavelmente existe o medo de que eu possa dar em cima dos maridos."

E assim as mulheres solteiras mais velhas não apenas devem se sentir invisíveis, mas são quase banidas.

Para a maioria das solteiras mais velhas, estar solteira não é mais um estado de transição, mas, em algum momento, parece que é definitivo. Não me admira que quem nega às mulheres o erotismo e a vitalidade na velhice sufoca os anseios por uma parceria em seu âmago. Ser mulher, com todas as necessidades que acompanham, tem um prazo – qualquer um que não percebe isso faz papel de ridículo.

Silke tinha miomas no útero. Tiveram que ser removidos cirurgicamente. Seu ginecologista disse para retirar todo o órgão de uma vez, afinal, ela já estava quase na menopausa e também era solteira.

Silke recusou-se. "Ouvi falar de mulheres, minha tia, por exemplo, que tiveram problemas reais de bexiga. Não quero isso. Por que querem tirar isso de qualquer jeito? Ele também faz parte da minha feminilidade."

No hospital, a história continuou. O médico disse depois da cirurgia: "Bem, então, nada de engravidar em breve!", e riu. Silke não ligou. Manteve seu útero.

A remoção do útero, a chamada histerectomia, foi realizada durante muito tempo sem que houvesse doenças graves, explica a ginecologista Barbara Ehret-Wagener, do *Arbeitskreis Frauengesundheit* [Grupo de Trabalho de Saúde da Mulher]. Muitos úteros não diagnosticados ainda são removidos cirurgicamente. Sempre ouvimos que a retirada do útero, no fim das contas, previne o câncer. O que parece não ser muito comentado é que pode haver complicações – a retirada pode trazer problemas médicos de longo prazo, e o significado emocional do órgão desempenha um papel para a mulher. "Acredito que o útero não é muito respeitado entre os ginecologistas", diz Ehret-Wagener.[118]

É como se os corpos das mulheres não fossem nada além de mercadorias que acabam perdendo seu sentido. A menopausa é vista da mesma forma. Vera conta sobre sua irmã, que se casou com um homem dez anos mais novo. "Meu tio disse: 'E quando ela chegar ao climatério? Então, o marido dela vai querer fazer sexo, mas ela não vai mais querer. Isso não vai dar certo!'" *Isso não vai dar certo.* A suposição de que o desejo da mulher diminui com a menopausa é generalizada. E também errada. Embora a menopausa seja geralmente considerada por sua abundância de queixas físicas e emocionais, inclusive apatia sexual, uma equipe de pesquisa do Hospital Universitário de Dresden descobriu que apenas as ondas de calor são um fenômeno típico de alteração hormonal. "Segundo os resultados do estudo, uma interpretação geral desta fase da vida como patológica e uma atribuição prematura de sintomas não são sustentáveis", explica Kerstin Wediner, que liderou o estudo.[119]

Aliás, as mulheres também vivem até morrerem.

Gloria Steinem casou-se aos 66 anos. Recentemente, uma amiga me disse que sua avó havia conhecido alguém aos 79 anos. "E ela nem internet tem!" Rimos muito. O amor não tem prazo. Mesmo que seja uma questão de sorte.

"É realmente sorte, simples assim", diz Edith. Suas amigas acreditam que ela é muito exigente. Uma mulher que quer ser amada deve reduzir seus padrões. Essa é a expectativa cultural. Mas Edith nunca quis se contentar assim. Sempre quis um "belo relacionamento", como ela chama. Um relacionamento que também vá ao encontro de seus interesses. Não encontrou ninguém com quem isso pudesse se realizar. Ainda quer um relacionamento "que não desapareça", diz ela. Mas só sabe que é acaso, sorte. Uma questão da pessoa certa, na hora certa, na atmosfera certa. "Me pergunto se eu poderia ter deixado 'o cara' passar", diz ela, "mas de alguma forma não era ele".

Quem encontra o amor tem sorte. Não apenas tem sorte, mas também é privilegiada. Porque encontrar alguém também tem algo a ver com as possibilidades que a vida oferece. E a vida não oferece a todos as mesmas oportunidades. Frases tipo "Teria sido ele" pouco ajudam. Pois quem quer que tivesse sido "ele", foi embora. E "ele" é uma pessoa sobre quem podemos lamentar em retrospecto, ou seja, não é mais uma pessoa com quem é possível refazer uma parceria, mas é, agora, apenas uma imagem, algo que gostaríamos de ter. Uma idealização. Aliás, na Antiguidade, as *imagines* eram máscaras de cera usadas para exibir cadáveres no Fórum Romano. Essa imagem sempre me ajuda a entender o que é idealização

– só podem existir imperturbadas se o objeto que representam não estiver mais presente.

Velha, sozinha, fim

Eu tenho bronquite. Deito-me na cama e sinto o ar se espalhar com dificuldade em meus pulmões. Inspirar, expirar. Medo. Gostaria de saber quem vai estar por perto se eu tiver uma doença grave quando for uma mulher idosa. Quem vai me levar ao hospital? Quem vai me trazer chá na cama se eu não conseguir me levantar? Quem vai encomendar meus santinhos de luto?

E se já estiver na minha hora agora? Sinto meus pulmões. Imagino se devo escrever uma mensagem rapidamente para uma amiga e pedir que ela me ligue amanhã e, em caso de dúvida, mande alguém me ver. Quanto tempo eu passaria sem ser descoberta se alguma coisa acontecesse comigo? Normalmente a gente lê esse tipo de notícia apenas com pessoas realmente velhas.

Então, não digo nada e me afundo em minha tristeza em vez de abrir isso para minhas amigas, que teriam *realmente* me ajudado com prazer se eu tivesse algo a lhes dizer, mas eu não tenho, o que – de uma perspectiva dos amigos – também não foi muito legal da minha parte, pois, se eu morresse, certamente elas esperariam uma despedida adequada. Exatamente assim, como se eu já estivesse praticando para a solidão da velhice com trinta e poucos anos.

Esses medos não podem ser afastados de uma vez por todas. Elisa diz: "Eu imagino o que acontecerá comigo quando meus pais se forem. Quem gosta de pensar na velhice?". Provavelmente a maioria das pessoas faz isso apenas quando a idade chega. Edith tem 74 anos. Também não gosta de pensar nisso, mas realmente está pensando e me diz que vai mandar expedir um ato de disposição voluntária. Pois, quem vai cuidar dela quando precisar de cuidados? Ela cuidou do pai quando ele precisou. Mas o sobrinho dela também vai fazer isso por ela? "Não", diz Edith. Afinal, ele tem os pais dele. E será que dá para confiar nele se, por exemplo, ela tiver um derrame, for ao hospital, e os médicos perguntarem se ela deve ir para casa? Será que ele estará lá e dará a ela a oportunidade de, talvez, se recompor e manter um tanto de sua independência?

Quem é solteira e tem certa idade precisa cuidar dessas questões. Mas os idosos em relacionamentos também não são diferentes. As mulheres em geral são um pouco mais jovens que o cônjuge. E os homens morrem mais cedo. A probabilidade de sobreviver ao cônjuge como esposa é alta. E as crianças se afastam e nem sempre estão prontas para se envolver. Uma proteção contra a solidão no lar de idosos não é um relacionamento.

Sarah também pensa na vida na velhice, mas não está preocupada: "Todos os solteiros idosos que conheço parecem bem felizes. Não tenho medo. Afinal, tenho minhas sobrinhas e minha irmã". Ela quer dizer que vai ficar tudo bem.

Embora Edith prefira ter um "belo relacionamento", ela não está insatisfeita em estar solteira: "Minha vida é mais cansativa, mas também mais diversificada". É mais cansativo porque as solteiras precisam fazer tudo por conta própria. "Justamente como uma mulher da minha geração, consigo bater um prego na parede, mas para todo o resto preciso de um profissional." E existem muitas decisões na vida cotidiana. "Devo mandar pintar o banheiro de novo ou não? Há tantas questõezinhas que ninguém pode decidir por mim. É preciso ter bons amigos para ajudar."

É preciso ter bons amigos no dia a dia também. Às vezes, Edith só quer se livrar de pequenos aborrecimentos. Claro, coisas que alguém diria a um parceiro, mas que às vezes parecem ridículas demais para contar a outra pessoa. "Eu faço isso mesmo assim", ela diz, "mas sempre ligo para uma amiga diferente para que elas não achem que estou tantã."

Mas ser solteira também é ser mais diversificada, pois Edith desfruta a vida de várias maneiras. Ficou por bastante tempo no clube de tênis, canta no coral. "Tenho uma boa gordurinha", diz ela, referindo-se às amigas e à vida que construiu: "Às vezes penso, e se eu tivesse me casado, mas depois me divorciado. Então eu estaria velha e divorciada agora e, possivelmente, teria uma aposentadoria muito menor. Na verdade, ainda posso dizer que tiver sorte".

"Veja, é assim que eu imagino a gente", diz Evi enquanto corremos atrás de três velhinhas que estão manobrando andadores do outro lado da rua. Anne e eu sorrimos. Sim, é assim que imagino também. E então conversamos como será quando envelhecermos. Que penteados teremos na velhice. "Eu quero um cabelo curto", grito. "Evi vai ter cabelos brancos então. Até a bunda", diz Anne. E todas nos vemos sentadas juntas em um banco do parque e rindo com nossos copos de papelão.

Toda essa ideia é muito bonita. Não sabemos se vamos vivenciá-la juntas. Mas claro que podemos envelhecer de maneira diferente das nossas avós. "Afinal, temos smartphones", diz Anne, "e somos muito boas em manter contato. Podemos fazer isso melhor do que nossos pais, pense bem!" Sim, nosso aprendizado foi bem diferente. E sabemos como essas redes são importantes. Se existe uma coisa que conseguimos fazer é nos relacionarmos. Não necessariamente ter relacionamentos românticos, mas relacionamentos.

A série *Supergatas* já mostrou isso nos anos oitenta. Na velhice, as amizades podem florescer novamente de uma maneira diferente. Talvez justamente na velhice. Como mostra a imagem da "viúva engraçada", pela primeira vez uma figura positiva de uma mulher solteira mais velha. Por pior que pareça, para uma geração de mulheres para quem o divórcio não era uma opção, a morte do parceiro costumava ser um alívio. Uma libertação de um relacionamento insatisfatório, mas também uma liberação das restrições da posição de mulher. Ser bonita, comportar-se, cuidar de tudo. Minha bisavó teve oito filhos. Depois de viúva, com frequência ficava sozinha no parque por horas. Quando minha mãe perguntou se ela estava triste, a vovó Margaret disse: "Não, menina. Eu só gosto de ficar em paz".

Uma anedota muito semelhante, mas um pouco mais grosseira, vem de Silke. Ela fala sobre uma amiga de sua mãe, que, viúva aos oitenta anos, comentou sobre seu novo *status* de relacionamento: "Ninguém mais peida em mim na cama!".

A ativista dos direitos das mulheres Susan B. Anthony disse uma vez a um repórter: "Eu nunca encontrei o homem que fosse necessário para a minha felicidade. Sempre estive bem do jeito que estava". Mas muitas vezes nos faltam modelos como Susan B. Anthony. Modelos que mostram que as coisas funcionam mesmo sem um homem. Funcionam muito bem. Modelos que mostram que as mulheres levam uma vida plena, mesmo na velhice. Que são visíveis e fazem coisas que talvez até fossem impossíveis se estivessem com um homem.

Willa diz que, com a saída do filho de casa, percebeu que agora estava sozinha. E havia sido um longo caminho até voltar a ter consciência de seu valor ou, como ela diz, "fazer algo por mim". Mas então ela pôde fazer cada vez melhor. Recentemente, estava viajando sozinha pela Ásia: "Quando eu estava na Tailândia, com algumas garrafas de uma cerveja deliciosa, sentada por metade de uma noite na frente da minha barraca na selva, eu fiquei muito próxima de mim mesma. Lá estava o calor, a satisfação, o brilho interior". Ela estava tão próxima de si mesma.

Como mulher, a pessoa se torna invisível na velhice. Como uma mulher solteira ainda mais. O reconhecimento é roubado, a pudicícia seria oportuna. Por isso precisamos de histórias diferentes e outras imagens. Visibilidade e orgulho.

Willa enviou-me outra foto de suas férias na Ásia. Lá ela estava ao lado de um elefante no rio, radiante como ficam apenas pessoas que estão inebriadas de felicidade pela própria coragem. Levo essa foto comigo, em pensamento. Também carrego outras fotos. A imagem de Evi, Anne e eu na casa de repouso. E a da minha tia-avó Anneliese, que teve um casamento muito feliz, mas ficou viúva por trinta anos. Morreu pouco antes de completar 94 anos. No santinho de luto, é possível ver tia Anneliese um ano antes de seu falecimento. Está com uma taça de champanhe na mão e a ergue alegremente para a câmera.

rumo à liberdade

"Então, a liberdade é uma disciplina?
Mas claro, eu não saberia apontar nenhuma maior
e mais difícil."
Peter Härtling, Hölderlin

"I need no permission, did I mention?"
Beyoncé, "Single Ladies (Put A Ring On It)"

Qualquer coisa é melhor que ficar sozinha?

Florence e Chet querem se divorciar. A juíza chama o casal para uma conversa. Ela quer saber o que está por trás do divórcio. O que era bom no casamento, o que era ruim? Por fim, a juíza pergunta: "O que você esperava do casamento?". E Florence responde: "O que não recebi". "Por exemplo?" "Bem, eu sempre pensei que a única coisa que eu não ficaria era solitária."

Essa cena é de uma comédia de Hollywood com quase setenta anos de idade.[1] Mas essa cena não envelheceu, é ainda muito atual. E bem engraçada. Engraçada principalmente porque esse sentimento é bem familiar, não é? Quem já passou por uma separação involuntariamente faz um balanço. E logo se revela que o saldo de expectativas permanece desfalcado em alguns pontos. O que a pessoa esperava? Mais gentileza, mais atenção, mais sexo, mais idas a restaurantes, ideias mais surpreendentes? O que restou? Copos favoritos, uma aversão recém-descoberta por uma determinada banda, lembranças das férias mais bonitas de todos os tempos, lenços totalmente usados?

"O que você esperava do casamento?" "O que eu não recebi."

Esse diálogo é engraçado, mas também digno de nota. Porque fala muito da exaltação do amor que realizamos. Eu já descrevi esse fato: idealizamos o amor. Confiamos tudo para ele. Mas também esperamos algo dele. O amor como uma assinatura do plano de despreocupação completa: deve nos tornar completas, proteger nossa identidade, nos satisfazer, expandir nossa mente, aquecer-nos à noite e segurar nossa mão na velhice. Mas aquelas que acalentam tais expectativas esquecem que o amor é apenas um ser humano. Outro ser humano. E não traz apenas alegrias, mas também problemas.

Colocamos sobre a outra pessoa expectativas sobre-humanas, mas, faça-me o favor, ela não pode desmoronar embaixo desse pacote de expectativas. Queremos que nos façam felizes e queremos fazer o outro feliz. E com exclusividade. Às vezes funciona, às vezes não funciona: nem sempre conseguimos o que desejamos. Essas decepções ficam bem pronunciadas diante dos juízes do divórcio ou em qualquer outro lugar depois da terceira taça de Merlot.

Quem exalta o amor só pode fracassar. Com relação ao ser humano, mas também com relação ao próprio ideal. É possível se aproximar de um ideal, mas não se pode alcançá-lo, o que pode ser ilustrado de uma maneira muito prática: quando se anseia durante bastante tempo por um evento, raramente ele será tão surpreendente quanto se espera. Chamo isso de fenômeno da véspera de Ano-Novo. As festas, planejadas muito tempo antes, caras e elaboradas, em geral são muito ruins. Apesar de todo o esforço, apesar de toda a expectativa. Porém, quem consegue, de alguma forma, não esperar grandes coisas dela, tem uma boa chance de vivenciar uma noite memorável.

Theodor W. Adorno também descreveu esse fenômeno. Segundo o filósofo, existem sonhos que não se deixam realizar a contento. Quando se tornam realidade, a pessoa fica decepcionada. Até entediada: quase sempre se sente "enganada pela realização dos desejos frente ao conteúdo dos desejos, [...] como no conto de fadas, onde os três desejos do camponês são liberados, e no primeiro – creio eu – a esposa dele quer uma salsicha no nariz e precisa usar um segundo desejo para retirar a salsicha do nariz".[2]

De novo, é engraçado, não é? Acho essa imagem da salsicha no nariz bem adequada, porque não é apenas engraçada, mas também trágica e, por isso, resume bem a vida amorosa. Como isso pode acontecer: às vezes os desejos se esgotam, e a linguiça metafórica no nariz não pode ser removida. Mas, às vezes, há pessoas que preferem seguir pela vida com a salsicha no nariz em vez de admitir que talvez não fosse exatamente isso que queriam.

O que quero dizer: há muitas pessoas que estão em um relacionamento ruim em vez de não estar em relacionamento algum.

Se isso não for trágico...

O que seria se?

"Se eu terminasse, ficaria sozinha para sempre? Bom, ele odeia minhas roupas. [...] Mas e o amor?"[3] Lena Dunham é muito infeliz em seu relacionamento. Seu namorado tira sarro das coisas que são importantes para ela. Ele não dá a ela o que ela quer. Ela tentou de tudo, como descreve em sua autobiografia *Não sou uma dessas*: "Passamos fins de semana tortuosos tentando tomar um *brunch* juntos ou ir ao cinema, como pessoas que realmente se conhecem bem. Mas ele não achou meu pai engraçado o suficiente, e eu não entendi o que havia de tão legal em seu amigo Leo, o marionetista."[4] O que é relatado aqui de forma ácida parece engraçado, mas também é trágico, de novo. O relacionamento não a faz feliz, ela e o namorado não se dão bem, ainda que tentem. Ela percebe isso, mas, tragicamente, por medo, esse sentimento não é suficiente para o rompimento: "Eu ficaria sozinha para sempre?".

Seria tão ruim assim? Lena finalmente se separa. Mas há muitas mulheres que não conseguem fazê-lo ou que não o fazem com tanta rapidez e coerência. Para muitas, estar solteira é uma ideia tão ameaçadora que preferem se apegar a um estado que pelo menos lhes traga uma sensação de pertencimento. Ao menos aparentemente parece que há um casal em que um pertence ao outro. Qualquer um que esteja lá parece melhor do que a ideia de andar com as próprias pernas.

Mas não é o caso.

Ainda que seja algo difícil de descobrir. Quem já se libertou de um relacionamento infeliz saberá como é triste, amargo e, por assim dizer, uma merda esse processo. O preço da percepção de que nenhum relacionamento é realmente sempre melhor do que um relacionamento ruim são lágrimas. Essa percepção não é banal, muita gente permanece nesse tipo de relacionamento.

Nenhum relacionamento sobrevive por um longo tempo com fogos de artifício e uma lente mágica. Nenhum. Realmente nenhum! Nenhum relacionamento sobrevive sem crises. Nenhum! Mas não é isso que quero dizer quando falo sobre relacionamentos infelizes. Estou falando dos relacionamentos que trazem um tipo de insatisfação que apenas a solidão a dois consegue oferecer a uma pessoa. Uma solidão que repousa como um casaco pesado sobre os ombros e deixa a pessoa muito desesperada, pois a ideia de relacionamento era totalmente outra.

E depois há mais um tipo, pior que a solidão: relacionamentos marcados por um desequilíbrio de forças tão poderoso que a pessoa se desmantela quase visivelmente. Relacionamentos com pessoas que obviamente não estão interessadas em nosso bem, que todo o nosso círculo de amigos – se perguntássemos a ele – gritaria "Sai correndo!". E, em vez disso, persistimos até o fim. Talvez ele mude. Talvez nós precisemos mudar. Tudo melhor do que ficar sem ele.

Segundo a psicóloga Ursula Nuber, em casamentos infelizes, as mulheres têm três vezes mais chances de ficarem deprimidas do que os homens, e quase metade de todas as infelizes estão deprimidas.[5] Dizem que os distúrbios no relacionamento aumentam o risco de depressão em 30%. Relacionamentos podem ser o oposto do que desejamos.

E, no entanto, muitas vezes suportamos a solidão a dois ou relacionamentos infelizes, em vez das consequências. Existem muitas razões para isso. Tem algo a ver com *single shaming*, com a preocupação com o que as pessoas ao redor pensam, com a preocupação de não ser mais capaz de "conseguir" alguém, de ficar sozinha, de ser olhada de um jeito estranho, de ter de começar tudo de novo no circo dos encontros, com a preocupação de não ter tentado o suficiente, de não ter percebido que ele era mesmo "o cara certo", a preocupação de talvez nunca mais encontrar outra pessoa que esteja pronta para no mínimo estar "lá" de alguma forma. Tem a ver com a importância que damos ao relacionamento romântico. E tem a ver com a prontidão que as mulheres têm para sofrer.

Como a autora Heike-Melba Fendel descreve: "Ainda é crucial que ela: a) tenha um parceiro de qualquer jeito, b) o segure a todo custo e c) quem não tiver um, sofrer por isso e querer mudar essa situação o mais rápido possível. E para realizar essas três coisas, as mulheres engolem muitas coisas – inclusive aquelas que são duronas e bem-sucedidas na profissão. Posso administrar um grupo corporativo e ainda aguentar meu marido me traindo e me torturando todos os dias".[6]

Qualquer coisa é melhor que ficar sozinha?

Franzi fala de forma muito determinada quando abordo esse assunto com ela. "Eu estava em um relacionamento há um ano que não me deixava especialmente feliz. Mas sempre achei que precisava estar em um relacionamento", diz ela. "Mas aí notei como me sentia uma merda. Tentei, sabendo que não funcionaria. Perdi um ano e meio da minha vida para chegar a essa conclusão."

Sarah teve muitos encontros nos últimos anos e alguns relacionamentos curtos. "Eu sempre enganava a mim mesma e, nesse meio-tempo, me pergunto o que eu tinha na cabeça! Sempre aqueles caras de quem eu não gostava muito, mas por quem eu fazia tudo. 'Sarah, você passa aqui em casa?' 'Sim, claro!'", ela se imita em voz alta. "E eu sempre passava, o ouvia, era bacana, e então o camarada falava assim: 'Ah, sabe de uma coisa, não estou seguro, acho que preciso pensar melhor em tudo isso'. E então eu dizia imediatamente: 'Sim, claro. Sem problema. Mas vamos continuar amigos'." Sarah dá um tapa na própria testa e xinga. "Deixei que fizessem tanto isso comigo, embora eu soubesse que não era tão legal assim."

Vera também fala de suas últimas experiências em relacionamento, de meio-relacionamento e de "nem dá para chamar isso de relacionamento" e é muito enfática nesse ponto: "Meu limite de idiotice já se esgotou. Também deixei que fizessem tantas coisas comigo, e agora não entro mais nessa". A jornalista Sarah Ratchford descreve esse sentimento da seguinte forma: "As mulheres estão melhorando em reconhecer os "boys lixo" e estão dando cada vez menos importância para os encontros. Muitas mulheres heterossexuais cis que conheço até desistiram do sexo. Em vez disso, escolheram o modelo de vida 'dona de gatos e de um vibrador'. Na verdade, um dos modelos mais tristes. Mas há uma razão: é mais confiável que um homem".[7] No lugar de perder tempo com alguém, como Rebecca Traister descreveu tão bem como sendo principalmente "pênis e pulsação", não há dúvida de que estar solteira é melhor!

Às vezes, os caras são o problema. Mas é claro que pensar assim é míope demais. Para mulheres que permanecem com caras não confiáveis, elas mesmas são seu maior problema. E, no entanto, esse problema parece estruturalmente muito enraizado. Muitas vezes a pessoa não acredita, mas conhece as histórias: mulheres que se deixaram levar por coisas sobre as quais poderiam aconselhar cada uma das amigas a terminarem o relacionamento o mais rápido possível. Porque elas valem mais do que aquilo que lhes oferecem. Mas elas mesmas não enxergam o próprio valor. Existe uma falta de amor por si mesmas para tolerar tudo isso. Mas o desejo por um relacionamento é forte. A necessidade de ser reconhecida de alguma forma por um homem é forte. Como duas amigas conversando em um bar ao meu lado. "E então ele disse que não sentia tesão nas minhas calcinhas." "O quê?!? E o que você fez?" "Comprei calcinhas novas." "Sério? Eu teria dado três segundos para ele arrumar as tralhas dele e depois jogaria minha velha televisão de tubo pela janela na cabeça do cara."

Mas, infelizmente, existem muitas mulheres que não apontam a porta da rua quando são feridas. Aquelas que são autoconfiantes na vida cotidiana, capazes de reconhecer maus padrões de relacionamento com outras pessoas, mas fracassam consigo mesmas quando é com elas, como no caso de Bine.

"Eu era realmente muito mais jovem, mas ainda hoje fico chocada com tudo que permiti que fizessem comigo. Nosso relacionamento era difícil. Eu não conseguia agradá-lo. Sempre me perguntava por que ele ficava comigo, se eu não era o suficiente para ele. Ele achava a maioria dos meus amigos relaxados, minha faculdade chata e tirava sarro das minhas roupas. Estava sempre me desvalorizando. E sabe de uma coisa? Eu pensava que ele era ótimo de qualquer maneira. Então, certa vez, ele me pediu para regar as plantas em seu apartamento enquanto estava ausente a trabalho. Descobri uma carta manuscrita na mesa dele. Era a letra de uma mulher, logo percebi. Li a carta. Ela escreveu o quanto sentia falta dele, o quanto sentia falta de estar nos braços dele." Bine respira fundo. "Fiquei doente. Sentia frio e calor, estava quase apagando. Soube exatamente quando aquilo devia ter acontecido. Nós nos falávamos ao telefone o tempo todo. Mas sabe o que eu fiz?" Faço que não com a cabeça. "Nada. Deixei a carta de volta exatamente da mesma maneira. Reguei as plantas e não falei nada com ele. Hoje mal posso imaginar o porquê, mas por fim ele voltou para mim. E eu não queria pôr isso em risco. Apenas deixei que ele fizesse tudo isso comigo. Aguentei essa situação mais de um ano."

Edda pode contar uma história semelhante – uma história de aceitar tudo. A mulher de quarenta anos segura os antebraços com as mãos enquanto conta como ela queria se abraçar e depois se consolar por aquilo que passou. "Eu tinha trinta e poucos anos e estava com alguém que só é possível chamar de egomaníaco inconstante. Ele me tratava como uma porcaria qualquer, ao menos é o que eu enxergo em retrospecto. Na época, não percebia isso, porque queria tanto que ele ficasse na minha vida. Ele se separava de mim em intervalos regulares, sempre dizia que não era "suficiente" o que havia entre nós. Todas as vezes isso me deixava totalmente exausta e, mesmo assim, eu sempre me alegrava quando ele voltava. Ele podia fazer isso comigo, em algum momento quase já esperava isso de mim. Eu apenas aceitava tudo. E então quisemos ir morar juntos. Infelizmente, não sei por que pensei que seria uma boa ideia. De qualquer forma, quando o contrato de aluguel já tinha sido assinado, ele anunciou que não poderia morar comigo. E me deixou com as custas da caução." Edda toma um gole de água, e eu vejo nela que aquela história ainda vai continuar. "E então veio o melhor. Um mês depois, eu já estava em um apartamento novo, e tocaram a campainha à noite. Lá estava ele de novo sobre o capacho. Disse que sentia minha falta. E, então, ficou alguns dias. Fico irritada comigo até hoje por tê-lo deixado entrar. Bem, de alguma forma ficou claro naquele momento ele queria morar comigo no novo apartamento. Só então a corda estourou. Reuni todas as minhas forças e lhe disse: 'Chega', e nunca mais abri a porta para ele."

O principal é o relacionamento

O medo é um péssimo conselheiro e uma "cola" ainda pior. Eu também sei disso. Se eu não lembrasse exatamente, meu diário me ajudaria a recordar. Foi nele que eu escrevia a mesma coisa, dia após dia: "Acabou". Mas eu não me separava.

Eu estava em um relacionamento havia anos. Nós nos conhecemos em uma idade em que a maioria das pessoas, inclusive nós, começa a construir algo. Construir algo juntos, como A. sempre enfatizou. Ou seja, morar junto e aos poucos entremear, de forma lenta e firme, duas vidas diferentes até que estejam tão entrelaçadas que nem é possível mais saber como desatá-las. Ou se a relação ainda funciona.

Mas também não queríamos nos desamarrar, queríamos ficar juntos. Permanecer juntos. E em momentos de esperança, tomando sorvete, nas noites de verão no sul da França, até conversávamos sobre casamento e filhos e prometíamos manter aquilo tudo como um segredo entre nós, porque parecia precioso demais para ser anunciado ao mundo. Queríamos ficar juntos, mas não ficamos juntos. Em algum momento, nós dois não quisemos mais. Estávamos tão distantes um do outro como só duas pessoas que haviam prometido qualquer outra coisa muito diferente poderiam. Tentamos nos aproximar novamente. Também tentamos novamente quando já havia acabado muito tempo antes. Eu estava muito sozinha e com muita raiva, triste e enlouquecidamente desesperada. A. provavelmente sentia coisas bem semelhantes.

Durante a noite, antes de pegar no sono, eu ficava encarando a parede. E imaginava o que aconteceria se nos separássemos. Eu estava com pouco mais de trinta anos. Passei em revista pelos pensamentos todos os meus amigos do sexo masculino, conhecidos e colegas, e foi uma análise empírica suficiente para eu adivinhar: provavelmente ficarei solteira por muito tempo. Porque a maioria deles já está em relacionamentos sólidos. Em relacionamentos "sólidos", risos. Outros provavelmente pensavam a mesma coisa de nosso relacionamento. Eu tinha pensado isso de nosso relacionamento algumas vezes. Pensamento errado. E, naquele momento, eu tive medo de ficar sozinha depois do rompimento. Realmente assustada. Não fazia parte do projeto que eu havia feito para minha vida. E se eu não encontrasse alguém que respondesse comigo ao meu questionamento se eu deveria ou não querer um filho? E se eu não conhecesse alguém que me mostrasse que o amor é um pouco como nos filmes? E se eu não conhecesse ninguém que realmente se importasse comigo?

E, além disso: como M., que constantemente falava sobre seu amigo e me irritava tanto, reagiria? O que P. e B. diriam? Que elas imaginavam isso o tempo todo? O que as pessoas diriam? Sim, na verdade, foi nisso que pensei.

E eu também tinha medo de que A. fosse minha última chance em todos esses sonhos clássicos, meus sonhos de infância de casar-me, a segurança de ter alguém por perto e evitar ser a única solteira deixada de lado nas reuniões de família. E, noite após noite, eu fechava os olhos sem conseguir admitir, o que era muito óbvio, apesar de tudo: estar sozinha é melhor.

"Eu tenho padrões!"

"Um relacionamento é melhor que nenhum". Internalizamos tanto essa ideia de que não nos importamos mais com nossas necessidades reais. Um relacionamento é melhor que nenhum – dizem também aqueles que sempre culpam os solteiros por serem exigentes demais. Amigos, família, mas é possível ler isso na imprensa. Ou é possível deixar para lá de qualquer maneira, pois o número de artigos, sinceramente, é grande demais. Em vez disso, devemos ter em mente o que Sarah disse quando falei com ela: "Sei disso muito bem! Sempre dizem que sou exigente demais. Exigente demais! Se você está procurando alguém com quem compartilhar a vida, como pode ser muito exigente?! Não posso ir a um encontro com alguém só porque ele está disponível. Eu tenho padrões!".

Ir a um encontro com alguém só porque está disponível. Exatamente. Esse não é um ótimo motivo. "E o amor?" E novamente abordamos a questão de Lena Dunham. Por um lado, sugere-se que o amor é algo tão devastador em termos existenciais que precisamos definitivamente buscar o "cara certo" e depois nos render à paixão cega; por outro lado, de uma hora para outra, a questão é a própria escolha – ou seja, não é mais a flecha do Cupido, mas um ato de desespero. Imagino a seguinte imagem: quem, como solteira, está à deriva no Oceano Ártico e perdeu todos os botes salva-vidas não deve esperar que ainda haja uma boia flutuando, mas, em caso de urgência, se agarrará até a uma sacola plástica? Isso não adiantaria de nada! Não seja tão exigente!

Talvez não seja um ato de desespero, mas simplesmente uma admissão da razão. Em algum momento, o número de candidatos diminui, como vimos, e então os padrões precisam ser derrubados. Aí, todas as mulheres solteiras devem, por favor, se lembrar da rainha Vitória e do conselho para as filhas: feche os olhos e pense em algo bonito – não é possível que sejamos tão exigentes assim.

"Exigências altas demais! Imagine só", diz Vera quando me aproximo dela. "O que essa expressão diz sobre o relacionamento daqueles que dizem isso?" "E, além disso", ela acrescenta, "eu tenho padrões altos, claro. Mas isso eu tenho comigo mesma. Tirando o fato de que para mim não é uma escolha. Simplesmente não há ninguém. Eu poderia baixar meus padrões o quanto quisesse!" Ela não se aguenta e ri.

Relacionamentos ruins são realmente ruins

As mulheres costumam ouvir que relacionamentos são melhores. As mulheres sempre ouvem que não devem desistir tão rápido, mas tentar novamente. Porém, possivelmente falamos muito pouco do quanto relacionamentos ruins nos deixam infelizes.

Relacionamentos ruins deixam a gente infeliz. E nos prejudicam mais do que estar solteira jamais poderia.

Comecemos com a saúde. Em uma conferência organizada pela International Association for Relationship Research (Associação Internacional para Pesquisa de Relacionamento), foram apresentados resultados de estudos que demonstraram o seguinte: um relacionamento carregado de conflitos tem um impacto negativo na saúde.[8] "Muitos conflitos e brigas em um relacionamento fazem mal à saúde, como fumar e beber", explica Rosie Shrout, uma das pesquisadoras envolvidas. Mais estresse, inflamações e efeitos negativos no sistema imunológico podem ser o resultado. Um relacionamento não faz bem, apenas um *bom* relacionamento faz bem.

Outros estudos demonstram que relacionamentos infelizes prejudicam em caráter duradouro o bem-estar de uma pessoa. Por exemplo, o "Relatório Mundial de Felicidade", um relatório global de satisfação da vida das Nações Unidas, descreve: "As pessoas que estão em um casamento de qualidade ruim [autoexplicativo] são menos felizes que as solteiras". E continua: "Pesquisas britânicas, norte-americanas e alemãs mostram que uma pessoa que se divorcia, em média, fica mais feliz após o divórcio que nos três anos anteriores".

Não ter relacionamento algum é melhor que ter um relacionamento ruim.

É certo que o *lobby* do relacionamento entrará em cena agora, mas defendendo que um relacionamento feliz é definitivamente melhor que nenhum. "Quem é casado vive mais", "O casamento faz feliz", "O casamento: como prolongar a vida" – essas manchetes são produzidas de forma muito confiável. Quem se casa entra, então, em um relacionamento fixo a dois e permanente, faz para si mesmo uma coisa boa. Essa é a opinião predominante. E assim também demonstra o resultado de muitos estudos e pesquisas que foram feitos sobre o assunto. Nesses estudos, parece que se confirma de um jeito confiável que pessoas casadas têm pontos de felicidade de vantagem sobre todas as outras – divorciadas ou solteiras. A psicóloga social Bella DePaulo, no entanto, trabalhou com essas pesquisas e descobriu que não há como sustentar essa conclusão.[9]

Para entender como os intérpretes desses estudos argumentam, ela fez o seguinte experimento mental: uma equipe de cientistas está testando um novo medicamento para uma empresa farmacêutica que tornará as pessoas mais felizes e saudáveis. Vamos chamá-lo de Felizox. A droga é oferecida a diferentes participantes. Para fins de pesquisa, são divididos em quatro grupos. O primeiro grupo toma o medicamento ao longo do estudo inteiro; o segundo grupo – por qualquer motivo – decide não tomar o medicamento; o terceiro grupo começa tomando Felizox, mas decide – por qualquer motivo – pará-lo; e o quarto grupo começa a tomar Felizox, mas a ingestão cessa involuntariamente.

Todos os sujeitos devem responder à seguinte pergunta: "O quanto estão se sentindo felizes agora?" Quatro pontos significam "muito felizes", três pontos "até felizes", e dois pontos "não tão felizes". Acontece que o primeiro grupo é o mais feliz, conseguindo uma pontuação de 3,3, o segundo grupo de 3,2 e os outros dois de 2,9 cada. Os resultados parecem claros. O pessoal da indústria farmacêutica se alegra com isso, claro: a droga funciona. Quem o toma de forma duradoura é mais feliz.

Mas o problema com o resultado de um estudo, como DePaulo escreve, é que ele não atenta àqueles que pararam de tomar o medicamento. Porque o medicamento, obviamente, *não* fez com que ficassem mais felizes. Portanto, não é possível dizer que Felizox deixa as pessoas mais felizes. Quase metade dos que tomaram o medicamento voltaram a interromper sua ingestão!

No entanto, DePaulo vai um passo além. Ela escreve: "Suponha que você possa tomar o remédio. Você tem certeza de que vai continuar tomando e ninguém mais vai tirá-lo de você. Embora você não tenha base científica e controle, mas ainda acredita". Quem chegou ao primeiro grupo, tem um número de pontos de felicidade de 3,3 em comparação com aqueles que nunca o tomaram, com 3,2. "Estatisticamente, a pessoa está no melhor grupo. Mas, de forma realista, você diria que Felizox mudou sua vida?" Afinal, os dois grupos estão perto de serem "muito felizes".

Ainda assim, com certeza uma pequena diferença na felicidade de 0,1 ponto não pode ser descartada. Talvez o pessoal do Felizox estivesse mais feliz desde o início? Então, Felizox não os deixou mais felizes, elas já estavam felizes. Portanto, se alguém realmente quiser saber o que o Felizox faz com as pessoas, não se poderia permitir a escolha de tomar ou não. É preciso obrigar-se.

Conforme descrito por DePaulo, é fácil ver esse estudo hipotético como pouco válido cientificamente. Ainda assim, é de fato baseado em um verdadeiro estudo da satisfação das pessoas casadas. DePaulo acabou de simplesmente trocar o casamento pela droga Felizox.

Muitos estudos que lidam com o casamento funcionam da mesma forma. Aqueles que desejam entender seus resultados, diz DePaulo, devem primeiro ter uma coisa bem clara: "Com base nesses dados, não seria errado dizer que as pessoas casadas são, em média, mais felizes que aquelas que não estão casadas. Fica claro que a maior diferença está entre os casados e os ex-casados e que, em uma escala de quatro pontos, o grupo de solteiros difere apenas em um décimo dos atualmente casados".

E mesmo se descrevermos os dados dessa maneira, ainda não se poderia dizer sempre que o casamento deixa as pessoas mais felizes. Afinal, ele não foi melhor para quem se divorciou, segundo DePaulo.

Estudos sobre a satisfação com a vida dos cônjuges mostram regularmente que, no início, um casamento tem um efeito positivo no bem-estar. Mas esse pequeno soluço de felicidade desaparece após algum tempo, e as pessoas voltam a ficar na média novamente igual antes. Ou seja, um relacionamento traz felicidade. Por isso é possível dizer que ninguém deve esperar uma assinatura da felicidade no casamento. Quem for solteiro e estiver satisfeito pode permanecer assim sem ter medo de se deparar com a infelicidade.

No entanto, permanece uma constatação estável de tais estudos: "Se alguém comparar a insatisfação em todos os grupos, não há ninguém tão infeliz quanto os infelizes casados – nem os divorciados, nem os viúvos, nem os solteiros permanentes".[10] Um relacionamento ruim é pior que nenhum relacionamento.

Pessoas felizes são mais felizes do que pessoas menos felizes. Bons relacionamentos fazem você feliz. E beijar fortalece as defesas do corpo. Mas também há casais que fumam.

A recusa é o início da liberdade

Quando fui morar com A., tive um ataque de pânico por causa de um guarda-roupa. O guarda-roupa era a peça de mobiliário mais cara que eu já havia comprado. E agora ele estava em nosso apartamento, em nosso quarto, e parecia que ele estava para cair em cima de mim e me sufocar. E, se nos separássemos, para onde iria essa peça cara? Esse móvel monstruoso parecia selar uma obrigação de ficarmos juntos. Uma mensagem de "Construímos nossa relação sobre esse móvel".

"Ai, Gunda, isso não importa", disse A. "Você pode comprar um negócio desses de novo se nos separarmos." Agradeci pelas palavras tranquilizadoras. Mas também percebi que qualquer coisa pode unir as pessoas. Podem ser muitas coisas. O lindo apartamento que você não conseguirá pagar sozinha. O empréstimo do imóvel. O guarda-roupa idiota. Quem já foi morar com um parceiro e se separou dele sabe o que isso significa. Também são as comodidades do lar que uma vida a dois proporciona. Os móveis que vocês compartilham. O feriado que você planeja automaticamente para dois. O carro que não vale a pena ter sozinha.

Ou a família do parceiro por quem se desenvolveu amor. Um círculo de amigos. Uma vez eu tive um namorado que tinha um círculo maravilhoso de amigos. Ele também tinha uma família maravilhosa. E a família também tinha vizinhos maravilhosos, com quem eu me dava bem. Passei um verão na casa dos pais dele e aproveitei todos os dias. Sempre alguém passava lá para fazer um churrasco. Amava o terraço e a cor das paredes da sala de estar. Gostava de fazer parte dessa família. A mãe dele era diretora de escola e tinha um cartão de agradecimento de uma aluna pendurado em seu escritório. "Fico tão feliz de poder estar com a senhora." Eu me sentia assim também.

T. e eu terminamos nosso relacionamento um ano depois. Eu gostaria de ter dito adeus à sua família, ao seu círculo de amigos. Provavelmente não voltaria a vê-los, pois ele morava em outra cidade. Mas isso não aconteceu, passou.

Anos depois vejo fotos dele no Facebook. Férias na Itália com a família inteira. Quinze pessoas felizes em uma longa mesa em um terraço de pedra ao sol da tarde. A esposa e dois filhos. A irmã dele e seu marido. Os pais dele. Eu poderia estar sentada ali? Não sei, isso não importa. Mas quando vejo essas fotos, ainda sinto falta dessas pessoas. Um pouquinho.

Quem construiu algo tem receio de desmantelá-lo. Pois, após o rompimento, o vazio chega ameaçador. Nada que se mantenha.

O que vai acontecer? Apenas perguntas. Pouco antes de A. e eu nos separarmos, encontrei minha antiga professora da escola primária. Ela me perguntou como eu estava, falei breve e involuntariamente comecei a chorar. Ela tentou me consolar. Eu me esqueci do que ela disse exatamente, mas, como despedida, ela pegou no meu braço e disse: "Só tenha coragem, Gunda, só coragem".

"Só coragem" – é fácil de dizer e difícil de ter. Os relacionamentos terminam mais facilmente aos vinte, aos vinte e cinco. Mas, aos trinta anos, as coisas ficam complexas. Se ainda conseguíamos, aos vinte, acreditar que definitivamente apareceria outra pessoa, essa esperança é esmagada pelas estatísticas bem-conhecidas a partir dos trinta. Para quem tem medo disso, os incentivos ajudam apenas um pouco. Mas talvez ajude o experimento mental que Dolly Alderton descreve em seu livro *Tudo o que sei sobre o amor*: imagine que tudo que você precisa fazer para se separar é entrar em uma sala vazia e pressionar um botão vermelho lá. Não haveria drama, nem conversas, nem as perguntas de quem vai ficar com o quê. Apenas um botão. Você pressionaria? Aí está a resposta.

É importante ver que podemos ser felizes sozinhas. Que não vale a pena abrir mão de estar solteira para ter qualquer relacionamento. "Percebi que só ia a muitos encontros porque o cara parecia interessado. Mas esse não é um bom parâmetro". Sarah tem razão.

Jutta é casada há dois anos. "Olhei para Sebastian outro dia e me perguntei se eu realmente queria ficar com esse homem até a velhice", suspira ela. "Tudo bem, você pode se apaixonar de novo." Lucy, a amiga em cujo casamento eu fui observada de um jeito tão estranho, me conta sobre uma conhecida que estava grávida do segundo filho e confessou a ela que estava pensando no divórcio. Então, Lucy disse: "Haha, só no segundo filho? Comecei a pensar nisso na lua de mel".

Ser solteira pode ser ótimo. Ser solteira pode ser idiota. Existem relacionamentos muito felizes. Existem relacionamentos muito infelizes. E há muitas coisas no meio. No entanto, uma coisa é sempre verdadeira: estar em um relacionamento não diz nada sobre o estado de felicidade dos envolvidos. As solteiras não devem se deixar convencer de que qualquer coisa é melhor do que aquilo que elas têm.

Quem pensa que as solteiras estão definitivamente em uma posição inferior ignoram a solidão que pode afetar alguém em um relacionamento infeliz. Segundo o *Der liebe Augustin* [Querido Augustin]: "Solidão só é bela se você puder falar dela com alguém". Na verdade é o contrário: a solidão é pior, ela surge apenas a dois. Anton Chekhov aconselhou: "Se você tem medo da solidão, não se case".

Eu proponho outro conselho. A frase de Germaine Greer: "A recusa é o início da liberdade". É preciso saborear um pouco essa frase para lembrar o que ela significa aqui: não somos obrigadas a estar em um relacionamento. Não somos obrigadas a nos casar. Não somos obrigadas a ter filhos. Não somos obrigadas a suportar uma parceria que não nos faça felizes. Não somos obrigadas a ter encontros. Não somos obrigadas a esperar até que ele entre em contato. Não somos obrigadas a nada disso. Por trás desses muitos "não somos obrigadas", como vimos, há séculos de uma história bem diferente. É nossa nova liberdade de não sermos obrigadas.

Mas essa liberdade só é afirmada e desenvolvida quando nos tornamos seus defensores. Defensores de nossos limites, de nossos padrões. Quaisquer que sejam.

E se um relacionamento surgirá ou não. Preciso pensar em Sarah, que descreve com muita clareza do que se trata: "Não se contente com qualquer merda". Em outras palavras: dê valor para si, agora de verdade.

Que bom que temos umas às outras - as amizades

Eram 12h57 de um dia de outubro. Ainda me lembro disso porque fiquei olhando para a tela do celular quando desliguei após nossa ligação. "12h57" estava lá, pouco antes das 13h. Quase seis anos de relacionamento. E haviam acabado.

Fiquei infinitamente triste, infinitamente aliviada e triste. Corri para o meu quarto, voltei para o corredor, sentei-me à janela. E pensei: *Merda, C. tem ensaio.*

C., a amiga com quem eu queria discutir tudo naquele momento.

Então, deixei uma mensagem na caixa de mensagem e me sentei à janela de novo. Tudo o que eu precisava fazer agora era passar as próximas horas, após o ensaio C. entraria em contato imediatamente e tudo ficaria melhor.

E então C. finalmente ligou: "Gunda, estou indo!". Pouco tempo depois ela estava correndo na minha direção e me abraçando forte. "Vamos preparar algo para você comer primeiro. O que você quer?" Ela continuou falando comigo enquanto me puxava pelo supermercado: "Olha, linguine ou espaguete? Que macarrão você quer?" E eu respondi: "Cigarros". Então, ela ligou para Marc, e um pouco depois todos nós estávamos sentados na cozinha com ela, comendo macarrão, e eu falei, fumei e falei. Em algum momento me senti melhor, fui para casa, chorei novamente e pensei novamente em C.: "Se acontecer qualquer coisa, você me liga imediatamente. Promete?". "Prometo."

Relacionamentos, a sorte grande

Alguém consegue viver sem amigos? Pelo menos eu não consigo. Apenas algumas pessoas conseguem. Relacionamentos são a coisa mais importante da vida, relações familiares, amantes, filhos. E amigos. As amizades são um dos tópicos mais antigos da humanidade por um bom motivo, seja na filosofia ou na literatura. Amizades são um lugar onde as pessoas ficam. Quando não existem, as coisas podem ficar sombrias; cientistas sociais, psicólogos, políticos também sabem disso. Todas nós provavelmente sabemos disso. Pode ser muito ruim física e mentalmente não ter contatos sociais estáveis. Esses riscos agora são bem conhecidos. A solidão, o sentimento de quem deseja ter contato, mas não consegue, é semelhante aos riscos da obesidade.[11] Semelhante a alguns riscos que o cigarro ou muito pouco exercício trazem. A solidão é uma ameaça real, tão real que agora existe até uma ministra no Reino Unido que combate a solidão. Mais de 14% da população britânica sofre com ela.

O Harvard Women's Health Watch afirma: "Dezenas de estudos mostraram que pessoas que têm um relacionamento feliz com a família, amigos e com seu entorno são mais felizes, têm menos problemas de saúde e vivem mais".[12] Essas pessoas também têm menos problemas de saúde mental, como Emma Seppala, do Stanford Center for Compassion and Altruism, explica: "As pessoas que se sentem mais conectadas às outras têm menos medos e depressões. Além disso, estudos mostraram que também têm autoestima mais elevada, mais empatia pelos outros, são mais confiantes, cooperativas e, como consequência, outros também confiam mais neles".[13]

Não sei como me sentiria se não tivesse C. e Marc naquela época. E Jo e Paul e Andi. Amigos mesmo.

Desde que me separei de A., meu círculo de amigos cresceu. Expandiu-se e se aprofundou. A cientista social Bella DePaulo mostrou que os solteiros costumam estar mais conectados com a família, amigos, vizinhos e colegas. Ser solteira não tem ontologicamente nada a ver com a solidão. A maioria das solteiras que conheço são socialmente muito bem conectadas. Bem conectadas e muito ativas. Não é incomum casais ouvirem exatamente o oposto. Uma amiga me conta sobre um amigo que agora tem uma companheira. Ela diz: "Desde então, ficam curtindo a 'morte a dois' no sofá". Ser um casal pode ser se isolar a dois. Desde que fiquei solteira, me tornei uma amiga muito melhor. E não importa o que mais aconteça: eu quero continuar sendo uma amiga melhor.

As solteiras não precisam ser solitárias, pelo contrário. Mas isso realmente não importa para muitas. Elas ainda se perguntam secretamente: só as amizades podem realmente fazer alguém feliz? Não são elas substitutas e tapa-buracos do que realmente importa nos relacionamentos interpessoais: um relacionamento romântico?

Com essas perguntas, essas insinuações veladas, por vezes, Vera se sente com frequência exposta: "Como solteira, é necessário fazer um trabalho de convencimento de que se está feliz e satisfeita. Ninguém acredita nisso. Ninguém diz em uma roda: 'Nossa, Vera, legal tudo o que você faz, as coisas estão indo tão bem'. Provavelmente todos pensam que estou distraindo minha solidão com o que faço. A coitada que tem que fugir todo fim de semana agora. Eu adoro estar fora de casa! Fico muito feliz por ter meus amigos. Não tenho ninguém em casa para falar comigo sobre meu trabalho, então saio, mas não significa que fico deprimida em casa".

Não significa mesmo. Significa apenas que Vera consegue o que precisa com seus amigos. Precisamos de pessoas para falarmos sobre trabalho. Sobre a vida cotidiana. Bobagens. O que a vendedora da padaria disse de engraçado e como um cara na academia sempre geme alto no *leg press*. E sempre no *leg press*. Precisamos de pessoas com quem também possamos compartilhar intimidades. Pessoas mais íntimas. Trocar ideias, testar pensamentos. Pessoas a quem confiamos coisas que não articularíamos em um relacionamento a dois. Porque são vergonhosos, porque não queremos magoar o outro. Amigos são essas pessoas, e trazem felicidade, mas simplesmente não são colocados em um pedestal, ao contrário dos relacionamentos a dois. Não têm corações cor-de-rosa, fogos de artifício, buquês de noiva e benefícios fiscais. "Todo mundo precisa de amigos, mas nossa cultura não os vê como centrais para uma vida feliz. Não há músicas de amor na rádio destinadas à amizade. Não há cerimônias públicas para amigos. Ninguém pergunta como está indo uma amizade. Ninguém pergunta se a amizade será 'séria'", escreve Sasha Cagen em *Quirkyalone – Só singular*.[14]

Devemos mudar isso. Quero mostrar como as amizades são fundamentais para nossa vida – também e especialmente para mulheres solteiras. Jill Filipovic escreve em *The H-Spot* [O ponto H] sobre amizades entre mulheres: "Elas têm mais efeitos na saúde e na felicidade do que praticamente qualquer outra coisa na vida de uma mulher e podem causar dores tão fortes quanto a cardíaca".[15] Sim, elas podem. Qualquer pessoa solteira consegue imaginar que é incapaz de se relacionar. Mas todo amigo e amiga que você tem é a contraprova viva disso.

A autora Dolly Alderton descreve uma conversa que teve com sua melhor amiga quando se queixou de que ela não fazia a menor ideia de como eram relacionamentos de longo prazo:

"'Mas você consegue ter amor de longo prazo. Pode fazer isso melhor do que qualquer um que eu conheça.'

'Como assim? Meu relacionamento mais longo durou dois anos, e acabou quando eu tinha 24 anos.'

'Estou falando de você e de mim.'"[16]

Amizades femininas

Uma historinha: minha amiga Jacqui e eu fomos convidadas para o casamento de uma ex-colega de classe. Reservamos um quarto de hotel juntas. Na festa de despedida de solteira, a noiva nos disse: "Quando minha mãe viu a lista do hotel, ela me perguntou na hora: 'Elas viraram lésbicas agora?'".

Não foi legal, como se isso nos desvalorizasse. Como mulheres solteiras. Como "apenas" amigas. E ao mesmo tempo desvaloriza as lésbicas. provavelmente bastante inconsciente, mas não melhor que a outra ideia.

Essas historinhas são como pequenos soluços discursivos de tempos passados, que mostram como imagens obsoletas ainda podem funcionar de maneira perene. Porque o retrato da amizade das mulheres nem sempre foi tão positivo quanto em *Sexy and the City*, *Friends*, *Gilmore Girls* ou *Orange is the New Black*. Já foi muito mais negativa. A autora Rebecca Traister mostra em seu livro *All the Single Ladies* [Todas solteiras] como a imagem da amizade das mulheres mudou nos últimos 150 anos. Como foram modelados por fotos de amigas inocentes e inofensivas e depois mudaram, e as amizades entre mulheres tinham a reputação de esconder "lésbicas" sexualmente duvidosas. Finalmente, essas imagens culminaram em uma noção de amizade entre mulheres que não pode mais ser levada a sério. Porque é ao mesmo tempo frágil e ameaçada. Porque o laço que une amigas pode ser desfeito por um homem em pouco tempo. Pela luta por um homem. Por ciúmes e ressentimentos. Era amiga, vira vaca. Nessa ideia, as mulheres não são capazes de fazer amizades duradouras, porque, na dúvida, elas sempre correm atrás do homem e deixam a amiga na mão. Ou, literalmente, arrancam o cabelo uma da outra: "Brigas de gato", mulheres que viram gatos arfantes arranhando os olhos uma da outra. Claro que melhor se estiverem seminuas, pois assim os homens têm algo para observar. Mulheres mal-intencionadas como em *Dinastia*, *Melrose* e *Girls*. Amizade entre mulher? Somente o amor importa.

Mas também conhecemos essas histórias por nossa experiência: "Esses estereótipos de mulheres sorrateiras nem sempre foram distantes da realidade: estruturas de poder sempre foram construídas, pelo menos em parte, com a energia de pessoas impotentes que se espreitam mutuamente para encontrar uma possibilidade de melhoria", explica Rebecca Traister.[17] Como já dito: nunca somos completamente inocentes.

Mas há razões para isso também.

Talvez não seja por acaso que a desvalorização da amizade entre mulheres historicamente se correlaciona com a carga romântica de relacionamentos a dois. Afinal, a relação homem-mulher como um projeto de toda a sociedade vem com um direito de preferência. Lembremos: o relacionamento a dois tem uma função, a sociedade industrial depende da distribuição de papéis dentro da família nuclear. No contexto desse desenvolvimento, é possível entender o romance como – talvez não muito coerente, mas ainda assim apropriado – um lubrificante, com o qual o relacionamento a dois funcione melhor. As mulheres não devem confiar em outras mulheres, mas nos homens. Confiar e se envolver com eles. E, como um meio de atração, não acenam apenas com o amor, mas também com o pacote despreocupação integral. Alguém que estará sempre lá para ele, intimidade, conversas interessantes, desenvolvimento pessoal, cuidado, alegria, paixão. Todas essas coisas podem ser mais bem distribuídas entre várias pessoas? É pedir demais tudo isso – e de forma permanente – de uma pessoa? Isso é eliminado na homenagem ao amor exclusivo, não cabe nessa imagem.

Kayleen Schaefer escreve em seu livro sobre amizades femininas: "Priorizar amizades pode ser difícil, porque a sociedade sugere que as mulheres não estão no mesmo nível de outros relacionamentos, como os de nossos parceiros românticos, nossos filhos ou mesmo nossos empregos".[18] Schaefer mostra em quais histórias essa priorização ainda se mostra hoje. Nas comédias românticas, por exemplo: "A protagonista de uma comédia romântica geralmente tinha uma melhor amiga, mas, diferentemente das melhores amigas da vida real, elas sempre e exclusivamente falavam sobre o cara pelo qual a protagonista está apaixonada. A melhor amiga se ocupava apenas em ouvir a protagonista".[19] E, no final do filme, a protagonista fica com o cara. E a melhor amiga geralmente desaparece da trama. Sobre filmes como *Sintonia do amor*, *Vestida para casar*, *O casamento dos meus sonhos* e *Uma linda mulher*, Schaefer escreve: "Foi uma vitória da melhor amiga, mas nenhuma vitória para as amizades femininas. Nossas melhores amigas, quando se trata de Hollywood, estavam lá apenas para nos ajudar na busca pelo amor e depois desapareceram".[20]

Amizades, mas não para sempre

Foi realmente há muito tempo. C. conheceu um amigo que não fazia contato com uma amiga em comum há muito tempo. "O que está acontecendo? Vocês eram tão amigas", disse C. "As coisas mudam", disse S.

Na época, C. me disse, horrorizada: "Mas não precisa ser assim, não é?", perguntou ela. Ela achou que era uma desculpa esfarrapada. Muitas vezes falamos sobre essa frase. Por que amizades se perdiam? Como garantir que as coisas não mudem? E, em algum momento, as coisas mudaram conosco.

Amizades também podem acabar. Com C. e eu, mal-entendidos haviam se acumulado. Tínhamos combinado uma discussão à beira do lago Weiher, onde então minha raiva e minha incompreensão irromperam em algum momento e eu só conseguia chorar: "Mas você sabe o quanto é importante para mim". Eu não queria imaginar perder aquela mulher. Nós nos abraçamos, mas, de alguma forma, estávamos feridas desde então. Depois me mudei para outra cidade e paramos de nos falar ao telefone, somente trocando e-mails. Achei demais a expectativa dela, meu compromisso pouco demais. Em algum momento, vinham apenas "Feliz aniversário" e um cartão de Natal. E, então, nem mais isso.

Eu me pergunto às vezes se quero reencontrar meu ex-namorado. Como seria nos sentarmos juntos em um café, sobre o que conversaríamos? Os últimos anos, o trabalho, a família? Não tenho medo de trombar com A., mas não sei mais o que temos a dizer um ao outro. Por outro lado, tenho medo de encontrar C. Sei do que falaríamos. Eu tenho muito a lhe dizer.

As amizades não são para sempre e nem sempre são estáveis e estabilizadoras demais. Às vezes acaba. É como em qualquer relacionamento: às vezes você fica com raiva, às vezes fica machucada e magoada. Às vezes se sente explorada. Às vezes o outro irrita.

Mas, como outros relacionamentos, as amizades também nos deixam muito mais estáveis. Os amigos nos acolhem quando acontecem coisas que nos deixam boquiabertas. Acolhem-nos quando a estúpida vida cotidiana cai em cima de uma pessoa como uma estante de livros empoeirada. Ou se não temos certeza se alguém gosta de nós. Pois, em caso de dúvida, isso só pode ser respondido por alguém que certamente gosta de nós. Uma boa amiga, um bom amigo.

Amigos são como guias da vida: "Como foi a reunião? Como foi seu fim de semana? Já foi à festa? Viu o jogo de futebol? Eu penso em você. Pena que você não estava lá. Estou aqui, viu?".

Como solteira, a pessoa depende de amigos, mas não como um relacionamento de casal. Lena conta como recentemente um pequeno pássaro se perdeu em seu apartamento e ela só pôde gritar e chorar porque não suporta animais pequenos e desesperados, e sua amiga Laura a conduziu pacientemente pelas etapas de resgate necessárias ao telefone. Os amigos são responsáveis pelos "trabalhos" que seriam esperados de um parceiro. Quando me mudei para Munique, Paul conduziu a van da mudança. Quando me mudei para Berlim e fiquei atarantada por não saber onde pendurar minhas fotos, Sandy veio em meu socorro. Desde que A. não está mais na minha vida, aprendi a consertar pneus de bicicleta. Então, se você tem um pneu murcho, pode entrar em contato comigo.

A maioria dos meus amigos mais próximos vive em outras cidades. Temos um relacionamento à distância na maioria das vezes. Mas nós conseguimos fazer isso muito bem: se vivencio alguma coisa engraçada, fico pensando enquanto acontece como eu contaria a Anne. Reservo uma passagem de trem para Colônia e escrevo para Astrid:

"O que você vai fazer na sexta-feira?". O dia em que Marc finalmente conseguiu um smartphone funcional foi um dia feliz.

O podcast *Call your Girlfriend* também mostra esse relacionamento. Ann e Amina são melhores amigas, mas vivem a uma curta distância espacial. Falam ao telefone sobre a vida. Nós conseguimos ouvi-las nessa vida. E também falam sobre o que fazem em sua amizade que não vivenciaram em um relacionamento amoroso. Como Ann diz sobre Amina: "Com essa amizade, encontrei o que não recebi nos relacionamentos com homens: uma pessoa que queria que eu melhorasse sem ficar constantemente decepcionada comigo".[21]

Amigos e o que eles pensam de nós

Amigos são as pessoas que nos aceitam como somos. Eles nos escolheram. Não havia hormônios, sexo quente, relógio biológico tiquetaqueando e nenhum *single shaming* para atrapalhar. Claro que as circunstâncias nos uniram. E se eu tivesse crescido em outro lugar, tivesse ido para a universidade, morado em outro lugar, provavelmente teria outros amigos. No entanto, escolhemos nossos amigos muito mais do que aqueles por quem nos apaixonamos. Por isso os amigos estão do nosso lado, o que também os torna tão valiosos.

Mas com amigos íntimos também compartilhamos um passado. Vivemos coisas juntos que nos unem. Tanto boas quanto ruins. Temos lembranças que surgiram apenas porque eles existiam.

Por que gostamos tanto deles? Por conta desse passado, mas também por eles mesmos. À primeira vista, soa como uma resposta bastante insatisfatória. Como uma resposta embaraçosa quando não conseguimos pensar em um elogio melhor. O cientista cultural Alexander Nehamas explica em *On Friendship* [Sobre a amizade] por que essa não é uma resposta insatisfatória. E o que significa gostar de amigos "por eles mesmos" e o que significa gostarem da gente "por nós mesmos". Porque tem a ver com o cerne da amizade. Tem a ver com a forma como nos vemos. Como queremos nos ver.

O que amamos nos amigos é nosso eu. E o eu que podemos nos tornar, no futuro, precisamente por causa dessa amizade: "O que qualquer um de nós pode se tornar no futuro ainda não está claro no presente. E esse apego a um futuro desconhecido, que não pode ser descrito, é o que qualquer tentativa de amar alguém nos faz perder".[22] Podemos fazer uma lista de mil razões para o que amamos em uma amiga e o que há de tão especial nela. Mas o que não podemos dizer é o que ainda não aconteceu: o futuro, o futuro em comum. O desejo de cumprir o que não foi dito é o que nos une às pessoas. O desejo de vivenciar um futuro comum, pois esse futuro também nos dá a oportunidade de nos desenvolvermos mais. Os relacionamentos nos dão um espaço para essa esperança. Por tudo o que não foi dito daquilo que esperamos que ainda possa ser. Como podemos ser quando somos valorizados por nós mesmos.

Vamos tornar essa questão concreta com outra historinha: certa vez fiquei tão apaixonada por um estudante de cinema mal-humorado que secretamente passei horas assistindo a filmes de seu diretor francês favorito e até pedi ensaios sobre Jean-Luc Godard na biblioteca da universidade apenas para dar a impressão de uma pessoa interessante diante desse cara – embora não goste nada de filmes de Godard. Claro que não ajudou muito. Com mau humor, as coisas continuaram por um tempo, mas ele deixou claro repetidas vezes que eu não atendia bem aos requisitos dele. Você pode imaginar como foi um relacionamento ótimo.

Nenhum dos meus amigos me trouxe a sensação de que eu não bastava.

Falando em "eu": deduzimos nosso valor por meio de relacionamentos. Ele nos é atribuído, torna-se palpável na união, na troca, nas reações a nós. Na preocupação que as pessoas ao nosso redor têm. Na diversão que vivenciamos juntos. E naquilo que são nossos amigos. Nossos amigos nos definem. Não são coincidência; a partir de uma idade, não mais.

Algum tempo atrás, eu tinha acabado de começar em um novo emprego e fiquei preocupada com a maneira como eu afetava as pessoas. Quem eu era? Eu era boa? Boa o suficiente? Sentia-me pouco reconhecida. Mas então pensei: Ah, mas há pessoas incríveis que também gostam de mim. Então, talvez eu seja. Os amigos podem nos dar mais segurança do que qualquer banho de espuma. Que qualquer cara mal-humorado. Eles mostram que somos suficientes.

E gostaria de lembrar Helena e Hermia, as duas mulheres de *Sonho de uma noite de verão*, de Shakespeare, as duas mulheres que correram atrás de dois caras e quase voaram uma na garganta da outra... Helena e Hermia eram realmente melhores amigas, como Helena descreve: "Então, crescemos juntas, como uma cereja dupla,/Separadas na aparência, mas, na separação, uma só; / Duas frutinhas doces, uma haste retirada / Na aparência dois corpos, mas um só coração".[23] Dois corpos, mas um só coração. As pessoas ficam imaginando o que teria acontecido se elas tivessem deixado os dois rapazes irem sozinhos floresta adentro.

Nada é melhor

O romance de Hanya Yanagihara, *Uma vida pequena,* conta a história de uma amizade íntima entre homens. Jude diz: "Por que a amizade não era tão boa quanto um relacionamento? Por que não era ainda melhor? Eram duas pessoas que permaneciam juntas, dia após dia, não unidas por sexo ou atração física, dinheiro ou filhos ou propriedades, mas apenas pela decisão comum de continuar seu compromisso mútuo em manter uma conexão que nunca poderia ser codificada".[24]

Um relacionamento romântico é considerado o melhor de um relacionamento. Rebecca Traister faz uma pergunta muito boa: "Quais critérios aplicamos a uma parceria 'verdadeira'? Duas pessoas precisam fazer sexo regularmente e se sentir fisicamente atraídas uma pela outra para serem consideradas um casal? Elas precisam se satisfazer sexualmente com regularidade? Serem fiéis? De acordo com esses critérios, muitos casamentos heterossexuais nem sequer contam".[25]

Não quero confrontar formas de relacionamento. Não quero estabelecer uma hierarquia. Mas quero enfatizar que as amizades valem infinitamente. E que muitas vezes não reconhecemos isso, porque nossa imagem do relacionamento romântico lança sombras cintilantes muito grandes sobre todo o resto. O relacionamento romântico é sobrecarregado. Nesse meio-tempo não deve não apenas oferecer amor, mas também a melhor amizade. "Quando alguém fala que vai se casar com o melhor amigo, eu vomito", escreve Holly Bourne em seu romance. Não basta que o ideal do relacionamento de duas pessoas no pedestal hiper-romântico da perfeição metafísica despreze a nós, infelizes solteiras, ele agora também reclama a "melhor" amizade para si mesmo. Ele simplesmente consegue tudo que quer. Mas se ele não consegue fazer tanto, são amigos que estão lá por nós.

E, nesse caso, as amizades também pedem coisas que costumam ser reservadas ao relacionamento romântico. Também são bastante românticas. Íntimas, cheias de preocupação pelo outro: "Essas amizades são marcadas por todas as características dos relacionamentos românticos, mas são apenas platônicas. São histórias de amor com jantares inesquecíveis e muitas garantias de que a pessoa vai se sentir maravilhosa", escreve Kayleen Schaefer.[26]

Casais têm histórias introdutórias. Amigas também. Anne e eu ainda rimos de nossa primeira mensagem no Facebook hoje. Que encerramos com "Grande abraço", o que para nós hoje é inconcebível.

"Talvez pudéssemos ser nossas próprias almas gêmeas?", perguntou Charlotte em *Sex and the City*, quando Carrie está triste com o fato de ser solteira. A autora Caroline Donofrio escreve: "Meus amigos são o marido que eu pensava ter naquela época".[27] Na série *Grey's Anatomy*, as duas médicas, Christina e Meredith, são apresentadas como melhores amigas. Christina diz a Meredith que ela precisa dar o nome de uma pessoa como contato de emergência na clínica: "Você é minha pessoa".

Você é minha pessoa... É realmente difícil superestimar as amizades.

O que também é importante: sexo

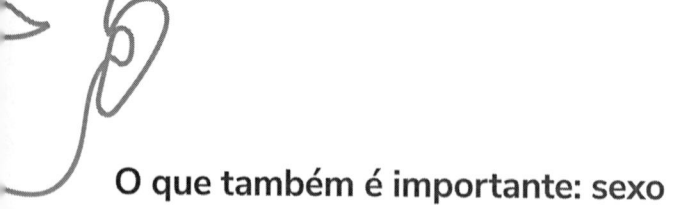

"Então, ele me diz assim: 'Bine, gire os ombros para trás', e então, ai, espera…", ela olha rapidamente para a esquerda e para a direita e senta-se de uma vez no chão, "… então eu me sentei sobre ele assim, sua mão esquerda aqui", Bine toca seu pé, "a direita aqui", Bine toca o seio, "e, então". A porta do bar abre-se ao nosso lado, e Bine recua num estalo para perto de mim. Ela sorri. "Bem, já dá para você ter uma ideia. De qualquer forma, nunca tentei tantas posições. Que loucura! Pena que foi apenas uma noite."

Fico feliz por Bine. Estamos em uma noite quente de abril diante de um bar de esquina em Munique e conversamos sobre sexo. O sexo que ela teve alguns dias atrás. E só consigo pensar em Laurie Penny, que certa vez escreveu que falar sobre sexo é mais importante do que fazer sexo.

Não deveríamos subestimar o que o prazer pode fazer conosco. Não deveríamos subestimar o quanto as necessidades sexuais podem ser importantes. E isso também significa saber que o mesmo vale para mulheres solteiras.

Quem fala com solteiros sobre sexo e suas necessidades, portanto, ouve muitas histórias, histórias de sexo. E do sexo que as pessoas gostariam de ter. De uma noite só, casinhos, sexo com o ex e amizade colorida. De masturbação, brinquedos sexuais e fases insatisfatórias que duram tanto tempo que a pessoa até esquece o que falta.

O fato de as mulheres solteiras poderem fazer sexo, até mesmo falar sobre ele em lugares públicos, de existirem livros e séries sobre a questão parece óbvio para nós, e esse é um dos eventos mais revolucionários dos últimos cem anos. Mas fazer sexo e falar sobre sexo são duas coisas diferentes. Afinal, sexo não se trata apenas de posturas, humores, oportunidades. Trata sempre de histórias e história, pré-histórias e pós-histórias e coisas não ditas no meio do ato, e trata do ser mulher. De gênero, nossos órgãos genitais. Para mulheres solteiras, isso tem uma relevância especial; às mulheres solteiras – mulheres não casadas – não se atribuía nenhuma experiência sexual por séculos. E mesmo com essa proibição, ainda há dores colaterais, mesmo que queiramos esquecer as noites de abril regadas a cerveja.

O fato de nós, mulheres, conseguirmos falar de forma entusiasmada sobre sexo tanto quanto Bine, podermos reivindicar nosso desejo, sairmos com integridade física e socialmente não ostracizadas de aventuras de uma noite é radicalmente novo. Também é totalmente novo o fato de conhecermos nosso corpo tão parcialmente a ponto de conseguirmos impedir uma gravidez indesejada e as doenças, de termos a chance de dizer "não". Mas podermos falar alegremente como Bine que nosso coração não está partido ainda é considerado implausível.

Pois para as mulheres essa suposição é muito estável: não poderem fazer sexo sem sentimentos. As mulheres fazem sexo se ligar a um homem. As mulheres apaixonam-se automaticamente. Os corpos das mulheres são projetados de modo a estarem sempre integralmente em seu sexo – e, portanto, não pode haver separação entre prazer e amor. Assim, a conclusão de tais suposições é que as mulheres têm necessidades sexuais muito diferentes das dos homens. E é por isso que elas basicamente querem menos. Essas suposições cresceram historicamente e ainda prosperam nos dias de hoje.

Como a jornalista Emily Witt em *Future Sex* [Sexo futuro] escreve: "Então, o que os homens querem do sexo é o sexo, segundo a suposição. O que as mulheres querem do sexo não é sexo. Não é sexo mesmo, é mais um relacionamento. Uma estrutura na qual o sexo acontece. O consenso sobre o que os homens jovens querem do sexo – e muito e com muitas – não encontra um equivalente feminino".[28]

Para nosso desejo, não há equivalente que nos diga respeito. Então, se quisermos um sexo diferente do que prescreve nosso papel, nos orientamos por outros papéis, pelos do sexo masculino: "Eu fiz sexo como homem", comenta Carrie sobre si mesma em *Sex and the City*. Diz que exigiu sexo ativamente. Que não teve sentimentos depois disso. Sexo não como uma mulher, mas como um homem. Isso é legal para Carrie, mas é o indicativo do duplo padrão sexual que ainda existe. Ela fez sexo como um homem. Mas de que jeito uma mulher faz sexo como uma mulher? E: tudo que está entre um extremo e outro é pura utopia?

As solteiras são particularmente afetadas por esse duplo padrão porque o casaco protetor do relacionamento não pesa sobre seus ombros. O sexo dela é, de alguma forma, público. Ou ele inexiste, como sugere o estereótipo da solteirona seca, ou tende a ser problemático. A "Senhorita Consolo", a Tinderella, a Dengosinha. O sexo como solteira e a questão sobre o que queremos fazer com ele. Como vemos a nós mesmas. Como os outros nos veem. O que vale? O que não vale? Com outras palavras: Algo não vale? E: como conseguimos isso tudo?

As diferenças

Tudo serve para antecipar uma resposta. Mas não facilita as respostas para outras perguntas. Não quero ser estraga-prazeres, mas também – especialmente! – nossas partes baixas tendem a não serem tão livres a ponto de simplesmente ser uma questão de preferência pessoal. Séculos passaram-se após a invenção dos cintos de castidade, mas as mulheres devem "repelir as investidas", "fechar as pernas" ou "ficar maluca". É o que se ouve em relação às mulheres sexualmente patológicas.

O sexo, como parte da política econômica, está agora desregulado. No entanto, ainda experimentamos duas estratégias de percepção pública muito diferentes, bem separadas por gênero: aqueles que querem sexo exclusivo e aqueles que querem fazer sexo em série. Sexo de relacionamento *versus* sexo casual. O grupo de sexo casual tem uma clara vantagem, pois – como no caso dos encontros –, não investe emocionalmente em nada e, assim, garante uma vantagem de poder. Qualquer um que se apresente como afetuoso e carinhoso recebe, na melhor das hipóteses, compaixão e uma mensagem de WhatsApp: "Desculpe, mas não tenho mais tempo nesta vida". E como as mulheres, principal alvo do amor, dependem mais do sucesso de nosso investimento, nossa posição inferior no mercado fica, por assim dizer, sexualmente segura. E não podemos fazer nada quanto a isso, mesmo se marcarmos um gol em nossa cama como "os homens", pois o desejo feminino é considerado inferior.

Vera diz: "Muitas vezes não vou direto para a cama em um encontro. Mas quando acontece, então eu penso 'Por que não?'. Quer dizer, eu também tenho necessidades! E quando eu faço sexo casual, geralmente me sinto muito bem. São momentos lindos". Bine conta sobre uma amiga que costumava fazer tanto sexo que simplesmente escreveu para todos os caras que costumava ter no WhatsApp: "Ei, o que está fazendo agora? Posso ir aí?". Dois responderam, e ela pegou o carro e foi até um deles. Vera acha isso "admirável". Até Lena encontrou uma abordagem diferente para suas necessidades físicas. "Eu estava em uma festa outro dia e estava ficando um colega da minha amiga, só isso. Teria sido muito embaraçoso e desagradável para mim no passado. O que os outros estão pensando, ele gosta de mim, como devo reagir se nos vermos novamente? Hoje eu penso: Ah, foi divertido. E eu precisava disso. Não é ruim".

Não é nada ruim. De jeito nenhum. Mas é claro que nem sempre é divertido, o que Vera também pode relatar. Na verdade, todas as mulheres com quem conversei podem fazer relatos sobre sexo casual. E homens também, com certeza. Porque às vezes é incômodo, apático, quase que não desejado ou simplesmente horrível.

"O pior de tudo são os caras que fingem que querem mais do que sexo e, em seguida, fazem muitas perguntas pessoais, como se estivessem realmente interessados na pessoa, e não entraram em contato de qualquer maneira. Nesse caso, um alarme soa dentro de mim, porque todo mundo conhece esse golpe", diz Bine. "Como o cara de outro dia que me perguntou se vou ficar em Colônia por mais tempo, e eu apenas pensei *até parece* e, na sequência, você quer se casar comigo ou o quê?" Existem homens que são bem versados nas estratégias de viabilidade sexual: existem mulheres que o cara só pega se fingir interesse em um relacionamento, como já apresentamos: duplo padrão sexual. Um colega me contou certa vez que os homens de seu círculo de conhecidos sempre esperam até o segundo encontro para fazer sexo, já que essa é a maneira mais segura de "pegar de jeito" uma mulher. As mulheres sempre ficam muito entusiasmadas: "Acho ótimo que você não queira dormir comigo imediatamente". Ai, ai.

Então, mais uma história sobre as diferenças entre homem e mulher: agora desejamos no mesmo nível, certo? No último de meus três encontros usando o Tinder, estava sentada na frente de um cara com quem tive uma espécie de metaconversa sobre encontros. O que os homens querem, o que as mulheres querem, Tinder divide os sexos e, de forma geral: Marte ou Vênus? "Os homens têm muito mais desejo por sexo", disse meu acompanhante enquanto enrolava um cigarro. "As mulheres também querem sexo", respondi. "Mas você nunca pensa em sexo tanto quanto nós!" "Quantas vezes você pensa em sexo?" "Se eu vir um pôster com uma mulher bonita quando saio, pelo menos várias vezes ao dia". Precisei pensar em Bine. Em Vera, na maioria das mulheres que conheço. "Mulheres também", expliquei. "Vocês não conseguem fazer isso", disse o enrolador de cigarros. Hum.

Uma batalha sexual teórica no final do verão em Colônia, na qual eu poderia ter entregado nas mãos daquele bom homem o livro de Daniel Bergner *O que realmente as mulheres querem*. Bergner é um escritor e jornalista que falou com muitos sexólogos, biólogos e psicólogos e vem explorando as pesquisas mais recentes sobre o prazer feminino, tanto animal quanto humano, e concluiu: "Uma de nossas suposições favoritas, tranquilizadoras para os homens, mas aceita por ambos os sexos, é que o Eros feminino se encaixa muito melhor na monogamia que a libido masculina, isso nada mais é do que história para boi dormir".[29] O fato de esse desejo feminino ser mais passivo é frequentemente comprovado por pesquisas, o que mostra que as mulheres são mais relutantes em se entregar ao sexo casual. Mas um estudo da Universidade de Michigan, que Bergner menciona, mostrou que os sexos se aproximam assim que o estigma é removido. "Os homens nem sempre estão mais dispostos a praticar sexo casual do que as mulheres", explica Terri Conley, um dos pesquisadores envolvidos.[30] É possível também dizer que mulheres gostam de sexo, até de sexo casual. Mas não gostam de ser estigmatizadas por isso.

A nova liberdade

Se minha avó ainda estivesse viva, mal conseguiria acreditar nas possibilidades abertas para nós. A filha dela pertencia à primeira geração que podia impedir a gravidez com pílula, a neta pode assinar um abaixo assinado para pedir a inclusão da palavra "Vulvalippen"* no dicionário *Duden* sem ser socialmente repreendida.[31] Temos liberdades. Finalmente! Ficamos ainda mais livres do que eram nossas mães, mas devemos voltar a conversar sobre o quanto somos realmente livres, porque a questão da liberdade não pode ser separada da questão da vontade. Quem não sabe o que quer é realmente livre? Quanto vale a liberdade se não pudermos pensar nela também? Sexualmente temos permissão para fazer qualquer coisa, mas se não soubermos o que queremos, de que serve a liberdade apenas em pensamento? Quanto vale

---

* A palavra corrente para lábios vaginais em alemão é *Schamlippen* (lábios púbicos ou "lábios das vergonhas"), mas houve vários movimentos em prol da inclusão da palavra *Vulvalippen* (algo como "lábios da vulva") no dicionário *Duden*, um dos mais importantes dicionários alemães. Um desses abaixo-assinados é conduzido pela autora deste livro, com o mote "*Vulva drin, Scham weg*" [Vulva entra, vergonha sai]. [N. T.]

a liberdade se a pessoa não estiver realmente ciente, se não estiver internalizada? Vale tudo, esse é o padrão sexual do presente. Mas, por favor, vou chegar a esse lugar-comum no tipo de sexo que combina comigo?

Então, o que queremos? E essa pergunta não é feita no sentido de Freud, que observou uma vez que até décadas de pesquisa poderiam não ter esclarecido para ele o que as mulheres querem de verdade. Não somos seres inerentemente misteriosos, não somos mais irracionais que os homens e não somos fundamentalmente ambíguos. Mas, como mulheres, somos pessoas cuja sexualidade, do ponto de vista histórico, sempre foi não apenas uma questão política, mas um campo de batalha. A sexualidade feminina foi abafada, reprimida, simplesmente negada. E como isso não é possível, a violência e a opressão sempre tiveram que acontecer.

É por isso que nossa vontade tem algo a ver com nossa liberdade, pois a sexualidade também tem a ver com autonomia, com o que nos é permitido fazer e quem a determina. Nós mesmas? Em última análise, é uma questão de poder. Quem tem lugar de fala, quem pode codecidir? De quem é a prerrogativa de interpretação sobre o corpo e quem pode fazer algo com ele? Se parece excessivamente discursivo, para quem pensa que sexo é apenas sexo e tem ou não tem tesão, gostaria de recomendar uma analogia: o sexo é tão natural quanto comer, ingerir alimentos. Embora corresponda a uma necessidade física, tudo o mais é obscurecido culturalmente. Ou alguém acredita que nada aconteceu entre a pura necessidade humana natural da fome e o desenvolvimento do sushi, de smoothies verdes ou da gastronomia molecular? Não fazemos sexo sem história. Sem imagens. Nosso maior órgão sexual fica – tanto em homens quanto em mulheres – entre as orelhas. E nosso cérebro também não decide nada sozinho, o que é ótimo e não é ao mesmo tempo.

"Mesmo que você seja liberada sexualmente em teoria como mulher, com frequência, e de forma inconsciente, todos os julgamentos de valores sociais mais profundamente enraizados sobre a sexualidade feminina estão à espreita na maioria de nós: vagabunda, puritana, piranha, reprimida – há muitos adjetivos que discriminam, inibem ou exploram as mulheres em sua sexualidade e apontam de forma inequívoca para seus armários", escreve a psicóloga Sandra Konrad em *Das beherrschte Geschlecht* [O sexo dominado].[32]

Os julgamentos de valor sobre a sexualidade feminina são antigos, mas não dá para matá-los. Então, vamos fazer uma breve viagem no tempo de novo. Tertuliano, um dos pais da Igreja, escreveu sobre mulheres, ou sobre Eva: "Foi tu quem deste acesso ao diabo, quebraste o selo daquela árvore, abandonaste a lei divina primeiro. Foste tu quem enganou aqueles de quem o diabo não pôde se aproximar. Jogaste de forma tão leviana o homem, a imagem de Deus, no chão". Quem precisou ao menos abrir um sorrisinho com essas citações porque considera essas visões desatualizadas ou que, no máximo, seria parte da visão do mundo entre os círculos muçulmanos radicais, deveria ter em mente que tais visões influenciaram significativamente a teoria e a prática de gênero de *todo* o Ocidente.

Apenas como exemplo: no início do século XX, as meninas ainda eram circuncidadas na Europa para "curá-las" da masturbação e da histeria. A sexualidade feminina tinha que ser interrompida porque era perigosa. Diabólica, crua, manipuladora. Isso é exibido nas representações de Maria, Nossa Senhora, como "Maria da Vitória" ou "Madonna da Lua Crescente", enquanto ela em pé sobre um globo e com o pé esmaga a cabeça da serpente – símbolo do pecado original. *Imaculata*, a Imaculada. Isso se reflete nos topos da vergonha, no código da honra masculina e da vergonha feminina. A sexualidade feminina abjeta (ou: a depravação da sexualidade feminina) é mantida viva por uma máquina de discurso bem azeitada. De um ponto de vista teleológico, o desejo feminino faz pouco sentido, segundo Freud, mas está lá.[33] Afinal, podemos até comprar consolos pela internet hoje em dia, porém, mais uma vez: o quanto somos livres?

O que queremos?

Liberdade não é igual à autonomia, mostra Sandra Conrad de forma contundente em seu livro. Isso também se mostra em nossa vida cotidiana, quando conversamos livremente sobre sexo com amigas, mas em algum momento a pergunta "E ele não ligou mais?" predomina. Ou saber se precisávamos disso. O medo de ter sido um pouco piranha, talvez. Ainda há uma diferença se é um homem ou uma mulher que está praticando o sexo casual.

Aqui estamos nós de novo com as mulheres solteiras e seu dilema sexual: como praticar sexo se você é solteira? Quanto sexo se pode querer? Podemos "consumir" sexo? Para que serve o sexo? Para satisfazer o próprio desejo, experimentar coisas, atrair um homem e, por favor, de alguma forma, criar laços? Para que fazemos sexo? Por conta do desejo ou do potencial de conseguir um relacionamento? Quem quer desesperadamente um relacionamento, também põe sexo em dúvida. Quem sabe, uma ponderação. De Tinderella à mulher do príncipe do conto de fadas, talvez não cheguemos tão longe. De sexo casual a um compromisso, talvez também não. Então, como o sexo acontece nesse caso? Estudos sempre mostram que mulheres fingem orgasmos regularmente.[34] Uma razão para isso é que as mulheres não aprenderam a comunicar adequadamente seu desejo.[35] Não ousamos. Não ousamos empurrar a cabeça de um homem em direção à vulva, um gesto inconfundível para o outro lado, e para nós, carregado de vergonha. Mas também lemos que os homens não são amarrados com sexo. Então, é possível atraí-lo, mas não o segurar. Conselhos do tipo "Não durma com ele no primeiro encontro" devem facilitar nossa lida adequada com o sexo, mas reforça ainda mais o medo. O medo de nos doarmos, doarmos um bem. O medo de nosso sexo virar uma mercadoria. Em vez de ser uma sensação crescente, viva e pulsante. Entregamos algo e recebemos de volta todo sujo. Esse, pelo menos, é o medo.

Outro medo é o medo de nossos sentimentos. Sentimentos que não queremos admitir no flerte *ad hoc*, pois preferimos manter a fachada da mulher que faz "sexo como um homem" em pé. Muito desejo não é bom, melhor também não ter sentimentos. Não conseguimos fazer nada certo.

O que queremos? Ainda não terminamos a investigação. No campo da sexologia, ainda se parte do princípio de que a socialização dificulta o acesso das mulheres jovens ao corpo e à própria sexualidade.[36] Só precisamos lembrar de uma coisa: o tamanho anatômico real do clitóris foi descoberto em 1998 pela urologista Helen O'Connell.[37] Nosso órgão sexual mais importante, o único órgão humano dedicado exclusivamente ao tesão, foi adequadamente explorado apenas no ano em que *Sex and the City* foi transmitido pela primeira vez. Quando contei a uma amiga, ela comentou: "Ah, sério? Tenho certeza de que o pênis, por outro lado, tem sido meticulosamente medido por milênios, adorado em quase todas as culturas em pinturas e poesias". Foi um chute, mas ela tem razão, claro.

Ou seja, o tamanho do clitóris foi pesquisado, mas muitas mulheres ainda não sabem onde ele fica. De acordo com uma pesquisa de uma organização britânica de pesquisa e auxílio a pacientes com câncer, apenas metade das mil mulheres pesquisadas identificou corretamente em um gráfico os órgãos genitais femininos, como a vagina e o útero.[38] Uma conhecida minha trabalha como psicóloga no centro de aconselhamento sexual de um hospital. "Tenho consultas uma vez por semana e, pelo menos uma vez por consulta, envio uma mulher para casa com uma tarefa: pegue um espelho e olhe lá embaixo." São mulheres mais velhas e mais jovens, solteiras, casadas e até várias mães.

Podemos fazer de tudo, mas de que adianta se não sabemos o que podemos fazer? Podemos fazer sexo e, ao mesmo tempo, revistas, amigas, vendedores de brinquedos sexuais, pornografia e parceiros sexuais relatam fenômenos como o orgasmo vaginal e clitorial. Os nervos do clitóris estão envolvidos em todo orgasmo, mas, como homens e mulheres sabem muito pouco sobre o orgasmo feminino, o sexo se torna uma competição de ciclopes. Se a imagem não fosse tão sugestiva, seria possível dizer que, em termos de orgasmo feminino, homens e mulheres frequentemente estão cutucando no escuro. Talvez nem seja tão sugestivo, mas simplesmente é a verdade.

Quando falamos sobre solteiras, precisamos falar sobre sexo. Sobre nosso corpo. Não quero que haja uma mulher que pense que não encontrou "a pessoa certa" porque não consegue ter um orgasmo vaginal.

Precisamos conversar sobre sexo, e quando ouço falar muito sobre sexo, pergunto a mim mesma de qual sexo se fala "muito"? Não se fala de sexo real. Margarete Stokowski descreve em *Untenrum frei* [Livre nas partes baixas]: "Parece que estamos incrivelmente cercadas por sexo, nudez e seios, brinquedos sexuais e pôsteres pornográficos: mas isso não é sexo. É uma vaga promessa de uma possibilidade que tem muito pouco em comum com o sexo real".[39] Por um lado, há tanto sexo em todos os lugares que as revistas femininas nutrem o medo de que seja possível estar no leito de morte e possivelmente estar perdendo uma chance de fazer sexo, como escreve Katja Grach.[40] Por outro lado, havia uma tradição científica que debatia ainda em 1878, alguns anos após a invenção do telefone, se um presunto poderia estragar se fosse tocado por uma mulher menstruada.[41] É bem engraçado esse pensamento, mas infelizmente não é uma piada.

Ora. Nada é tão fácil assim, aliás é até mais difícil. Poderíamos nos enredar e ficar tontas nesse cosmos. E realmente precisamos, mas também queremos ter controle de nossa vida. E nesse ínterim esclarecer perguntas como: o que faço agora do sexo como mulher solteira? Como faço para fazer sexo fora de um relacionamento? E os sentimentos?

Sexo, concreto

Berlim em um verão que não queria terminar. Paulita e eu estamos encostadas na parede de casa, com as pernas esticadas sobre dois bancos compridos. Paulita Pappel é diretora, produtora de filmes pornô, performer e curadora. Paulita conhece muito bem o sexo. E fala sobre ele sem vergonha alguma. Pergunto a ela: "O que você sugeriria a uma mulher solteira que deseja fazer sexo?". "Ela precisa primeiro esclarecer a pergunta sobre que tipo de sexo ela quer", diz Paulita. Ela quer tentar alguma coisa, o que ela quer tentar e com quem? Existem muitas maneiras de chegar lá. "Primeiro, os aplicativos de encontros. Existem tantos agora. São realmente bons para sexo casual. É possível deixar claro no perfil em que está interessada. Fiz isso por um tempo, lá estava eu com "Apenas sexo casual". Tive que rir. E funcionou? "Claro. Os homens às vezes ficavam surpresos por eu realmente não querer conversar. Mas funcionou bem."

Mas também não precisa ser descartável, pois os aplicativos de encontros também podem envolver também casos ou relacionamentos abertos. E o que mais? Paulita pensa por um momento. "Também é possível se inscrever em oficinas de sexo. Oficinas de tantra, por exemplo. Também oficinas nas quais apenas mulheres participam, caso seja mais agradável. Lá se experimenta proximidade e desejo, mas a estrutura é mais protegida", diz ela. "E se a pessoa for mais aventureira, deveria explorar círculos de sexo-positivo, participar de festas ou outros eventos." "Hum, isso funciona melhor em Berlim do que em qualquer outro lugar, não é?" Paulita concorda e suspira: "Sabe da inveja do gay?" Eu sei exatamente o que ela quer dizer. "Eles têm uma infraestrutura realmente boa para sexo casual, o que é muito mais difícil para as mulheres. Portanto, também acho que devemos usar aplicativos de encontros de um jeito diferente: como um *darkroom* para as mulheres!"

Enquanto ela diz isso, lembro-me do que Foucault disse uma vez sobre o amor: o melhor momento do amor está no táxi depois que ele acontece. E também me lembro de Lena, que me contou sobre o primeiro sexo após um longo relacionamento. Tinha muito tempo que não fazia sexo, acabou ficando com o conhecido de uma amiga, no dia seguinte pedalou por neve e gelo para voltar para casa, cantando de felicidade: "Foi incrivelmente bom. Como se eu estivesse viva de novo".

"Não devemos subestimar o que o prazer pode fazer conosco. Portanto, você deve viver o desejo", diz Paulita. "Sair, flertar e não se deixar envergonhar por ninguém. Além disso, a pessoa poderia se satisfazer sozinha muito bem". Conto a Paulita o que a jornalista Caitlin Moran escreveu uma vez sobre masturbação: "Vou ser sincera com vocês: nos primeiros cinco anos da minha vida adulta, quase todas as decisões foram tomadas pelas minhas calças. [...] Se eu não tivesse descoberto a masturbação, na maioria das vezes eu estaria empoleirada em algum telhado e, como um gato sarnento, lamentando para a Lua. Se uma jovem mulher não quiser enlouquecer, a masturbação é um *hobby* útil... e que hobby! Não custa nada, não engorda e é possível terminar em cinco minutos". Paulita concorda com a cabeça, rindo. A masturbação é subestimada, também como uma maneira de conhecer melhor o seu corpo.

Voltemos para o sexo casual. Conto a Paulita sobre uma conversa com uma terapeuta sexual que publicou um artigo há alguns anos. Ele falava do sexo casual como "sexo fast food" e quis dizer que esse sexo não era íntimo e, portanto, não era tão valioso e genuíno quanto o sexo nos relacionamentos. Como o fast-food, a pessoa devora, mas não fica totalmente satisfeita depois. Nesse ponto, uma mulher da mesa ao lado se vira para nós e diz: "Sinto muito, mas preciso falar uma coisa sobre esse assunto. Isso é um absurdo! Apenas uma semana atrás eu tive o melhor sexo da minha vida, e foi sexo casual". Eu olho para a mulher. "Sim, e eu tenho 35 anos!" Ela ri. "Quando ouço algo assim, isso invalida todos os meus sentimentos. Foi um sexo muito legal com um cara superlegal, e a experiência foi totalmente respeitosa e cheia de carinho." Paulita assente novamente, e eu preciso pensar em Bine, que presumivelmente confirmaria também que o sexo supostamente fast-food teria sido mesmo suficiente. "E, além disso", a mulher da mesa ao lado continua, "é como se o sexo no relacionamento sempre fosse ótimo! Por que, então, tem quilômetros de literatura de aconselhamento em todas as livrarias sobre como voltar a melhorar relacionamentos sexualmente?" Nesse momento, até o garçom que nos ouvia também riu. E me lembro de uma amiga que falou sobre sexo em seu casamento com as palavras: "Ah, bons tempos… sexo durante a semana!". Então, todas abrimos um sorrisinho e concordamos que não devemos desvalorizar o sexo fora dos relacionamentos.

"Uma noite exige habilidades diferentes", diz Paulita. "Sexo e amor não precisam ser uma coisa só, de jeito nenhum. Mas quem quiser um bom sexo fora de um relacionamento pode precisar se comunicar bem. O sexo é como um idioma, então é possível realmente entender o sexo como uma conversa. E quem não se comunica de forma radicalmente aberta não vai conseguir o que quer. Vai receber apenas mal-entendidos e não terá a impressão de ter se comunicado no mesmo nível." "Concordo com Paulita e, ao mesmo tempo, sei que é fácil de dizer. Afinal, sabemos como as coisas funcionam com mulheres e o desejo: não é tão fácil, palavra-chave estigma, palavra-chave *single shaming*." "Sim", diz Paulita, "eu também conheço esse estigma. Pode vir até das amigas se você faz sexo casual como mulher solteira. De alguma forma, a gente consegue uma reputação de não ser confiável. São preconceitos típicos: ela tem medo de se relacionar, é de alguma forma patológico, ela não é confiável. Ora. Um relacionamento principal gera privilégios", suspira. Sexo dentro de um relacionamento é sacrossanto. Via de regra ninguém pergunta nada.

Mas outra dificuldade com o sexo casual é os sentimentos, a decepção que pode surgir quando a pessoa entra em conflito com as próprias expectativas. Quando talvez se espere que ele ainda vá entrar em contato. Quando talvez se fique um pouco apaixonada. "Não há problema em se decepcionar", diz Paulita. "Os sentimentos têm espaço em todos os lugares, mas não podemos exibi-los. Mas isso é apenas um pequeno porém. A gente não conhece muito bem a pessoa. Dói um pouco, mas é a vida!" Infelizmente, não temos imagens em nossa cabeça para o desejo sem o desejo de se relacionar. Não seria nem possível fazer um filme que mostre exatamente isso? E no qual as pessoas simplesmente não ficam juntas? Quem de alguma forma não considera a decepção, não pode realmente se envolver com nada.

"Mas no final", diz Paulita, "de qualquer forma, toda pessoa é sexualmente diferente. Também conheço pessoas que são demissexuais." "Demissexuais?" "Sim, são pessoas que não conseguem desejar sexualmente alguém que não conhecem bem. Para elas, é um requisito que gostem e confiem muito de alguém, caso contrário não sentirão vontade. Para elas, um sexo casual estaria fora de questão."

Em algum momento, Paulita e eu nos despedimos. No caminho para casa, nossa conversa ressoa na minha cabeça: cada pessoa é sexualmente diferente. E o bom sexo é subjetivo. Você não pode forçá-lo. Existem maneiras de abordá-lo, mas sem saber o que queremos, o que desejamos, certamente não conseguiremos. E percebo que obviamente não é fácil, nem ficará mais fácil também.

Também não é fácil porque é uma questão de liberdade. E a liberdade, nesse contexto, pode significar libertar-se da promessa sexual de felicidade do relacionamento entre duas pessoas e entender o sexo como desejo autônomo. E não como um meio para um fim. Como um meio de conseguir um cara. Também seria bastante radical, mas significaria levar a sério nosso desejo. Não importa se terminar em relacionamento, pois realmente podemos fazer *tudo*.

O único amor verdadeiro

Quando crianças, brincávamos de um jogo de bola e era assim: ficávamos em círculo e jogávamos a bola para um dos participantes. Se a pessoa não conseguisse pegar a bola e a deixasse cair, estava "apaixonada". Se deixasse cair de novo, estava "noiva". Na próxima vez era "casada". Na quarta vez tinha "um filho". No terceiro filho a pessoa era eliminada. Ganhava quem ficasse por último.

Quando crianças, somos rebeldes sem compreender. Muitas convenções simplesmente recebem um "não". Costuma parecer divertido para os adultos, mas quando criança um "não" parece essencial à sobrevivência: "Não, eu não como isso. Não, eu não visto isso. Não, eu não quero ser como você. Não, não, não!". Os psicólogos chamam isso de agressões a serviço do desapego. Também é a rejeição ao casamento e aos filhos: hum, simplesmente não! E então brincávamos de casamento de qualquer maneira. Quando crianças, acabamos por tentar muitas coisas: imitar adultos e tirar sarro dos adultos. Não tínhamos ideia do que estávamos experimentando ou ao que resistíamos. Simplesmente brincávamos no mundo. O que o mundo estava preparando para nós? Em primeiro lugar, surpresa. Todo o futuro, nossa vida inteira era apenas uma vaga ideia no horizonte, na qual, apesar de todos os nãos, tratava-se especialmente de levar a vida que conhecíamos. Ainda melhor. Como se leva uma vida? Descobríamos isso paulatinamente. Aprendemos a sonhar com histórias, aprendemos a viver por meio de histórias.

"Quando você crescer..." – era assim que os sonhos começavam. E tudo o que percebíamos como grandeza já estava se entrelaçando em nossa história. Em todas essas histórias, o não infantil começou a desaparecer. "Quando crescer, você terá filhos também." "Quando for grande, também terá um carro." "Quando crescer, vai usar um belo vestido assim." E, em algum lugar, por trás do vestido bonito, ficava então o *happy end*. O final feliz. Como no conto de fadas, o final feliz também era claramente visível: primeiro vinha o príncipe e depois o lindo vestido. O dia estava ensolarado, balões subiam aos céus, e todos se alegravam por nós. Fim.

Espetei esses balões direitinho neste livro. Não porque eu goste de estourar balões, pois tenho medo do barulho, mas porque quero abrir espaço para novas histórias, para *outras* histórias, para possibilidades de vida em última instância. E é por isso que vou continuar espetando mais um pouco, pois as histórias não devem terminar apenas porque este livro está terminando.

Nada deve ser encerrado aqui, tudo deve ser liberado. Por fim, também o amor – isso estava claro, certo?

Infelizmente, com amor, muitas vezes histórias são frustradas, afundam, ficam paralisadas. Shakespeare de novo. *Sonho de uma noite de verão* novamente. Depois que Hermia e Helena se casam com Lisandro e Demétrio, as duas mulheres emudecem. Não têm uma única linha, nem uma palavra a dizer. O último ato inteiro. Puseram a aliança e fecharam a boca. As mulheres se calam após o casamento, desaparecem nele e não são retratadas apenas por Shakespeare.

Essa imagem não é coincidência. E, embora esteja muito desbotada, não desapareceu. Acho que foi o que eu disse com bastante frequência: as coisas simplesmente não desaparecem.

No entanto, com o amor, as histórias não são apenas frustradas, mas, muitas vezes, histórias são romanticamente elevadas. O amor torna-se uma cola adocicada que mantém unida uma estrutura que ainda discrimina as mulheres. Eu também demonstrei isso. O amor é elevado para encobrir falhas tão flagrantes que ninguém – possivelmente nem mesmo as mulheres – estaria disposto a aceitá-las voluntariamente. Se não houvesse amor.

Trata-se de desvantagens estruturais que o relacionamento a dois convencional entre homens e mulheres mantém para as mulheres. De desvantagens econômicas. Em termos de mais trabalho, trabalho como cuidadora, pobreza na velhice. E, ao mesmo tempo, as mulheres não recebem o apoio ou o reconhecimento que merecem por tudo isso. Elas têm o amor, tem que bastar. E pelo amor elas também recebem seu reconhecimento. Pelas outras coisas? Esse reconhecimento ainda precisa melhorar muito. Laurie Penny escreve: "Os homens podem fazer de seu trabalho, de suas atividades a principal história de suas vidas".[42] Quando nós, mulheres, tentamos encontrar nosso meio de vida em outro lugar que não a felicidade, sempre dizem: nós compensamos.

Portanto, se as mulheres finalmente pudessem decidir por si mesmas o que pensam sobre felicidade, teríamos ganhado muito. Por exemplo, que essa felicidade também esteja fora do relacionamento romântico a dois. Mas a garra feminina ao redor da felicidade a dois é persistente. E quem, como mulher, desenvolve uma ideia diferente dela é sempre repreendida, mesmo por outras mulheres.

O dia mais bonito de sua vida?

Repasso a *timeline* do Instagram. Vejo uma foto do casamento de uma amiga, que ela postou com a legenda "Desculpe, é o dia mais bonito da vida. Casem-se!". Reviro os olhos. Tudo o que preciso fazer é amarrar rapidamente um homem, então providenciar um bolo de casamento e – tchanã! – também terei o dia mais bonito da minha vida. Mas será que quero deixar para trás tão cedo o melhor dia da minha vida? Isso pode ser um objetivo de vida? E, principalmente: por que ninguém postou a foto de um ex-namorado com a legenda "Ouse! Termine! Foi o dia mais bonito da minha vida!"?

Eu olho para a foto do casamento e para os comentários. E então vejo o que outra pessoa escreveu lá sobre seu casamento: "Claro que sou a pessoa mais importante da minha vida. Mas minha vida só faz sentido porque meu marido, que também é meu melhor amigo, ama e valoriza minha vida".

Ufa. Acho que está ficando mais pesado. Logicamente só se pode tirar uma conclusão dessa frase: as solteiras também podem ser as mais importantes para si, mas não vivenciam com isso um sentido, porque não têm um parceiro que valide essa vivência. Sem selo, sem felicidade.

Isso é um absurdo, claro. Quem constrói a vida com base em outra pessoa como uma espécie de castelo de cartas que vai desmoronar se soprar um vento provavelmente não vivenciou um sentido tão grande quanto afirma. Nem amor próprio. Às vezes, um relacionamento pode se despedaçar. Isso não é improvável. Em 2016, 162.397 casamentos foram desfeitos na Alemanha. A taxa de divórcio foi de 39,56%. Estatisticamente, significa 0,4 divórcios por casamento. Uma taxa de 0,4 sobre o sentido da vida?

Eu digo que não. Não é muito inteligente confiar que um relacionamento romântico vá deixar em nossa porta o sentido da própria vida em caráter permanente. A tentativa de encontrar sentido na própria vida é mais duradoura. E isso não significa que, às vezes, não pareça que outra pessoa seja o Sol do Universo. E não significa que a pessoa não deva se casar. Significa apenas que devemos finalmente levar o amor a sério e não deveríamos mais pendurar nele corações cor-de-rosa pesados como chumbo. Ou fechaduras de amor, atrás das quais tudo enferruja.

Quem leva o amor a sério, não o endeusa. Quem o leva a sério admite que esse ideal de amor, o relacionamento exclusivo, permanente e romântico a dois, esse *dream team* com o melhor amigo e a altamente elogiada intimidade são apenas uma maneira de moldar a vida. Uma possibilidade. Sem objetivo final. E, certamente, não é uma garantia para o cumprimento de todas as promessas de amor.

E, ainda assim, demonstrei de forma adequada que esse modo de vida é comemorado como único e verdadeiro. É – na forma de casamento – subsidiado pelo Estado, coberto de confetes, parabenizado e louvado. Como casal, conseguiram. Chegou-se aqui, pertence a esse casal. O flanco aberto do estar solteira está curado. É assim que deve ser. Isso é demonstrado pelas celebrações de casamento, conforme ilustrado por essas postagens no Instagram de noivas felizes, conforme demonstrado pelos privilégios dos casais frente aos solteiros. Não apenas privilégios financeiros. Também o privilégio da vida inteira, sacrossanta. Os casais, em geral, desfrutam do hábito de superioridade técnica da vida, como mostra a citação da noiva. É difícil referir-se a esse hábito como solteira. É um hábito remanescente do que Didier Eribon escreveu em seu livro *Retour à Reims* [De volta a Reims] no contexto de "pessoas cultivadas": "Esse sentimento de superioridade, que fala tanto do sorriso eternamente discreto quanto da postura, do jargão do conhecedor, da ostentação do bem-estar. [...] Em todas essas questões, a alegria social se expressa em conformidade com as convenções culturais e pertence ao círculo privilegiado daqueles que gostam de poder se relacionar com a 'alta cultura'".[43]

Os casais não se preocupam tanto com a alta cultura, mas, sim, com a alegria social do pertencimento. Postura, linguajar próprio, bem-estar ostensivo. Sabemos disso, e nem precisa de uma conta no Instagram. Claro que esse não é o caso de todos os casais. Mas com frequência: "Olha, nós conseguimos". Isso não é um problema, porque não invejo os casais na celebração do amor. Pelo contrário. Até casei dois bons amigos em um casamento ao ar livre; choro em todo casamento, sempre, por emoção. Também não fico feliz quando outros planos de vida se desfazem. Mas celebrar demais o amor é um problema, porque marginaliza outras histórias. Porque aponta o dedo para as mulheres solteiras e deixa claro para elas com gestos incisivos o que falta em suas vidas.

A melhor vida

Portanto: precisamos de modelos. Precisamos de histórias diferentes e também precisamos de coragem. Muitas mulheres famosas nunca se casaram: Florence Nightingale, Ann e Emily Brontë, Emily Dickinson, Condoleezza Rice, Oprah Winfrey, Coco Chanel, Jane Austen, Greta Garbo, Elizabeth I e Harper Lee. Rebecca Traister escreve: "Isso não significa que não tenham ou tivessem relações sexuais ou domésticas ou relações amorosas longas com homens ou mulheres. Dizem que elas não cumpriram as expectativas sociais ao ingressar em uma instituição baseada na autoridade masculina e na obediência feminina".⁴⁴ No entanto, as expectativas sociais não podem ser alteradas em silêncio. Uma vida contrária a essas expectativas deve ser defendida, e eu também mostrei isso. Vera diz: "É uma força que todas as vezes diz: não há nada de errado comigo. Ninguém é perfeito, mas nós, solteiras, não somos piores que as outras. Somos ótimas mulheres e nos sentimos confortáveis com o que fazemos. Às vezes não, mas é a vida".

E que vida. Estou sentada em um banco com uma amiga no parque Görlitzer, numa noite de verão, o crepúsculo está prestes a começar. Falamos sobre nossas mães, sobre nossas avós. Sobre as liberdades que temos. "As mulheres conseguiram tanto em tão pouco tempo, e nos incomoda que nos digam repetidamente que não devemos nos aproveitar disso. Temos tantas liberdades. Isso não deveria ser bom sem exceção?!"

Talvez porque mulheres que querem amar de maneira diferente, estejam elas em um relacionamento fixo ou não, no fim das contas questionam o quadro geral. E não se trata apenas de amor, de namoro, do *Mr. Right*, mas de ego, de direitos, de sexo, de dinheiro, de liberdade.

O único amor verdadeiro? Que tal a própria vida? No entanto, isso também significa que essa própria vida finalmente não será mais rotulada como incompleta. Que essa vida bem-sucedida não terá mais uma data de validade nem dependerá de quantas rugas apareçam, se o útero foi usado ou com que frequência e persistência a pessoa tentou um relacionamento. No qual a vida bem-sucedida das mulheres se torna uma vida que pode ser bem-sucedida por nossa causa. Não devemos mais ser culpadas pelo egoísmo. Por isso, não deveríamos mais ouvir que a missão de vida de uma mulher é cumprida apenas com sacrifício, com amor, com maternidade, com a anulação do ego. Em vez disso, devemos adotar a autorreferência e até celebrá-la. E está certo. Rebecca Traister também sonha com isso, ela vê nisso uma nova era: "Uma verdadeira era de autorreferência feminina seria uma era em que as mulheres reconhecem e priorizam as próprias necessidades, pois aprenderam que as necessidades de outros seres humanos eram as mais importantes. Seria um corretivo esclarecido para séculos de autossacrifício".[45] Não há muito a acrescentar.

Novas possibilidades

Final de junho, meu aniversário. Estou em um spa, deitada em uma cadeira de vime com um roupão de banho, tenho um livro sobre a barriga e estou com uma ressaca decente. Comemorei à beça a chegada do meu aniversário, como no ano passado, com Anne, via Skype. Agora minha cabeça está doendo, mas o roupão de banho é macio, o livro está sobre a barriga, o suco de maracujá feito com água com gás borbulha, balanço os dedos dos pés satisfeitos, ao meu lado alguém passa arrastando chinelinhos. Tirando isso, é quase silencioso. Tento fazer um pequeno balanço de aniversário. Como foi o ano anterior, o que será do próximo ano? Então, olho para a minha história. É um momento em que penso sobre como era apenas alguns anos atrás. Com namorado e apartamento compartilhado. Por assim dizer, quando pensei, minha história obviamente se cumpriu. Como foi quando pensei, claro, que eu teria uma história. E como percebi em algum momento que agora eu tinha pontas soltas de uma história antiga em minhas mãos e tive que aprender o que fazer com ela. Como meu caminho parece improvável às vezes. Como estou satisfeita.

Olho para as copas das árvores que estão balançando à minha frente e sei que há coisas ameaçadoras atrás das copas das árvores. Coisas que vão acontecer, que podem me tirar o chão. Vão zombar de tudo o que quero chamar de vida autônoma. Até a própria história é sempre nova. Deveria ser. Ergo a gola do roupão e encaixo as mãos nos ombros, me abraçando. As folhas lá em cima farfalham nas árvores, ficam muito rápidas ao vento, verdes e prateadas, prateadas e verdes. Glynnis MacNicol escreve: "E foi assim que consegui inclinar tanto o mundo que novas possibilidades estão fluindo".

Solteiras e elas mesmas

Solteiras pensam muito em si mesmas. Todas as solteiras que conheço passam muito tempo pensando em seus relacionamentos, nas experiências passadas. O que gostariam de viver, o que nunca querem vivenciar novamente. As solteiras costumam ser muito atenciosas consigo mesmas. Muito precisas. Como solteira, a pessoa desenvolve um bom senso para as próprias necessidades, mas também para outras pessoas.

Anja e eu temos a mesma idade. Estamos sentadas em uma cervejaria, usando óculos de sol muito legais e concordando, enquanto conversamos, sobre como é nos conhecermos bem como solteiras. "Às vezes penso", confesso, "que eu poderia, nesse meio-tempo, ter tido um relacionamento realmente ótimo, pois já pensei muito em velhos erros e padrões." Ela ri: "Às vezes eu penso que cada um precisaria ficar solteiro forçosamente depois de um relacionamento para ter a chance de se conhecer melhor e refletir quais são suas necessidades". Como solteiras, passamos muito tempo com uma pessoa. Com nós mesmas. E quem gosta de si também poderá aproveitar esse tempo. Mesmo que precise aprender isso primeiro.

Anja e eu conversamos sobre viajar, sobre viajar sozinha. Quantas vezes ela precisa ouvir o quanto é corajoso viajar sozinha. E não porque ela viaja para regiões particularmente perigosas, mas porque confia em ficar sozinha, como mulher. Anja é louca por viajar sozinha. Algum tempo atrás, ela estava viajando com uma amiga – na Espanha, uma pequena ilha, um restaurante perto do porto, o sol da tarde. Ao lado das duas, uma senhora mais velha estava sentada sozinha à mesa e se divertia. Aperitivo, prato principal, sobremesa. Vinho. Quando ela saiu, a amiga de Anja disse: "Sinto pena dela". "Pena?" Anja balança a cabeça. "Eu não sentiria pena dela, pelo contrário. É ótimo quando a gente consegue aproveitar dessa maneira. Fez tudo muito bem. Sinto pena das mulheres que não ousam sair de casa porque têm vergonha de pessoas que pensam que devem sentir pena delas!"

A propósito, conheço tantas mulheres, não apenas mulheres solteiras, que adoram ficar sozinhas, o que se pode descobrir, como se conhece pessoas, como se conhece homens. Em outras palavras: "Quanto a pessoa não vai descobrir se detrás do fogão sair". Essa frase é do romance *Da vida de um imprestável*, de Joseph von Eichendorff, lemos isso na escola e, desde então, muitas vezes tive que pensar nessa frase tão divertida. A pessoa precisa sair detrás do fogão como solteira. Não significa apenas viajar sozinha, mas também comer sozinha em um restaurante. A jornalista Elisa Doucette entrevistou várias mulheres para um artigo sobre comer sozinha e descobriu que muitas pessoas têm realmente medo disso. Ela mesma não consegue compreender. Afinal, há uma dúzia de coisas que é possível fazer sem se sentir estranha: sentar-se no bar, conversar com colegas de mesa ou garçons, pegar um smartphone, ler um livro, uma revista.

Doucette escreve: "Existe algo pior do que um 'Mesa para um'? Claro: acreditar na ideia de que isso poderia ser ruim".⁴⁶

Gosto de comer sozinha. Prefiro ir ao cinema sozinha. Ir ao cinema sozinha é um dos meus passatempos favoritos mais solenes. Sem comprometimento da seleção de filmes, sem compartilhamento de pipocas, sem "eu não gosto de ficar tão na frente". É maravilhoso!

Mas, como Simone de Beauvoir já apontou, é bastante assustador tomar as rédeas da própria vida. E isso se demonstra na ida ao restaurante. É preciso aprender. Não é fácil ficar sozinha em lugar nenhum. No início de meus estudos em sociologia, um professor nos contou sobre um experimento que teria feito quando jovem. Tiveram de observar pessoas na rua e ver como se comportavam quando estavam esperando alguma coisa. Nesse momento, elas estavam sozinhas. Acontece que é incrível o que as pessoas fazem apenas para evitar parecerem "sozinhas". Fingem estar procurando alguma coisa. Olham constantemente para o relógio para sinalizar a todos que estão esperando algo. Balançam a cabeça e grunhem baixinho para deixar claro que a outra pessoa está atrasada. Claro que, com os smartphones, não é mais necessário "esperar". No entanto, o medo de ficar sozinha ainda está lá. E também temos que perceber que não existem tantos predecessores históricos, especialmente mulheres, que foram capazes de fazer qualquer coisa "sozinhos" em público sem serem olhados com desconfiança. "O que as pessoas vão pensar" é uma frase com que nossas avós cresceram como se fosse normal. E ainda hoje as pessoas crescem com essa frase.

Não precisamos apenas de outras histórias sobre relacionamentos, sobre maternidade ou amor, mas também outras histórias de e sobre mulheres solteiras. Felizes em vez de trágicas. Autônomas em vez de patéticas.

O romance *A redoma de vidro*, de Sylvia Plath, se passa nos anos 1950, mas ainda parece muito atual. A protagonista Esther aprendeu o seguinte sobre relacionamentos: o homem é como uma flecha atirada no mundo, enquanto a mulher é o lugar seguro do qual essa flecha é lançada. Esther pensa: "A última coisa que quero é a segurança infinita ou o local de onde uma flecha é disparada. Quero mudar, ficar entusiasmada e me atirar em todas as direções, como as setas coloridas de fogos de artifício".[47] Com frequência, o que nós mesmas queremos é apenas mais uma história.

Bater em retirada!!!

A escritora e cineasta Nora Ephron fez um discurso em 1996 para graduandos em sua antiga universidade, Wellesley College, nos Estados Unidos, uma faculdade apenas para mulheres. Ephron foi casada três vezes, teve dois filhos e teve muito sucesso no trabalho. No entanto, pertencia a uma geração de mulheres para as quais uma carreira independente não era normal. Ephron disse sobre os tempos passados: "Não deveríamos ter futuro, deveríamos nos casar com ele. Não deveríamos ter representação política, ter carreiras sérias, opiniões ou vidas independentes; deveríamos nos casar com elas. Se você quisesse ser arquiteta, que se casasse com um arquiteto".[48]

Eu sei, isso parece tão desatualizado. Talvez seja o que as mulheres pensavam em 1996. Mas não está tão desatualizado. Nora Ephron poderia ter sido a mãe dos graduandos. Se perguntarmos a nossas mães, talvez nos digam algo semelhante. Com certeza nossas avós ainda sabem disso: a expectativa de que uma mulher tenha que trabalhar na vida de um homem. A suposição de que uma mulher encontra satisfação em uma parceria, e somente por meio de uma parceria. Essas expectativas sobreviveram, pelo menos em parte, eu a descrevi. Mostram-se em trivialidades, em observações cotidianas, mostram-se no quadro geral, em que as mulheres fazem de tudo para ter um relacionamento e o fazem de tudo para permanecer nele.

Falei com muitas mulheres solteiras para este livro. Eram mulheres muito diferentes. Mulheres com um forte desejo de ter um parceiro. Mulheres com um grande desejo de serem solteiras. Mulheres que simplesmente gostariam de ter um encontro novamente. Mulheres que só querem ter um relacionamento se for realmente muito bom. Mas o que me surpreendeu foi o que unia todas elas: o desejo de fazer diferente. O desejo de não levar um relacionamento clássico, o desejo de um parceiro, mas, especialmente, de uma vida própria. O que é especial aqui: podemos fazer de um jeito diferente. Podemos conduzir relacionamentos diferentes. Estamos prontos. Mantemos uma pequena faísca na ponta dos dedos e, quando a soprarmos, talvez um fogo se acenda. Temos uma liberdade, mas não a recebemos de graça.

Nora Ephron continuou dizendo: "Não subestime a quantidade de revezes que as mulheres ainda estão recebendo e quantas pessoas existem que desejam poder voltar no tempo. Uma das coisas que as pessoas sempre dizem quando você se machuca é: 'Não leve para o lado pessoal!' Pelo contrário, você deve ouvir atentamente e, acima de tudo, eu imploro, leve para o lado pessoal! Você precisa entender que qualquer ataque a Hillary Clinton, se ela não se resignar, será um ataque a você. Todos esses ataques têm um recado subliminar em comum: Recuem, recuem para o lugar onde antes lhes cabia".

Não devemos subestimar esse movimento. Não devemos subestimar o que está por trás do *single shaming*. O que está por trás das acusações de egoísmo exacerbado. O que há por trás das fotos de *Bridget Jones* de suas colegas gritando com Prosecco, por trás dos ataques a mulheres sem filhos como Angela Merkel ou Claudia Roth. É pessoal. Temos que deixar isso claro. O pessoal é político e o político é pessoal. E se fazem isso com outra mulher, fazem isso com você também.

Então, leve para o lado pessoal, tome isso a peito. Fique triste e zangada com isso, nunca deixe que ninguém, ninguém mesmo, diga de alguém que ela é muito emotiva. No fim das contas, isso nos ataca! E não se deixe enganar por falsas promessas de homens brandos. Temos a liberdade de dizer não. Não, obrigada. Mesmo que nem sempre seja fácil.

Outra coisa que também não é fácil: a liberdade de dizer sim.

"O que vocês vão fazer? Tudo, esse é o meu palpite. Fica um pouco caótico, mas acolham o caos de braços abertos. Fica complicado, mas aproveitem as complicações. Não é mesmo o que vocês pensam, mas as surpresas são boas. Não tenham medo: vocês sempre vão poder mudar de ideia. Eu sei disso: eu tinha quatro empregos e três maridos", diz Nora Ephron.

Façam de tudo. Busquem o amor, deixem ficar, deixem chegar até vocês. Se vocês o encontrarem, amem-se com vontade. Invistam em seus relacionamentos. Em amigos, na família. Mas tire seus investimentos da busca pelo príncipe perfeito e charmoso. Não há mais procura, não há risco, nada mais dessa bobagem toda. Não permitam tudo que fazem com vocês. Não permitam que lhes aconteça algo que vocês não desejam, que vocês não estejam a fim realmente somente para ter alguém ao seu lado. Não vale a pena. Descubram o que realmente desejam. Descubram seu desejo, sigam-no, vivam-no e torne esse o princípio do prazer em sua vida. E se há muitos homens ou nenhum homem: maravilha! Batam em retirada de todas as expectativas e dos papéis que não têm nada a ver com seus interesses. Ser solteira pode ser uma libertação. Não é um mal necessário.

E, sim, também pode ser difícil. Mas não estamos sozinhas. Estamos juntas, uma comunidade; e a solidariedade entre as mulheres é o sentimento mais edificante que eu conheço. Temos a nós mesmas, nossos amigos, gatos e cachorros, família, filmes, livros, vibradores, sexo, crianças e copas de árvores e nosso trabalho e, felizmente, um futuro, e tudo isso é muito melhor do que fazer de tudo só para estar em um relacionamento. Não há razão para ter vergonha. Não há razão para se esconder. Queremos o melhor. Vamos exigir o melhor de um jeito radical. Nunca deixem que lhe digam que vocês não são suficientes, que falta algo em sua vida. Vocês são suficientes!

Mas também significa que temos de pensar de um jeito novo, pensar tudo de um jeito novo. Relacionamentos, amor, homens, mulheres, família. Tudo novo. Porque os tempos estão mudando. Mas os velhos tempos ainda estão lá. Mulheres solteiras podem mostrar o que pode mudar. Nós podemos apontar o caminho: a vida livre. Pensem a vida, família, relacionamentos e sexo de maneira diferente. Podemos fazer isso juntas. Então vamos fracassar, mas apenas talvez, e depois tentaremos de novo, mas melhor.

Há muito o que fazer. E é aqui, onde termino, que tudo recomeça.

Antes disso, porém, vou contar mais uma história. Na cena final de *Sex and the City*, Carrie olha para o celular, o Mr. Big liga, ele tem um nome agora e é namorado dela. Finalmente. Seis temporadas de idas e vindas, mas agora ela o tem. É o final feliz que evita a tragédia de sua vida sempre com homens errados. Mas, por assim dizer, isso é uma mentira. Pois no livro de Candace Bushnell, que serviu de inspiração para a série, a última frase é a seguinte: "Mr. Big é casado e feliz. Carrie é uma solteira feliz".

Não foi à toa que a produtora da série, HBO, reescreveu o final. Foram reescritos para que os espectadores recebessem o que queriam ouvir. A maioria quer ouvir que o amor é seguro e traz segurança. Que o cara ainda está por vir. Que, se você esperar o bastante, vai acontecer.

Querem ouvir exatamente essas histórias: "E quando eu não acreditei mais, conheci..." Essas são realmente histórias reconfortantes, quer representem um cenário provável ou não.

Não conto uma história dessas. Nem esse fim. Aqui nenhum homem vai aparecer, não vai ter uma virada. Porque não precisa acontecer. Porque uma vida não se torna narrável até que surja um relacionamento a dois. Não narro um fim desses porque não é o único fim possível. Existem contos de fadas, e há vida, e nem sempre essa última tem um final, como nos livros antigos. Quem sabe o que mais ainda vai acontecer? A vida continua até que não possa continuar. Como Nora diz no drama de Ibsen: "Mas o que o mundo diz e o que está nos livros não pode mais ser decisivo para mim. Tenho que pensar por mim mesma para esclarecer as coisas". De novo, a outra Nora, a Ephron: "Eu disse que é difícil? Sim, mas vou repetir para que nenhuma de vocês possa dizer que ninguém avisou. Por outro lado, também é incrivelmente interessante. Vocês podem se considerar muito sortudas por terem essa oportunidade".

Nós temos essa possibilidade. E podemos nos considerar realmente sortudas!

Literatura

ALDERTON, Dolly. *Tudo o que eu sei sobre o amor*. Lisboa: Cultura, 2019.

BECK, Ulrich e BECK-GERNSHEIM, Elisabeth. *O caos totalmente normal do amor*. (Trad. Fernanda Romero Fernandes Engel e Milton Camargo Mota). Petrópolis, RJ: Vozes, 2017.

BECK-GERNSHEIM, Elisabeth. *Mutterwerden – der Sprung in ein anderes Leben*. Berlim: Fischer, 1989.

_____. *Die Kinderfrage heute – Über Frauenleben, Kinderwunsch und Geburtenrückgang*. Munique: C.H. Beck, 2006.

BERGNER, Daniel. *O que as mulheres realmente querem? A ciência e uma nova perspectiva sobre o desejo feminino*. Rio de Janeiro: Harper-Collins Brasil, 2013.

BETHMANN, Stephanie. *Liebe – Eine soziologische Kritik der Zweisamkeit*. Weinheim: Beltz, 2013.

BOLICK, Kate. *Solteirona – O direito de escolher a própria vida*. (Trad. Lourdes Sette). Rio de Janeiro: Intrínseca, 2016.

BOURDIEU, Pierre. *A dominação masculina*. (Trad. Maria Helena Kühner). Rio de Janeiro: Bertrand, 2019.

BOURNE, Holly. *How Do You Like Me Now?* Londres: Hodder & Stoughton, 2018.

BURKART, Günter. *Soziologie der Paarbeziehung – Eine Einführung*. Wiesbaden: Springer, 2018.

BUSHNELL, Candace. *Sex and the City*. (Trad. Celina Cavalcante Falck). Rio de Janeiro: Record, 2003.

CAGEN, Sasha. *Quirkyalone/Sósingular – um manifesto para românticos irredutíveis*. Rio de Janeiro: Francis, 2016.

COLETTE, Gabrielle. *A vagabunda*. (Trad. Julio Silveira) Rio de Janeiro: Ímã, 2019.

COONTZ, Stephanie. *Marriage, A History – From Obedience to Intimacy, or How Love Conquered Marriage*. Nova York: Viking, 2005.

DEPAULO, Bella. *Segregados: comos os solteiros são estereotipados e ignorados e vivem felizes*. (Trad. Gabriel Borges Santos). Babelcube, 2018.

DIEHL, Sarah. *Die Uhr, die nicht tickt – Kinderlos glücklich. Eine Streitschrift*. Zürich/Hamburg: Arche, 2014.

FALUDI, Susan. *Backlash: o contra-ataque na guerra não declarada contra as mulheres*. Rio de Janeiro: Rocco, 2001.

FIELDING, Helen. *O diário de Bridget Jones*. (Trad. Beatriz Horta) São Paulo: Paralela, 2016.

FILIPOVIC, Jill. *The H-Spot – The Feminist Pursuit of Happiness*. Nova York: Bold Type, 2017.

FIRESTONE, Shulamith. *The Dialectic of Sex – The Case for a Feminist Revolution*. Londres/Nova York: William Morrow, 1970.

GISSING, George. *The Odd Women*. Oxford: OUP, 2000.

GRACH, Katja. *MILF-Mädchenrechnung – Wie sich Frauen heute zwischen Fuckability-Zwang und Kinderstress aufreiben*. Berlim: Schwarzkopf + Schwarzkopf, 2018.

HÄFNER, Gabriela e KERBER, Bärbel. *Das innere Korsett – Wie Frauen dazu erzogen werden, sich ausbremsen zu lassen*. Munique: C.H. Beck, 2015.

HÄHNEL, Martin, SCHLITTE, Annika e TORKLER, Rene (Org.): *Was ist Liebe? Philosophische Texte von der Antike bis zur Gegenwart*. Stuttgart: Reclam, 2015.

HOLLAND, Jack. *A Brief History of Misogyny: The World's Oldes Prejudice*. Londres: Robinson, 2006.

HENRIK, Ibsen. *Uma casa de bonecas*. (Trad. Emília de Araújo Pereira). São Paulo: Peixoto Neto, 2016.

ILLOUZ, Eva. *Why Love Hurts – A Sociological Explanation*. Cambridge: Polity, 2012.

JAEGGI, Eva. *Ich sag' mir selber Guten Morgen – Single – eine moderne Lebensform*. Munique: Piper, 1994.

KAUFFMANN, Jean-Claude. *Singlefrau und Märchenprinz – Über die Einsamkeit moderner Frauen*. Konstanz: UVK, 2002.

KÖNIG, Jochen. *Mama, Papa, Kind? Von Singles, Co-Eltern und anderen Familien*. Berlim: Herder, 2015.

KONRAD, Sandra. *Das beherrschte Geschlecht – Warum sie will, was er will*. Munique: Piper, 2018.

KOPPETSCH, Cornelia e BURKART, Günter. *Die Illusion der Emanzipation – Zur Wirksamkeit latenter Geschlechternormen im Milieuvergleich*. Konstanz: UVK, 1999.

KUCHLER, Barbara e BEHER, Stefan (Org.). *Soziologie der Liebe – Romantische Beziehungen in theoretischer Perspektive*. Frankfurt/M.: Suhrkamp, 2014.

LENZ, Karl. *Soziologie der Zweierbeziehung – Eine Einführung*. Wiesbaden: Suhrkamp, 2009.

MACNICOL, Glynnis. *No One Tells you This – A Memoir*. Nova York: Simon & Schuster, 2018.

MIKA, Bascha. *Mutprobe – Frauen und das höllische Spiel mit dem Älterwerden*. Munique: C. Bertelsmann, 2015.

MORAN, Caitlin. *Como ser mulher*. (Trad. Ana Ban) São Paulo: Paralela, 2011.

MUNDLOS, Christina. *Dann mache ich es halt allein – Wenn Singlefrauen sich für ein Kind entscheiden und so ihr Glück selbst in die Hand nehmen*. Munique: mvg, 2017.

NEHAMAS, Alexander. *On Friendship*. Nova York: Basic, 2016.

NUBER, Ursula. *Wer bin ich ohne Dich? Warum Frauen depressiv werden und wie sie zu sich selbst finden*. Berlim: Fischer, 2014.

ORBACH, Susie. *Bodies – Schlachtfelder der Schönheit*. (Trad. Cornelia Holfelder-von der Tann) Zurique/Hamburgo: DTV, 2010.

PENNY, Laurie. *Unspeakable Things: Sex, Lies and Revolution*. Londres: Bloomsbury, 2014.

PRECHT, Richard David. *Liebe – Ein unordentliches Gefühl*. Munique: Goldmann, 2010.

ROSALES, Caroline. *Single Mom – Was es wirklich heißt, alleinerziehend zu sein*. Reinbek b. Hamburgo: Rowholt, 2018.

RÖSINGER, Christiane. *Liebe wird oft überbewertet – Ein Sachbuch*. Berlim: Fischer, 2012.

SCHAEFER, Kayleen. *Text Me When You Get Home – The Evolution and Triumph of Modern Female Friendship*. Nova York: Dutton, 2018.

STOKOWSKI, Margarete. *Untenrum Frei*, Reinbek b. Hamburgo: Rowohlt, 2016.

TRAISTER, Rebecca. *All the Single Ladies – Unmarried Women and the Rise of an Independent Nation*. Nova York: Simon & Schuster, 2016.

WEIGEL, Moira. *Labor of Love – The Invention of Dating*. Nova York: Farrar, Straus and Giroux, 2016.

WITT, Emily. *Future Sex – A New Kind of Free Love*. Nova York: Farrar, Straus and Giroux, 2016.

YANAGIHARA, Hanya. *Uma vida pequena*. (Trad. Roberto Muggiati). Rio de Janeiro: Record, 2016.

AGRADECIMENTOS

Obrigada. A todos que me apoiaram no trabalho com este livro. Meu agente, Markus Michalek, que me acompanha de maneira tão inteligente e crítica, e minha fabulosa editora, Julia Suchorski. Agradeço a Isabel Prophet, que me deu uma ajuda grande e perspicaz. Obrigada pelas muitas boas conversas e ideias: Sarah Diehl, Paulita Pappel, Jochen König, Katja Grach e Caroline Rosales.

Agradeço a Anne Hünseler, é maravilhoso você existir. Marc Petersdorff, isso também se aplica a você, grande homem. Obrigada a todas as outras mulheres e homens esplêndidos da minha vida, obrigada com um grande ponto de exclamação: Astrid, Ali, Sophie, Evi, Sandy, Paul, Andi, Luca, Jacqui, Katrin, Jochen, Jochen, Nati, Laura, Bettina, Joana, Simone, Helga, Thomas e Bine.

E obrigada também a alguns lugares: Nova York, Berlim e Colônia-Ehrenfeld.

Agradeço aos meus adoráveis pais, obrigada também por nunca terem perguntado onde está qualquer coisa.

Agradeço a todas as mulheres que confiaram em mim na escrita deste livro. Vocês sabem quem vocês são. Este livro é para vocês.

Para nós.

notas:

PARA ACESSAR AS NOTAS,
ESCANEIE O CÓDIGO ABAIXO:

©2020, Pri Primavera Editorial Ltda.

©2020, Gunda Windmüller

Equipe editorial: Lourdes Magalhães, Larissa Caldin, Manu Dourado
Tradução: Petê Rissati
Preparação de texto: Larissa Caldin
Revisão: Rebeca Lacerda
Projeto gráfico: Primavera Editorial
Capa: Brenda Oliveira Sório

Dados Internacionais de Catalogação na Publicação (CIP)
(Câmara Brasileira do Livro, SP, Brasil)

Windmüller, Gunda
  Mulher solteira e feliz / Gunda Windmüller ; tradução de Petê Rissatti. -- São Paulo : Primavera Editorial, 2020.
  272 p.

  ISBN: 978-65-86119-00-8
  Título original: Weiblich, ledig, glücklich

  1. Mulheres solteiras 2. Mulheres - Comportamento 3. Mulheres solteiras - Aspectos sociais I. Título II. Rissatti, Petê

20-1504   CDD 306.8153

Índices para catálogo sistemático:

1. Mulheres solteiras - Aspectos sociais

PRIMAVERA
EDITORIAL

Av. Queiroz Filho, 1560 - Torre Gaivota Sl. 109
05319-000 – São Paulo – SP
Telefone: (55 11) 3034-3925
www.primaveraeditorial.com
contato@primaveraeditorial.com